中等职业教育国家规划教材
全国中等职业教育教材审定委员会审定

商品经营

（第3版）

主　　编　胡锦全
副 主 编　赵　燕
责任主审　万　融
审　　稿　陈　颖　金清水

中国财政经济出版社

图书在版编目（CIP）数据

商品经营/胡锦全主编．—3 版．—北京：中国财政经济出版社，2011.7
中等职业教育国家规划教材
ISBN 978 -7 -5095 -2944 -7

Ⅰ.①商…　Ⅱ.①胡…　Ⅲ.①商业经营 - 中等专业学校 - 教材　Ⅳ.①F715

中国版本图书馆 CIP 数据核字(2011)第 106995 号

责任编辑:马　真　　　　责任校对:杨瑞琦
封面设计:华乐功

中国财政经济出版社出版
URL:http://www.cfeph.cn
E - mail:cfeph @ cfeph.cn

社址:北京市海淀区阜成路甲 28 号　邮政编码:100142
发行处电话:88190406　财经书店电话:64033436
北京财经印刷厂印刷　　各地新华书店经销
787×1092 毫米　16 开　13.5 印张　323 000 字
2011 年 11 月第 3 版　2014 年　1 月北京第 2 次印刷
定价:19.00 元
ISBN 978 -7 -5095 -2944 -7/F·2495
(图书出现印装问题,本社负责调换)
本社质量投诉电话:010 - 88190744
反盗版举报热线:88190492、88190446

中等职业教育国家规划教材
出 版 说 明

为了贯彻《中共中央国务院关于深化教育改革全面推进素质教育的决定》精神，落实《面向21世纪教育振兴行动计划》中提出的职业教育课程改革和教材建设规划，根据教育部关于《中等职业教育国家规划教材申报、立项及管理意见》（教职成[2001]1号）的精神，我们组织力量对实现中等职业教育培养目标和保证基本教学规格起保障作用的德育课程、文化基础课程、专业技术基础课程和80个重点建设专业主干课程的教材进行了规划和编写，从2001年秋季开学起，国家规划教材将陆续提供给各类中等职业学校选用。

国家规划教材是根据教育部最新颁布的德育课程、文化基础课程、专业技术基础课程和80个重点建设专业主干课程的教学大纲（课程教学基本要求）编写，并经全国中等职业教育教材审定委员会审定。新教材全面贯彻素质教育思想，从社会发展对高素质劳动者和中初级专门人才需要的实际出发，注重对学生的创新精神和实践能力的培养。新教材在理论体系、组织结构和阐述方法等方面均作了一些新的尝试。新教材实行一纲多本，努力为教材选用提供比较和选择，满足不同学制、不同专业和不同办学条件的教学需要。

希望各地、各部门积极推广和选用国家规划教材，并在使用过程中，注意总结经验，及时提出修改意见和建议，使之不断完善和提高。

教育部职业教育与成人教育司

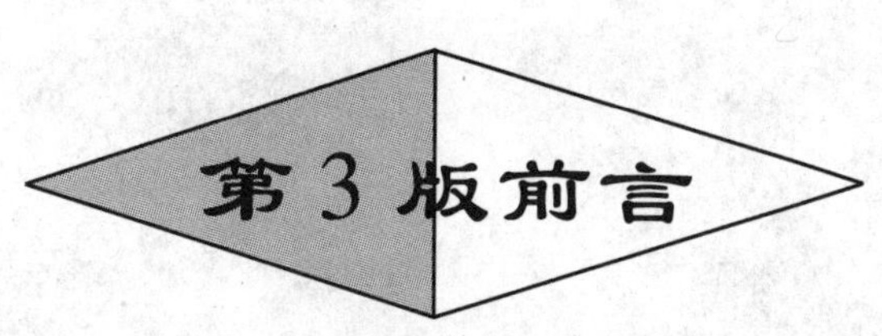

第3版前言

为全面贯彻落实《国家中长期教育改革和发展规划纲要(2010—2020年)》和《中等职业教育改革创新行动计划(2010—2012年)》,我们参考《中等职业教育专业目录(2010年修订)》对中等职业教育国家规划教材进行了修订,以满足中等职业学校财经类专业教学的新需要。

"商品经营"是中等职业学校的商品经营专业的必修主干课程。按照中等职业教育培养目标,本课程着力于培养学生的商品经营素质与技能。本书是在《商品经营》(2009年版)的基础上,结合商品经营发展的新形势和本课程教学的需要而修订完成的。在本教材的编写上,重视商品经营的基本知识与基本技能,并做到理论联系实际;注重商品经营的新理念、新业态、新方法和新技术的应用;注重学生掌握商品经营环境的分析、研究、如何把握市场机会;讲究学习知识、掌握技能与培养职业道德的有机结合。

作为中等职业学校的专业课教材,为了体现最佳的教学功能和最佳学习效果,科学地把握本教材的体系结构,本教材以从事商品销售工作所需的基本知识和基本技能为主线,并注重培养学生的实操能力,教材注重基本技能的培养。从总体上把商品经营分为四个部分:一是商品经营的基本概念、基本理论;二是商品经营的环境分析和经营决策;三是商品经营的构、销、运、存业务管理;四是商品经营的新型业态介绍。并对以上内容进行规模组合,基础模块为第一章至第六章,其内容突出基本概念和基础知识;实践模块突出基本技能,并融合到相关章节之中;选用模块为第七章至第九章,以供教学时独立选择。

本书由全国商贸中专市场营销专业研究会常务理事、高级讲师胡锦全担任主编,高级讲师赵燕担任副主编。宋寅丰高级教师、王社民讲师、陶卫东讲师、张群元高级讲师参加了本书的编写工作。

由于时间紧迫,水平有限,对书中的不当之处,恳请读者批评指正,使之不断完善和提高。

编　者

2011年3月

目　录

第一章 概 述

学习目标

理解商品经营的性质，明确商品经营研究的内容和商品经营的原则，了解商品经营的任务和作用；理解商品经营理念的概念，了解商品经营思想的重要性，理解科学的经营思想，掌握现代经营理念的内容；了解商业企业经营业态的类型，理解各种商业业态的特点。

第一节 商品经营研究的内容和任务

一、商品经营课的性质和研究内容

（一）商品经营课的性质与任务

商品经营课是中等职业学校商品经营专业的必修专业课程。商品经营专业是中等职业教育的重点专业之一，致力于培养从事商品销售工作的人员。本专业的毕业生主要面向综合商厦、购物中心、专业商店、连锁超市等各类商业企业，从事商品批发、零售、采购、储运与推销工作。商品经营课是商品经营专业的 9 门主干课程之一。商品经营专业的 9 门主干课程是：商品知识、商品经营、柜组核算、推销实务、销售心理学基础、市场营销知识、销售服务技术、销售语言技巧与服务礼仪和商品实用美术。

商品经营课的任务是：使学生具备高素质劳动者和中初级专门人才所必需的商品经营的基本知识和基本技术，为全面提高学生素质，增强其适应职业变化的能力和继续学习的能力打下一定的基础。

商品经营课的教学目标是：使学生具备从事商品销售工作所必需的商品经营的基本知识和基本技能；初步形成解决实际问题的能力，为从事商品经营工作打下基础；注重渗透思想教育，加强学生的商业职业道德观念。本课程的具体教学目标有三大部分：一是基本知识教学目标，包括理解商品的基本概念和基本理论，掌握商品经营理念和经营决策，熟悉商品购、销、运、存业务等知识；二是基本技能教学目标，包括掌握能从事商品采购和销售业务，能从事商品储存和运输业务，能从事商品的经营管理工作，能从事连锁超市、网络经营、特许专卖与代理等某一新型业态的经营工作，能初步进行商品经营成果的分析与评价技能；三是思想教育培养目标，包括初步具备辩证思维的能力，具有热爱科学、实事求是的学风和创新意识，树立正确的经营思想和经营理念，强化职业道德意识等素质。

（二）商品经营研究的内容

1. 商品经营的概念

“经营”一词，我国古代早已有之。《诗经·大雅》篇中就有“经始灵台，经之营之”的诗句。后来，司马迁把“经之营之”发展为“经营”一词来使用，他在《史记·项羽本纪赞》里写道：“谓霸王之业，欲以力征，经营天下。”到了近代，“经营”一词又同商品经济紧密相联。在现代汉语中，经营泛指对经济、文化、科技、教育等各项事业的经办、营谋、筹划、从事等活动过程，如经营企业、经营单位、经营商业等。在市场经济条件下，“经营”也可理解为销售、买卖之意，如服务经营、商品经营、股票经营等。因此，概括地说，商品经营就是指商品销售工作。具体地看，商品经营是指企业为实现商品经营目标，在现代经营理念指导下，通过主动适应外部经营环境和充分利用内部经营条件的科学决策，有效地开展商品采购、销售、储存、运输等活动的全部过程。

商品经营这一概念至少包含了以下五方面的内容：

（1）商品经营必须以现代经营理念为指导。

（2）商品经营必须以外部环境与内部要素为条件。

（3）商品经营必须以科学决策为依据。

（4）商品经营必须以商品采购、销售、储存、运输等活动为内容。

（5）商品经营必须以获得最佳经济效益为目标。

2. 商品经营研究的内容

从前面所述的商品经营概念以及商品经营课的性质与任务中，已可以大体看出商品经营研究的内容了。商品经营研究的内容主要包括以下五方面：

（1）商品经营理念。主要介绍商品经营理念的概念，认识经营理念对商品经营的引导作用，树立正确的现代经营理念，为做好商品经营打下思想基础。

（2）商品经营决策。主要通过商品经营内部条件和外部环境的分析，掌握各方面经营信息，进行经营决策，制定经营计划，为做好商品经营提出明确的目标和方案。

（3）商品经营过程。主要了解商品经营的购、销、运、存等环节的业务活动过程，明确各环节应做好的主要工作内容，掌握业务技能，提高经营水平。

（4）商品经营业态。主要通过理解商品经营业态的概念和根据不同业态的特点，掌握不同业态经营的业务技能，不断提高经营效率。

（5）商品经营管理。主要在理解商品经营管理概念及重要性的基础上，掌握商品经营过程的综合管理，通过对经营成果的分析和评价，不断提高企业经济效益和社会效益。

二、商品经营的任务和作用

（一）商品经营的任务

商品经营的基本任务，就是从事商品销售工作，转移商品使用价值，满足消费者需求，实现商品价值和企业的经济效益。

商品经营的具体任务有以下五方面：

第一，根据外部经营环境和内部经营条件，在市场调查与预测的基础上，制定较为科学的商品经营计划，选择较为满意的商品经营方案。

第二，根据消费者消费水平的提高和购买需求的变化，做好商品销售及服务工作，使之扩大销售。

第三，根据商品销售需要和货源状况，做好商品采购工作，使之适销对路。

第四，根据商品销售与商品采购的状况及特点，做好商品的储存与运输工作，使之适应销售需要。

第五，根据某一商业业态的特点，做好商品购、销、运、存的业务管理工作，并对其经营成果进行评价与分析，努力提高经营效率和经济效益。

（二）商品经营的作用

商品经营是一切商业业态经济活动的中心。通过商品经营，做好商品销售工作，对满足消费需求、促进生产发展、提高经济效益等方面均具有十分重要的作用。

1. 通过商品经营，满足消费需求

任何一种商业业态的商品经营，其基本职能都是从事商品购销活动。通过商品经营，做好商品销售，满足消费需求，这是由商品经营在社会再生产过程中的地位所决定的。在我国目前社会主义市场经济条件下，消费需求是通过商品交换来满足的，商品经营就成为满足人民消费需求的基本手段，而且商品经营工作做得好坏将直接影响消费需求的满足程度。因此，商品经营就是要体现其基本职能，把各方面的经营条件有机地结合起来，有效地开展商品购、销、运、存活动，最大限度地满足消费需求。

2. 通过商品经营，促进和引导生产的发展

商品经营，一头连着商品的消费者，另一头连着商品生产者。商品生产需要商品经营来实现商品价值和生产目的，同时，商品经营对商品生产具有引导和促进作用。在市场经济条件下，一切商品生产都要按市场需求来组织生产，而商品经营能直接了解消费者对各种各样商品的需求状况及其变化趋势，并对大量信息进行归纳分析，不断地向商品生产者提供各类信息，主动地提出开发新产品的设想和建议等。这样，商品经营就能积极地引导商品生产向质优价廉、适销对路的目标发展，有力地促进商品生产的健康发展。

3. 通过商品经营，不断提高经济效益

商品经营活动是一种经济活动。在市场经济条件下，任何经济活动都要讲究经济效益，商品经营如果不能实现经济效益，从某种程度上讲，商品经营的社会效益也就无法实现。商品经营的经济效益，一方面来自合理的进销价格差价，另一方面来自费用的节约和消耗的降低。因此，在商品经营过程中，要根据商品的经营条件制定科学的经营计划，选择适合的经营方案，确定合理的进销价格差价、扩大销售，实施有效经营管理方法、降低耗费，不断提高经济效益和社会效益。

三、商品经营的基本原则

商品经营原则，是指经营者组织商品经营活动的准绳，必须贯彻经营活动始终。确定和执行正确的经营原则，对合理组织经营活动，提高经营效率，发展社会主义市场经济，有着十分重要的作用。在商品经营中应贯彻执行以下几项基本原则：

（一）合法经营原则

社会主义市场经济本质上是一种法制经济。国家的法令、法规、条例对商品经营活动有两种作用，一是保护商品经营的合法行为；二是取缔商品经营的违法行为，限制不良行为，以维护市场的正常秩序。因此，在市场经济条件下，商品经营更需要法律的引导、保障和约束。

近些年来，国家制定并实施了《合同法》、《商标法》、《产品质量法》、《价格法》、《消费者权益保护法》、《反不正当竞争法》、《税法》等一系列经济法律，逐步做到了有法可依。作为商品经营者，也必须做到依法经营，做学法、知法、守法的模范。同时，随着我国加入WTO，商品经营不仅要执行国内的法律、法规，还要执行国际贸易组织的有关规则、规范和标准。只有这样，商品经营才会走上正确的轨道，并在激烈的市场竞争中立于不败之地。

（二）诚实守信原则

社会主义市场经济又是一种道德经济。市场经济是以商品交换高度发达为标志的，而商品交换又以等价交换为基本原则，以诚实守信为联系纽带。若没有诚实守信等一系列道德规范为基础，谁也不愿意、同时也不敢进行交换，这样，市场就会萎缩，市场经济就会呈现病态。所以，市场经济愈发达、商品经营愈活跃，愈需要高度完善的商品道德和社会公德相辅佐。诚实守信是最主要也是根本的商业道德，更是商品经营发展的关键。目前，商品经营的最大危机就是信用危机，即消费者对商家的不信任，这主要是前几年市场经济体制法规不完善，出现一些无序竞争造成的，如原来一些信誉较好的商场，由于受到利益的诱惑，出现了一些假冒伪劣商品、乱喊价现象等。诚实守信是经商的根本之道，是市场经营中的无形资产，靠信用才能赢得市场。诚实守信，首先要货真价实，不能有假冒伪劣商品，商品要明码标价，不能漫天要价；其次要心诚，真心为顾客着想，为顾客服务，不能把商品销售出去就算了；最后要讲信用，遵守诺言，实践成约，取信于人，如对商品实行“三包”等。

（三）经济效益原则

经济效益，是当今社会特别是市场经济所追求的基本价值之一。从事商品经营活动必须注重经济效益，并通过经济效益指标用以综合反映商品经营工作的质量。

经济效益包括社会经济效益和企业经济效益两个方面。注重社会经济效益，需组织适销对路商品，改善经营作风，提高服务质量，维护消费者权益，最大限度地满足消费者需求；要通过商品经营活动引导和促进生产发展；要依法纳税，保证国家财政收入。注重企业经济效益，要提高经营管理水平，扩大销售，节约耗费，提高效率，增加盈利。同时，要把企业经济效益与社会经济效益统一起来，使两方面都能共同提高与同步增长，实现商品经营不断发展的目标。

第二节　商品经营理念

一、商品经营理念的概念与作用

理念是指人们对客观世界的理性认识。商品经营理念是指引导商品经营活动的观念、认识、思维和思想的总称，又称之为“商品经营哲学”。

商品经营活动总是在一定的思想观念的支配下产生。每一种商品经营行为的产生与实现，都是一定思想观念支配的结果。因此，不同的思想观念必然支配不同的经营行为，也自然会产生不同的经营结果。

开展有效的商品经营活动，首先必须树立科学的经营理念。科学的经营理念产生于商品经营实践，同时又指导商品经营实践，而且还要不断地更新和发展；科学的经营理念具有主动性、动态性、层次性与能动性等特征；科学的经营理念，是商品经营行为的先导，是商品经营活动的灵魂，是商品经营正确发展的道路。树立正确的经营思想，对坚持正确的经营方向，科学决策并合理地组织商品经营活动，提高经营者素质，都具有十分重要的作用。

（一）正确的经营思想是坚持正确经营方向的前提

在社会主义市场经济条件下，正确的经营思想就是坚持合法经营、诚实守信的经营之道，贯彻执行国家的方针政策，大力发展社会主义市场经济，真心实意地为消费者服务的思想。坚持这个思想，就是坚持了正确的经营方向，经营效率和经济效益也会提高；相反地，经营思想不端正，就会出现很多问题。如果我们忘记了这一点，就会走上邪路。如有的商家采取坑骗顾客、以次充好、以假乱真等手段，以损害消费者利益来谋取自身利益，这不但是违法行为，会受到法律的惩罚，而且将失信于民，其经营活动也必将失败。

（二）正确的经营思想是科学决策并合理组织商品经营活动，实现经营目标的关键

商品经营决策和商品经营活动都是经营者的理性行为。经营决策是否正确、科学，经营活动能否连续、有序、稳定发展和有效，其关键在于经营者有无正确的经营思想作为贯穿经营过程的根本指导思想。比如，经营者要树立市场观念、创新观念、时效观念和全局观念等，这是科学决策和合法组织经营活动、实现经营目标的关键。经营者只有树立这些正确的经营观念，才能根据市场需求和经营条件进行经营决策，根据决策结果科学地制定经营计划，并在经营活动中加强有效管理，以保证其经营目标的实现。

（三）正确的经营思想是提高经营者素质的保证

正确的经营思想之所以能坚持正确的经营方向，并实现经营目标，是因为其造就了一批高素质的经营者作为保证。经营者既是全部正确经营思想的形成者，又是商品经营活动的实践者，在实践中使经营思想得到更新和发展。一个适应环境变化，符合时代潮流，体现企业特色的新的经营思想，定能增强广大员工的信心，激发员工的工作热情和积极性。同时，企业在“大人才观”的指导下，定能造就出一批掌握最新知识、懂技术、熟经营、善管理、会外语、懂电脑的复合型人才，对实现经营目标起到强有力的支撑作用。

二、现代经营理念的内容

经营理念是一个历史的概念，是随着商品经济的发展而不断发展变化的。所谓现代经营理念，就是能够反映当代商品经营要求的经营思想或经营观念，其主要内容包括：

（一）以人为本观念

以人为本是一种新型的经营观念，是从商品经营条件上应树立的最基本的理念。在进入21世纪的今天，以人为本的观念已成为推动企业可持续发展的根本动力；在加入WTO之后的今天，以人为本的观念已成为企业竞争的核心内容；在社会主义市场经济条件下，充分调动人的积极性、主动性和创造性，使人的价值在工作中体现和发展，是企业经营业绩得以提

高的主要因素。以人为本的经营观念具体表现为：

第一，尊重人的价值，实现员工的个人价值和社会价值的统一，使员工个人利益和国家、企业利益一致起来。誉满全球的IBM公司所以能领导世界潮流，最根本的经验在于其始终坚持三大信念：尊重个人、顾客至上、追求卓越。

第二，以人为本，着眼点是人，而不是物，要把满足员工的精神需要和物质需要作为发挥员工潜能、推动企业发展的重要动力。海尔集团在长期的经营实践中形成的“事事有人管，人人都管事”的人才观，较好地发挥了员工的主人翁精神和积极性。

第三，提高人的素质是以人为本观念的核心内容，当今的竞争是科技、资本和人才的竞争，从根本上说是人才的竞争，企业只有不断提高人的素质，才能不断发展，也只有具有高素质的人才，才能在激烈的市场竞争中求得生存。

（二）市场观念

市场唯一不变的法则就是永远在变。消费者需求在变、商品在变、竞争对手的服务及策略在变，因此，企业要研究市场需求。市场观念，就是商品经营活动必须立足于满足和创造市场需求的经营观念。这一概念包括三层涵义：一是经营过程必须以市场为起点；二是经营活动必须以市场为中心；三是指经营不仅要满足需求，更要创新市场、引导消费。树立市场观念，就必须重视市场、了解市场、利用市场；既要瞄准市场、以变应变，又要创新市场、以变引变。这种观念体现在：

第一，加强市场调查研究，重视市场信息的搜集和利用。市场调查和市场预测，是取得市场需求信息的重要手段。企业根据市场信息进行经营决策，才能保证经营活动符合市场需要。

第二，重视消费者需求的变化，以消费者需要为中心来组织企业的经营活动。消费者需求的变化是市场活动的中心内容，在市场经济条件下，需求对供应是一种客观的制约力量。因此，商品经营必须密切注意目标市场消费者需求的变化情况，以保证经营的商品适销。

第三，创新市场、引导需求。市场需求千变万化、错综复杂，企业经营的商品，今天是畅销的，明天就可能难以适应变化的消费需求。这就需要把各种信息提供给生产企业，通过产品的创新，来创造新的市场，引导市场需求，引导社会消费，从而适应复杂多样的市场需求变化，提高经济效益。

（三）顾客第一的观念

随着市场经济的发展和经济全球化进程的加快，市场上商品供应越来越丰富，供大于求的现象日益普遍，买方市场也日益走向稳定和成熟。商品经营面临着日益激烈的竞争。谁拥有顾客，谁就拥有了生存的基础，“顾客是上帝”、“顾客是衣食父母”的观念已日渐成为企业的座右铭。树立顾客第一的观念，就是要求企业以顾客至上为目标，千方百计去改善经营方式，去满足顾客的各种不同的需求，为顾客提供更多、更好、更新、更适合的商品和服务。这种以顾客为核心的经营观念突出表现在：

第一，以顾客为核心的观念反映了企业是以顾客需求为商品经营活动的出发点。满足顾客的需求不仅是简单的微笑或质量保证条款，而应该是从顾客准备购物开始，直到使用后满意为止的整个经营过程的各个方面，组织整个企业围绕顾客需求和愿望来进行商品经营活动，真心实意地使顾客感到满意。

第二，以顾客为核心的观念就是让顾客满意企业的经营行为，体现了企业重视追求长远的利益。在商品经营过程中，要讲究服务的艺术和质量，决不能急功近利，要使顾客对企业的经营行为产生信任和认同。这样既可以使顾客满意，也可以使企业获得更大的利润。

第三，以顾客为核心的观念还表现在使企业的外在形象满足顾客的需求。即企业通过统一的企业标志、标准色、标准字等策划与传播，使企业独特的形象准确而有效地传达给社会和顾客，并通过良好的形象获得巨大的社会效益和经济效益。

另外，以顾客为核心的观念要使企业的各项配套服务让顾客满意。总之，面对市场，树立顾客第一的观念，是在竞争中不断取胜的根本保证。

（四）服务观念

商品经营企业处于社会再生产的中间环节，这就决定了商品经营既要为消费者服务，又要为生产服务。在市场经济条件下，商品经营更重要的是为消费者服务；现代商品经营的竞争，主要是服务的竞争；事实上，商品经营就是服务。因此，商品经营必须树立服务观念，做到优质服务。这种优质服务观念主要体现在：

一是树立优质服务观念，要热情周到地服务。这主要体现在销售环节上，搞好售前服务、售中服务和售后服务，还应根据消费者的实际需要来安排经营内容、经营方式和营业时间；要笑脸相迎，热情周到，想顾客之所想，急顾客之所急，为顾客提供方便。

二是树立优质服务观念，要高素质地服务。营业员应具备专业知识和较高的综合素质，是商品知识和操作技能方面的“专家”，要熟悉商品性能用途，了解差异，向顾客讲清使用方法和注意事项，实事求是地推荐商品。

三是树立优质服务观念，要创造优良的购物环境。现代购物不仅仅是购买商品，也是一种休闲和调节，要让顾客有一个舒适的购物环境。购物环境要精心设计，突出特色，要适应不同的消费层次和购物特点，要有企业文化和时代特征，以满足消费者身心健康的需求。

（五）竞争观念

竞争是市场经济的主要特征之一。我国社会主义市场经济必然有竞争，有竞争才会有变革，才会有进步和发展。商品经营企业要生存、要搞活、要发展，必须要有强烈的竞争观念，积极、主动地适应和参与竞争，并要公平、有序地竞争，做到合法地参与竞争、有效地善于竞争。商品经营企业树立竞争观念，主要体现在：

第一，全方位的竞争观念。竞争是贯穿于商品经营过程的，因而要求企业树立全方位的竞争观念。这表现在采购的信息与渠道、进货的价格与费用、储运的技术与时间、销售的质量与价格、企业的服务与信誉等，都要有竞争的意识。这些环节的竞争是相互联系、相互促进的，一个环节竞争力的提高，会促进其他环节的改善和进步；反之，一个环节竞争力的削弱，就会制约其他环节。因此，企业要从经营的各个环节上参与竞争、协调共进，取得整体竞争优势。

第二，多种手段并存的竞争观念。市场如战场，在激烈的市场竞争中，企业要树立多种手段并存的观念，认真研究竞争对手和竞争方式，靠巧妙地利用时间、准确地选择空间、灵活的经营手段来取得竞争的胜利。竞争方式可以多种多样，并随着时间和空间的变化、竞争者的多少、竞争力的大小等而变化。企业要在灵活多样的竞争观念的指导下，采用多种竞争策略和手段，抓住时机，取得胜利。

第三，以特取胜、以快制胜的竞争观念。企业参与市场竞争的致胜之道，在于创造竞争优势，竞争优势来自于“特”和“快”。商品经营的“特”主要是指经营特色，包括经营方式、经营商品、经营服务等方面，以树立和保持经营特色。商品经营的“快”主要是指抓住机遇，通常所说的“机不可失，失不再来”就是这个道理。市场机遇是公平的，谁发展得快，谁就先占领市场，谁就取得竞争的主动权。

（六）创新观念

改革是动力，创新才有生命力。创新是企业生存的保证，是企业持续发展的不竭动力，更是企业在市场竞争中的立身之本。创新观念是指商品经营企业在经营中应永远保持积极进取精神，不断树立新观念，提出新目标；运用新机制，开辟新领域；采用新方法，占领新市场；使用新服务，树立新形象；永不满足，不断前进的经营指导思想。在社会主义市场经济条件下，由于竞争越来越激烈，企业的商品经营犹如逆水行舟，不进则退。开拓创新是企业生存和发展的唯一出路。商品经营必须树立创新观念。开拓创新观念主要体现在：

第一，经营目标要创新。根据企业外部环境和内部条件的变化，不断调整企业的经营目标，引导企业的商品经营不断向新的高度发展。如从现阶段看，企业就要从推销商品、满足消费的传统目标，向引导消费、创造市场的现代目标发展。

第二，经营机制要创新。要建立科学有效的经营机制，传统商业企业在体制上要加快向现代企业转变，建立责权利相结合的经营体制和激励机制，要以人为本，培育企业文化，树立团队精神，激活企业的凝聚力和创造力，真正形成催人奋进、积极向上的运行机制。

第三，经营形态要创新。要借鉴国内外的先进经营形态（业态），积极引进连锁、代理、配送、仓储式销售等现代经营组织形式，特别是连锁经营，在我国大部分地区发展正逢其时。同时，要依托互联网，适应电子商务的发展，参与更高层次的经营竞争，提高商品经营的现代化水平。

随着我国加入WTO，商品经营格局将会发生重大变化。在这种变化的时代背景下，商品经营还应树立“风险意识和忧患意识”、“信息化和现代化观念”、“全球化和综合化观念”以及“经营战略观念”。商品经营企业只有树立这些正确的经营理念，才能在变化的趋势下求得更快、更好的发展。

第三节　商业企业业态

一、商业企业业态的概念

商业企业业态是指企业的营业形态。它与业种的区别是：“业种”是以“卖什么商品”进行分类，“业态”是以“用什么形式卖”而进行分类。零售业态主要有百货商店、超级市场、便利店、专业店、专卖店等。

“业态”一词，原是日本经济学界用以说明零售企业、饮食业等的营业形态的中文表述，在20世纪80年代由日本引入我国，并逐渐在我国经济学界和一些部门广泛应用。

作为“业态”，一般具有科学性、创新性、可推广性、行业性等特点。影响零售业态产生和发展的因素很多，企业外部因素有社会经济发展水平、消费者需求变化、市场竞争走势等；企业内部因素主要有商店规模、人财物、竞争能力、营销规划管理等。一个企业对业态的选择，应是企业在开业前根据内、外部因素进行综合分析后作出的科学决策。我国的零售商业在从“业种”向“业态”发展的转变过程中，其发展的目标就是要达到改变按商品行业分类设置的“业种”店这种以企业自我为中心的模式，转而按消费者需求为中心，设置满足这种需求功能的“业态”店。这种转变显示我们零售业由计划经济模式向市场经济模式的转变，也是零售业向现代化发展的一个标志。

二、商业企业业态的分类

零售商品的业态多种多样，可以从以下几个角度进行划分：

根据经营产品的广度、长度和深度的不同，零售业态可以分为百货店、专业店、超级市场、便利店等形态。

根据价格策略的不同，零售业态可分为折扣商店、仓储商品与目录商品（向顾客提供商品目录的商店）等形式。

根据与消费者联系的方式不同，零售业态可分为店式商店与无店式商店（如邮购商店、上门推销、自动售货机售货、电视商场、网上购物等）两种形式。

根据管理系统的不同，零售业态可以分为独立商店、连锁商店、消费合作社与商店集团等形式。

根据零售商店聚合程度的不同，可以将零售业态分为商业街与购物中心两种形态。

三、主要商业企业业态简介

（一）百货商店

世界各国对百货店的定义大体相同，总的来说，就是指经营商品线广而长的商店。但各国对此表述又各异。在日本，百货店是指在一个建筑物中，集中若干个专业商品部，向顾客提供多种商品和服务的大型零售企业。在美国，按美国商务部的定义，百货店是指年销售额在500万美元以上，经营消费者所需要的服装、纺织品、家庭陈设品、家具以及家用电器等，其中服装和纺织品的销售额至少占总销售额20%的零售商店。在我国，百货店一般又称百货公司、百货商场、百货大楼，根据我国《国民经济行业分类和编码》的规定，“百货店是指经营日用百货、服装、鞋帽、钟表、眼镜、文化体育用品为主的综合商场和以经营以上某种商品为主的专业零售店”。但是，我国在理论研究与实际工作中，百货店通常是指以经营上述商品为主的综合商店，并以此与专业店区分开来。

百货商店产生于19世纪60年代，被称为零售业的第一次革命。100多年来，百货店在世界各国得到了很大的发展。目前，从世界范围看，尽管百货店已进入衰退期，但它仍然是一种重要的零售业态，特别在我国，百货店仍然是目前零售业的主要业态之一。

百货店的优势主要表现在：(1) 拥有各式各样的商品供顾客选购，顾客在同一店内可采购不同的商品，从而可以节省顾客购买的时间和精力。(2) 客流量大，每天人来客往，气氛热烈，交易兴旺，可以刺激顾客购买的欲望。(3) 资金雄厚，能广纳大量人才，分工合作，不断创新，提高经营管理水平。(4) 社会信誉好，能吸引众多顾客前来购物。(5) 购物环境优良，能给顾客以舒适感和美感，同时能提供多种服务，以促进销售。

百货店也存在一些劣势，主要表现为：(1) 由于受到零售商圈的限制，单体规模扩大到一定程度之后，会出现规模报酬递减的现象。(2) 虽然服务水平高，营业设施完善，但同时也造成费用的上升，致使商品销价偏高，不具备价格竞争的优势。(3) 随着商品生产的发展，商品种类、品种、规格、花色层出不穷，百货商店要兼顾综合化与专业化越来越困难。(4) 投入资金大，如果决策失误，将会造成巨大的损失。

由于百货店自身的缺陷，加之其他新兴零售业态的不断兴起，如今它已经失去了零售业霸主的地位。因此，许多百货店都在不断地采取新措施，如实行多店化和巨店化，纷纷开设分店，扩大店铺规模；改进经营管理，大量使用现代化管理手段，如大量采用 POS 系统、EOS 系统、VAN 系统等；减少雇员、提高劳动效率；按消费者需求重新进行商品组合；改制转型或实行多角化经营等，以寻找出路，恢复昔日的市场地位。

（二）超级市场

超级市场是指实行开架式货品陈列、顾客自助服务、电子结算的一种零售商店，是一种“自助商店”或“自选商店”。

超级市场产生于1930年的美国纽约，被称为零售商业的第三次革命。它以商品销售价格较低、顾客自我服务为特色，赢得了消费者的青睐。20 世纪 60 年代以来，超级市场在世界范围内广泛传播，20 世纪 80 年代中期传入我国。目前已成为当今世界流行的零售业态。

据有关资料显示，上海市目前有近七成的市民到超市购买食品、饮料、糕点和日用品，究其原因是：商品价格低廉、品种丰富、眼见货真、选择自由、购买方便等。

当然，超级市场也有自身的缺陷，如顾客购物没有亲切感、结算排队时间长，经营商品受限制、容易失窃等。

但总体上讲，超级市场的优势远远超过其不足之处，特别是实行连锁经营的超市即连锁超市，具有强劲的发展势头，整体上尚处于发展期，到目前为止，国内尚未出现遍布全国、影响力大的连锁超级集团，因此今后具有很大的发展空间。

（三）便利店

便利店是既有食品杂货店供应的便利，又使用超级市场的销售方式和经营管理技术的零售业态，又称“方便店”、“便民店”。

便利店产生于20 世纪30 年代的美国，20 世纪 60 年代末期以后获得了较大的发展。20 世纪 70 年代初传到日本，此后进一步获得了巨大的发展。20 世纪 90 年代以来，便利店在我国发展很快。

便利店的基本特征是：(1) 营业时间长。最初人们把它称为“7－11”商店，即营业时间从早上 7 点到晚上 11 点。事实上，当今的便利店早已发展到了 24 小时营业。(2) 一般是独资经营或合伙经营的小商店，营业面积一般只有几十平方米。也有一些是大公司开的小商店。(3) 店址上方便顾客。(4) 经营的商品主要是方便食品，以及提供便利性服务。(5) 商品销售起点低。(6) 销售价格较高，如美国便利店的价格比超级市场高 10%—20%。

目前，便利店以连锁经营为主。在日本，便利店又以加盟连锁为主要发展方向。在我国，便利店仍以独立经营为主，但已有连锁经营的趋势。

（四）专业店

专业店是专门经营同一种类型产品的零售业态。因而专业店具有规格齐全、款式多样、向商品深度发展的特点；同时，专业店一般拥有具备专业知识的售货员，对其出售的商品有着深入的认识，在顾客选购商品时能够介绍商品的功能和特点，提供选购的专业意见和服务。

专业店在国内外早已有之，但以前的专业店无论在数量上、类别上，还是在商品的管理水平上，都无法与现在相比。目前，国内专业店的发展速度正在加快，产品类别日益细分，如电器产品内又细分为电脑、灯饰、影音器材等。此外，近年又发展出如家具、眼镜和运动用品等专业店。

专业店具有能够满足顾客的挑选性要求；经营者对消费者需求反应敏感；经营方式灵活，可与厂商合作；价廉物美；容易树立起商店特色等优势。但也存在着经营商品的类别少，不能满足消费者其他方面的需要；对经营水平及技术要求高，经营者难以适应等自身缺陷。

但从整体看，专业店优势明显，而缺陷有些是可以消除的。因此，专业店是目前世界各国零售业态发展势头良好的一种零售店。

（五）专卖店

专卖店是指专门售卖同一品牌商品的零售业态。经营商品较专业店更专门、更细分。除了提供同一品牌商品的所有产品系列外，专卖店内的售货员均接受过特别训练，对产品有深入的认识，从而能够给顾客提供专业协助。此外，由于专卖店与生产商直接挂钩，提供售后服务，顾客一般对他们经营的商品有较强的信心。

专卖店的经营模式可分为两种：第一种是由厂商直接经营；第二种是由厂方授权第三者经营的加盟式特许专卖店，供货的形式一般以代销为主，除了结算期外，双方亦需协议分成和保底的百分比。

专卖店以开架销售、顾客自选、定价销售为原则。由于专卖店标榜服务及专业形象，因此店内有较多售货员，以协助顾客选购商品。

专卖店尽管经营方式单一，但通过专门经营某一品牌的商品，可以增加商品的销量，以大批量采购获得较低的进货价格。对消费者来说，虽然选择性小，但这些品牌都是人人皆知、质量可靠的商品，而且价格便宜，久而久之能为人熟悉并接受。因此，目前专卖店在我国发展也非常迅速。

（六）仓储式商场

仓储式商场是指将超市和仓库合二为一的一种零售业态。它具有超市的某些特点，同时又不单设仓库，因而价格便宜。

仓储式商场的主要特点是：（1）选址在城市近郊，地价便宜，交通方便。（2）将仓库和商店合二为一，占地及营业面积大，仓库空间非常大，设高6米的货架，上面存放商品，下面可摆放出售商品。（3）店面装修简单，经营成本低，但购物环境好。（4）店内设施齐全，店外有较大的停车场。（5）商品的品种较少，但都畅销，而且实行大包装，不单卖。（6）采用现金交易，拒绝赊账，对进货商也如此。（7）吞吐量大，进价低；员工少，费用低，让利给消费者。（8）实行会员制。

正是由于大型仓储商店有如此之多的优势，使得大型仓储商店出现的时间不长，就在国内发展势头很猛。如目前在中国开设这类超市有家乐福、沃尔玛、易买得等。由于外资零售商抢先进入中国尝到了甜头，纷纷宣布新增“大卖场”。

我国目前自己的仓储式商场虽然刚起步，但大多借鉴了国外的通行做法，搞特色经营，尤其是引入了“低费用、低毛利、低价格”的经营思想，对我国现阶段的大众消费者最具吸引力。但由于理论研究、经营观念及配套建设跟不上，目前还不能一哄而上，要因地制宜、适时发展。

（七）购物中心

购物中心是指零售企业集合的一种最为现代化的零售业态。它是零售商店的一种区域性分布，是集购物休闲于一体、吃喝玩乐于一身的经营场所。也可理解为“商业街”或“商业城”。

购物中心在美国的概念与在中国的概念是不同的。美国的MALL数量并不太多，而且往往开设在郊区或城郊结合部交通方便的地方，其辐射范围近的几十公里，远的则达到200公里以上。我国的购物中心不仅数量多，而且习惯上理解为城市的一级、二级、三级商业区，这种划分的商业区完全是购物的需要，是短缺经济特征的体现。而MALL兴起的原因在于人们对于购物休闲化的需要。尽管从生理上来看，购物所满足的需要比休闲对人们的基本生活更有意义，但是休闲已经成为MALL的主体功能，购物则只是附带功能。

我国北京的王府井、上海的南京路就具有这种特征，但不是完全意义上的MALL。加深对MALL的认识与研究，对发展中国特色的购物中心（商业城）具有指导意义。

思考与练习

1. 什么是商品经营？商品经营研究的内容有哪些？
2. 商品经营的原则有哪些？为什么要坚持这些原则？
3. 商品经营的任务和作用有哪些？
4. 什么是商品经营理念？认识它有何作用？
5. 现代商品经营理念的内容主要有哪些？
6. 什么是商业企业业态？
7. 商业企业的经营业态是怎样划分的？
8. 商业企业业态有哪七种主要类型？分别有哪些特点？

第二章

商品经营与经营决策

学习目标

使学生了解商品经营活动必须具备的内部条件，充分认识到内部条件的重要性；使学生了解商品经营活动的外部环境的重要性，掌握分析外部环境的内容、程序和方法；了解科学决策的条件和意义，掌握经营决策的内容、程序和基本方法；初步掌握经营计划的编制方法、实施要求和控制过程。提高学生分析问题、规划问题和解决问题的能力。

第一节　商品经营企业的内部条件

商品经营企业的内部条件包括人、资金、设备、信息、商品等。内部条件既是企业进行经营活动的基础，也是企业素质的综合反映，它直接影响着企业的市场竞争能力。

一、符合企业经营活动的人力资源

人是企业活动的主体，是企业全部经营活动的直接参与者。人力资源是企业最宝贵的资源。一方面，企业必须拥有能满足经营活动需要的一定数量的人员。商品经营企业的人员主要包括管理人员、技术人员、调查人员、预测人员、策划人员、采购人员、销售人员、储运人员、财务人员和服务人员等。各级各类人员在企业经营活动中分别有各自的职责，发挥着不同的作用。另一方面，企业要重视对人力资源的开发，提高各类人员的综合素质。商品经营企业的人员应具备下列素质要求：

（一）思想政治素质

企业经营人员要坚持四项基本原则，在企业经营活动中，要坚决执行政府的政策和法律，要顾全大局，自觉维护国家利益、社会利益、顾客利益和企业利益，讲究职业道德；不谋私利，乐于奉献；要坚持原则，实事求是；具有现代市场观念，具有竞争意识；坚持改革，勇于创新。

（二）知识素质

现代市场经济，竞争十分激烈。我国加入 WTO 后，企业面临的外部环境更加复杂多变。为了企业的生存和发展，经营人员要善于学习新知识，研究并掌握新技术。要积极迎接这一挑战，就必须具有合理的知识结构。

1. 市场外部环境知识

市场外部环境知识主要包括：熟悉国家的政策和法律；了解各地区的政策和法规；了解国际贸易的相关法规和知识；了解主要贸易国的政策、法规和文化环境；熟悉国内和国际两个市场的供求变化、价格变动；了解竞争对手的竞争能力、竞争策略。

2. 文化知识

文化知识是基础，是经营人员进行自我开发、提高知识素质的基础。企业经营人员必须有一定的文化知识，企业应该把文化知识水平的高低作为招聘企业经营人员的基本条件，尤其应该作为选拔经营管理人员的基本标准之一。

3. 专业知识

专业知识是企业经营人员从事特定专业工作的前提。如，财务人员必须精通会计知识和税收等知识；采购人员和销售人员必须熟悉商品，精通合同知识，掌握市场营销理论和购销活动的业务知识等。经营人员要善于学习，使自己具有多方面的知识，以适应企业不同岗位之需，适应企业经营不断发展的需要。

（三）能力素质

能力是经营人员运用专业知识完成岗位工作、解决实际问题、提高工作效率、开拓创新的前提。企业经营人员首先必须具备完成本职岗位工作的基本能力。如，管理人员的决策能力、组织能力、控制能力，购销人员的谈判能力和人际关系能力，市场调查人员的调查能力和市场分析能力等。此外，企业经营人员还必须具备学习的能力和创新的能力。这是企业发展的需要，也是经营人员自身发展的需要。

（四）身体素质

每个人都应该有健康的身体。企业经营人员只有具备了健康的身体，才能以充沛的精力，高昂的斗志投入到市场竞争的大潮中，才能适应企业发展和市场竞争的需要，才能使自己的聪明才智得到充分的发挥，才能为社会、为企业做出更大的贡献。

二、符合经营活动需要的资金

资金是企业从事经营活动的必要条件。它是企业的生产经营能力和资金信用情况的反映。我国相关法律对开设不同类型的企业均规定了最低资金界限。《公司法》规定，有限责任公司注册资本的最低限额为：以生产经营为主的公司，人民币50万元；以商品批发为主的公司，人民币50万元；以商品零售为主的公司，人民币30万元；科技开发、咨询、服务性公司，人民币10万元。股份有限公司注册资本的最低限额为人民币1000万元。有外商投资的公司的最低注册资本不应少于人民币3000万元。设立其他类型的企业，国家或地方政府也均有最低资金的规定。

商品经营企业的资金按不同标准可以分为若干类别。按归属可分为自有资金和借入资金，按其周转特点可分为固定资金和流动资金。商品经营企业的各项经营活动都是通过货币收支来进行的。没有足够的资金或资金不能正常周转，企业经营活动将无法进行。企业要做好资金的筹集管理、使用管理，加速资金周转，提高资金的利用率，提高企业的经济效益。

筹集资金是商品经营企业的重要工作。企业筹集资金的主要渠道有：银行贷款、发行股票或债券、在企业内部职工中筹资、企业经营活动中的积累等。企业要根据经营活动的需要和筹集资金的成本，确定筹集资金的时间、数量和方式。资金使用是关键，企业要有计划地按照经营活动的需要使用资金，做到合理投入，节约占用，减少消耗，加速资金周转，提高利用率。

三、符合经营活动需要的设备

设备是企业开展经营活动的物质技术基础。商品经营企业的设备按用途可分为：仓储设备、运输设备、商品养护设备、制冷设备、消防安全设备、柜台货架设备、商品检验和度量设备、办公设备、服务设备等。企业设备的数量和技术水平要能够保证企业购、销、运、存、商品检验、信息管理等经营管理活动的需要。企业要加强设备管理，建立设备管理的规章制度，要配备合格的设备操作员，正确使用设备，精心养护设备，使设备经常处于良好的技术状态，提高设备的利用效率。并且要随着企业经营管理发展和市场竞争的需要，及时改造设备，更新设备，提高企业设备的现代化水平。

四、信息

信息是指能被人们理解和接收的，反映事物运动、变化和发展差异的一系列消息、数据、资料和情报的总称。企业经营信息是反映企业外部环境变化、企业内部经营要素和经营过程、状态变化的一系列消息、数据、资料、情报等的总称。企业从事经营管理活动，必须搜集有效的经营信息和管理信息。信息是企业进行科学决策的重要依据。

（一）商品经营企业信息的主要内容

企业应该利用一切合法的手段，掌握市场调查的基本方法，经常地、全面地广泛搜集符合企业经营活动需要的各类信息。

1. 政策法律信息

企业开展经营活动，首先要研究一定时期的政策和法律，了解国家提倡发展什么、鼓励发展什么、限制发展什么、禁止发展什么。我国正处在改革和发展的重要时期，尤其是我国刚加入 WTO，一些不符合国际惯例的政策和法律要逐步进行修改。所以，企业应高度重视国家政策法律的导向作用，及时了解地方政府的政策和法规的变化情况，使企业的经营活动有法可依。

2. 商品信息

商品信息主要包括：商品生产信息、商品供求信息、商品价格信息、商品发展信息。商品经营企业要熟悉主要商品生产者的技术条件、生产能力、信用状况、结算条件、商品质量；要熟悉商品的市场供求动态和价格变动趋势；要对新产品的开发、生产和发展方向有高度的敏感性。

3. 竞争者信息

商品经营企业的竞争者主要是经营区域内的商品经营企业，竞争者信息主要包括：现有竞争者的信息，如竞争者的数量、各自的规模、资金、经营策略、发展动向以及对自己的威胁程度；潜在竞争者的信息，如新建的商品经营企业、从外地进入本经营区域内的商品经营企业，或外国投资者在本经营区域开设的商品经营企业。

4. 顾客信息

顾客是企业的服务对象，没有顾客，就没有市场。要吸引顾客，企业就必须研究顾客，树立为顾客服务的经营理念，满足顾客需要，实现顾客利益。顾客信息一般包括经营区域内顾客的数量、购买力水平、顾客的需求量、需求结构、购买习惯、消费心理和顾客对本企业的评价。同时，企业要对顾客信息的复杂性和多变性保持足够的重视。

5. 企业内部信息

一些企业对内部的信息往往重视不够，他们一般认为自己最了解自己，于是就忽视了对内部信息的挖掘工作。企业经营者应该高度重视内部信息，重视对内部情况的分析研究。企业内部信息主要包括企业内部各经营环节、各管理部门的日常原始记录及分析报告，包括企业内部各经营要素的变化情况、企业人员的素质和团结合作精神、企业的市场信誉、企业开发市场和开拓创新的能力等。

6. 其他信息

如社会文化环境信息、自然环境信息等。

（二）企业信息管理的基本原则

1. 及时性原则

及时性是信息工作的首要原则，这是由信息价值的时效性所决定的。一方面，企业要及时搜集反映市场环境变化和企业经营活动过程的最新情况。另一方面，企业要及时处理，及时传递信息，及时根据最新情况制订方案、调整策略、组织实施。

2. 准确性原则

准确性是信息的生命，信息必须能反映客观实际，信息工作者要本着科学的态度和对企业高度负责的精神，搜集准确的信息，认真核实信息。提高信息工作人员的素质，提高他们对事物的鉴别能力和分析能力，是确保信息准确性的重要途径。

3. 全面性原则

企业经营活动不但需要准确的信息，而且需要全面的信息。否则，会使决策者陷入片面性的分析，从而作出错误的决策。因此，企业应坚持信息搜集工作的全面性和连续性。

4. 适用性原则

信息是为企业经营管理活动服务的，企业不同决策层和不同经营环节，在不同时期需要不同的信息。所以，信息的搜集和传递必须有针对性，必须根据需要提供适用的信息。

5. 安全性原则

信息是企业的宝贵资源，是企业参与市场竞争的基本手段。市场竞争愈来愈激烈化，有关企业的经营策略、客户资料等内部信息也成为国内外竞争对手搜集的目标，企业内部信息的安全性受到了严峻的挑战。企业应对重要信息的传递方式、传递范围、储存方式等进行严格管理。建立有效的信息管理制度，加强对企业人员的信息安全教育，防止信息的泄漏。

6. 经济性的原则

信息的搜集、处理、传递和储存，需要投入一定的人力、物力和财力。企业既要确保信息的质量，又要节约信息搜集、处理、传递和储存的费用。

（三）信息管理的程序

一是信息的搜集。这是信息管理的首要任务。信息工作人员要明确信息的服务对象，要了解服务对象需要什么信息、什么时候需要信息。要制定搜集信息的计划，确定信息搜集的方式，组织信息的搜集。

二是信息的检核。这是信息管理的重要环节，是指对搜集到的信息进行的鉴定。通过信息的检核，要去伪存真，去粗取精，以核实信息的准确性、有效性、适用性。

三是信息的提炼。进行信息的分析、加工，使信息精炼化，为信息的使用者提高工作效率创造条件。信息的提炼工作要求信息工作人员善于综合、善于计算、善于判断。

四是信息的检索。按照一定的标准对信息进行科学分类，为信息的储存、传递和使用创造便利。

五是信息的传递。根据服务对象的需要及时提供信息。

六是信息的储存。经过检索的信息或已经使用过又具有保存价值的信息要及时存储，为信息的再使用服务。

有条件的企业，要建立信息管理系统，提高信息管理的现代化水平，使信息管理工作能更好地为企业经营活动服务。

（四）信息的作用

信息对于企业的经营活动具有十分重要的作用。

1. 信息是企业经营决策的依据

决策是企业经营管理的重要职能，是企业经营成败的关键。信息是决策的依据，搜集信息是决策的前提。缺乏有效的信息，决策将成为无源之水、无本之木。掌握了充分的信息，就能够减少对事物的不可知性。企业经营人员一旦及时掌握了准确、全面、适用的经营信息，就能够更好地把握市场变化和企业经营活动发展变化的规律，就能够提高经营决策的质量。

2. 能提高企业对市场变化的预见性，增强企业应变能力

市场变化是经常的，瞬息万变的，企业只有掌握这一变化的规律性，才能提高对市场变化的预见性，从而促使企业积极调整经营策略，适应外部环境，增强企业的应变能力。信息是市场变化的晴雨表，它能够帮助企业认识市场，预见未来。

3. 有利于企业开拓创新

信息是企业开拓创新的动力，也是企业开拓创新的依据。一方面，信息尤其是市场环境信息，如科技信息、我国加入 WTO 等，能使企业发现自己的差距，感觉到来自内外环境的威胁，增强了企业求生存、求发展和开拓创新的紧迫感；另一方面，信息也为企业开拓创新指明了方向，如有关技术、市场需求变化等的发展趋势信息等，是企业开拓创新的向导。

4. 有利于企业控制经营管理活动

企业内部经营要素的变化对企业的经营活动有十分重要的影响。企业必须高度重视这些变化，及时搜集相关信息，及时控制不利于经营目标实现的变化因素，确保企业经营活动的正常进行。

五、商品

商品是商品经营企业的经营对象，做好商品的采购、运输、储存和销售是商品经营企业的基本职能，是实现企业经济效益和社会效益的重要途径。企业必须根据市场的变化和自身的经营条件组织好商品的采购、销售、运输、储存和管理工作。

商品既是商品经营企业的经营对象，又是实现企业经营目的的手段。经营什么商品、怎样经营商品，这是摆在经营者面前的首要问题，是关系到企业经营目的能否实现的根本问

题，同时会影响到企业的社会服务效益。因此，企业需要研究市场、研究商品，正确决策。首先，商品质量必须合格。企业所经营的商品要符合《产品质量法》及其相关法律的规定，决不经营假冒伪劣商品，决不销售霉变、过期的商品，切实维护企业形象，维护消费者利益。其次，商品必须适销对路。企业经营的商品要符合经营区域内消费者的购买需求、购买习惯和购买力。最后，商品要有特色，要有竞争力。企业要经常了解市场变化，要善于预测市场的变化规律，了解竞争对手的商品经营情况，及时调整商品经营结构，真正实现特色经营，提供优质服务，开展有效竞争。

[案例阅读]

湖南省郴州市某商场何副经理，重视企业信息网络的建立。他要求企业的采购员、销售员出差时要搜集当地信息。有一次，采购员刘某到广东省东莞市出差，临行前，何副经理叮咛刘某，搜集到重要信息要及时汇报。到东莞后的某一天，刘某在街上溜达，来到该市石龙自行车配件经理部，发现这家单位积压了几十万条自行车轮胎。小刘问明了轮胎的价格和数量等情况后，当晚打电话向何副经理汇报。当时，自行车轮胎在郴州并不畅销，何副经理便把这条信息记下来。没过多久，何副经理到湘潭市岚园宾馆参加订货会，会上听到不少单位求购自行车轮胎。他马上想到小刘提供的信息。当即找来一张红纸，上面写清可供轮胎的品种、数量、价格、交货地点。上午10时贴出去，午饭后就有不少人要来看货，一个下午便定了20万条。当晚，何副经理急电仍在东莞的小刘，要他第二天火速发自行车轮胎来。小刘接完电话，立即去找货主，联系购买轮胎一事。此刻，货主正为轮胎积压过多占用资金发愁，听到小刘一次就要20万条，便立刻帮助小刘联系汽车装货。汽车昼夜兼程，第二天晚上就把轮胎运到了湘潭市，第三天各定货单位即取到了货。这条信息使商场净赚6万元。

第二节 商品经营企业的外部环境

商品经营的外部环境是指影响商品经营的所有外部因素的总称，是企业生存和发展的“土壤”。商品经营的外部环境是企业不可控的但对企业的商品经营影响很大。因此，企业要认真研究外部环境，认识外部环境的变化规律，充分利用外部环境。

影响商品经营的外部环境因素很多，很复杂，其中主要包括社会文化环境、经济环境、竞争环境、消费者、政治法律、科技、自然环境等七方面因素。

一、社会文化环境

经营企业通过研究一个国家或地区的文化环境，可了解本国或地区的消费者喜欢什么样的商品，对企业所经营商品的原料、功能、外观、包装、品牌、质量、工艺、特点等有什么要求，从而生产、经营消费者最喜欢、最需要的商品，这样企业经营的商品才具有竞争优势。

什么是文化？被称为“人类学之父”的爱德华·B. 泰勒于1971年在《原始文化》中给文化的定义至今不失为经典名言，他说：“文化是一个复合的整体，其中包括知识、艺术、信仰、道德、法律、风俗以及作为社会成员而获得的其他方面的能力和习惯。”

文化对商品经营的影响主要有知识、艺术、信仰、风俗、人口、法律等方面，换句话说，影响商品经营的文化环境主要包括教育、审美、宗教、习俗、人口等因素。

（一）习俗

古人曰“入国问禁，入境问俗。”各国各地都有自己的风俗习惯、风土人情。它对人们的消费有着直接的影响。它主要表现在吃、穿、住、用、节日、礼仪等方面。

1. 吃的习俗

主要从吃的口味、吃的习惯、吃的要求等三方面来了解。

（1）吃的口味：各地差异很大。中国有句顺口溜：南甜、北咸、东辣、西酸。了解当地人的口味，经营适合当地人口味的食品。

（2）吃的习惯：主要了解当地人爱吃不爱吃？爱吃什么？吃的特色食品？吃的做法？

（3）吃的要求：主要了解当地人在吃上注意营养、卫生、口感、实惠。不同地区、不同人群对吃的要求也不同，另外不同食品人们的要求也不同。例如：对小食品人们注重口感，对主食人们注重绿色、卫生，对副食人们注重口感、卫生、营养等。

2. 穿的习俗

主要从穿的特色、穿的习惯、穿的要求等方面来了解。

（1）穿的特色：主要从穿的款式、色彩等方面来了解。

（2）穿的习惯：爱穿不爱穿、穿的档次、穿的方式（大胆、潮流、保守、个性）。

（3）穿的要求：讲究原料、工艺、外观、品牌。例如上海人在穿着上比较讲究面料、工艺。

3. 用的习俗

主要了解当地人们的教育、生活习惯、收入、资源、审美、气候、家庭结构等因素，从而可了解到当地消费者对用的商品的外观、功能、规格、档次、品牌等的具体要求。

（二）教育

教育是培养人的一种社会现象，是传递生产经验和生活经验的必要手段。

教育对商品经营的影响主要有以下几方面：

1. 对文化用品经营市场的影响

教育水平较高的国家、地区对文化用品（艺术品、乐器、书报等）需求较大。

2. 对先进事物、科技接受程度的影响

文化程度较高的地区消费者在衣、食、住、行消费时，注重先进性、科学性，例如对食品讲究营养、卫生；对服装要求面料纯天然；对用的商品要求环保、低碳、功能齐全。所以对新产品、新事物接受力较快。

考察一个地区的教育水平，主要从以下几方面进行：

（1）大学、大专、中专、高中等人口所占比例。

（2）大学、大专、中专、名牌院校数量多少。

（3）社会公德：公共卫生、公共秩序、公共设施。

（三）人口

1. 人口总数、流动人口数、人口增长率等与商品经营的数量成正比。

2. 人口结构：年龄、性别、家庭结构。

(1) 年龄：主要了解目标市场各年龄段所占比例，不同年龄消费者在经济实力、消费需求、购买行为、购买动机等方面都不相同。

(2) 性别：主要了解性别比例，因男女对某些商品的需要不同，另外购买心理动机、购买行为也不同。

(3) 家庭结构：主要了解每户人口数量，我国的情况是：边疆、少数民族地区为3.8人/户，内地2.8人/户。

家庭结构主要对以家庭为单位的商品经营数量、商品经营档次、商品经营规格、商品消费模式等产生影响。

（四）美学

美学是指一种文化中关于美和审美体验的观念，主要包括音乐、美术、戏剧和舞蹈等形式以及人们对颜色和设计的鉴赏。

美学主要指颜色、图案、造型，对商品经营中的包装设计、广告设计、外观设计、品牌设计有影响。

世界各国的民族都有自己的颜色爱好，各种颜色都被赋予了不同的感情色彩，各国各地对颜色有不同的偏好和禁忌。

（五）宗教

宗教是文化要素之一，而且是文化中处于深层的东西，对于人的信仰、价值观和态度的形成影响很大，是一种精神。

宗教对商品经营的影响主要有：

1. 宗教节日

各国之间的宗教节日差别很大，各宗教都有自己的节日。在过节前消费者要有大量的食品、生活用品、家具、服装、装饰品、礼品和节日用品的购买。

2. 宗教的教规、教义和禁忌

伊斯兰教：禁食猪肉，禁止饮酒。

3. 妇女地位

有些宗教极端歧视妇女，如印度教，伊斯兰教。

4. 政治风险

宗教导致战争、爆乱、混乱等政治风险，原因是不同宗教的对立。

文化是处于动态之中的，随着时间的推移，一个社会中的价值体系、美学观念、道德规范、生活习惯等文化因素都在发生着变化，从而文化也在变迁。

二、经济环境

商品经营企业通过研究一个地区的经济环境，可了解到本地区消费者的购买能力、购买档次及购买的数量。了解当地的经济环境很重要。

经济环境主要包括：购买力、商业基础设施、经济发展状况。

（一）购买力：货币支付的能力

购买力主要包括：收入、储蓄、信贷、币值、消费模式。

1. 收入——人均收入水平

这是一个很重要的指标，人们常使用人均收入这一指标来衡量一个国家经济发展水平、教育、福利、医疗、保健、现代化程度，以及人们的消费水平。

2. 储蓄

储蓄与购买大件、高档商品能力成正比，与日常购买力成反比。

另外储蓄还与人们储蓄习惯及社会保障系统的健全有关。储蓄高日常开支减少，日常购买力减小，但购买大件能力较强。

3. 信贷

信贷发达、消费者信贷意识强的地区，购买大件的能力强。

4. 币值

货币贬值、物价高必然抑制人们消费购买力。

5. 消费模式

将人们收入的支配方式进行分析，可得出：

总收入 = 可支配收入 + 必须支出

可支配收入 = 可任意支配收入 + 生活必须支出

可任意支配收入支付方式有：教育、储蓄、服装、交际、交通、医疗、旅游、保健、体育等。不同地区、不同年龄支付方式不同，喜欢哪方面，哪方面的心理支付能力就强。

$$恩格尔系数 = \frac{食品支出}{总收入}$$

恩格尔系数在 59% 以上为贫困；50%—59% 之间为温饱；40%—50% 为小康；30%—40% 为富裕；30% 以下为最富裕。

（二）商业基础设施

商业基础设施主要包括：运输条件（公路、铁路、航空、水运）、能源供应、通讯设施、商业设施（金融、银行、保险、广告设计、中间商、营销调研组织等）。

（三）经济发展状况

经济发展处在不同阶段，其购买力不同。

三、竞争环境

商品经营企业通过竞争环境的分析，才能做到知己知彼，百战百胜。国外经营者非常注重经营环境的分析，要进行可行性研究后，才有可能进行决策。

竞争环境主要包括：主要竞争对手的分析、主要竞争对手的竞争策略、市场上的竞争状态。

（一）对主要竞争对手的分析

1. 主要竞争对手的资信情况

（1）资金情况分析。

①流动资金情况。

②固定资金情况（厂房、机器设备等）。

（2）竞争对手的信誉。

①在社会中的声誉、形象。

②信用等级评估。

③行业中的口碑。

④履行合同情况。

2. 主要竞争对手的营销情况

（1）产品策略。

①产品的特点（外观、功能、包装、原料、工艺、品牌等）。

②产品的销售情况（销售量、市场占有率、市场声誉）。

（2）价格策略。

①定价。

②优惠价格策略。

③非价格竞争优势。

（3）渠道策略。

（4）促销策略。

①广告策略（广告内容定位、广告画面定位、广告媒体定位）。

②人员推销策略。

③营业推广策略。

④公关策略。

3. 竞争对手的管理水平

（1）领导人的素质：社会中信誉、企业中威信、曾有的业绩、工作经验、专业技术。

（2）管理制度，管理的公平、公正。

（3）员工的素质。

（二）竞争的策略

竞争的策略主要有以下几种：以质取胜的竞争策略、以较低价格取胜策略、以产品不断改良取胜策略、以产品创新取胜策略、以高市场占有率取胜策略、重点的市场营销竞争取胜策略、以量身打造取胜策略、以较佳的服务取胜的策略。

海尔企业采用的就是以质取胜和以较佳的服务取胜的竞争策略。

（三）市场的竞争状态

市场的竞争状态主要有：完全竞争状态；垄断竞争状态；寡头竞争状态。

四、政治、法律环境

（一）政治环境

政治环境指影响企业商品经营活动的各种政治因素。

政治环境主要包括：经济政策、地区政府的行为目标、政治稳定性。

1. 经济政策

（1）财政政策。

（2）金融政策：直接影响利息率、信贷。

（3）税收政策：直接影响零售价。

（4）收入政策：直接影响购买力。

（5）物价政策：直接影响购买力。

2. 政府行为目标

各地政府在本地经济发展中都有自己的行为目标，归纳起来主要有以下目标：

（1）繁荣目标。

（2）声誉目标。

（3）民族目标。

3. 政治稳定性

主要了解当地政局是否稳定，治安是否良好，政府的工作作风如何。

（二）法律环境

了解各种经济法规：《合同法》、《商标法》、《食品卫生法》、《专利法》、《产品质量法》、《反不正当竞争法》、《消费者权益保护法》、《广告法》、《票据法》、《公司法》、《破产法》、《环境保护法》等。

五、消费者

消费者对商品经营者来说，他们是上帝，只有他们选择你所经营的商品，你才能实现商品经营活动。了解消费者主要了解消费者的需求，消费者的购买心理动机及消费者购买行为。

（一）消费者需求

需求是消费者购买的基础，消费者只有有了需求才可能产生购买，所以了解消费者需求很重要。了解消费者需求的共性和规律性，从而了解消费者普遍需求，把握市场机会。

消费者需求的共同特征：

1. 需求的无限性

人们的需求永远不会停留在一个极限上，人们总是在追求更新、更好的东西，所以也给企业带来无限商机。

2. 需求的层次性

美国心理学家马斯洛（Maslou）在 1943 年提出“需求层次论”，他将人类的需求无限性具体化。

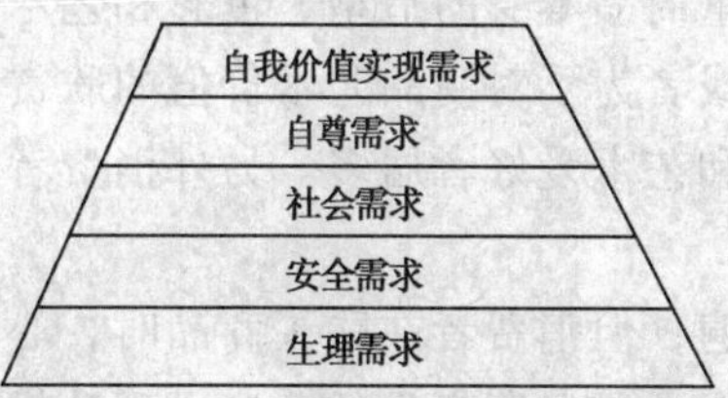

3. 需求的多样性

人们的需求，由于各自生活环境、经济收入、兴趣爱好、社会地位、职业等条件的不同，消费需求也复杂多样、社会生产越发达、商品越丰富，消费者的选择就越大，也就越复杂多样。

4. 需求的伸缩性

人们因主观因素的不同，消费者需求受外因和内因的影响有一定的伸缩性。

5. 需求的可诱导性

消费需求由于受广告影响、社会相互渗透因而是可诱导的。

（二）消费者购买心理动机

1. 消费者购买心理动机的分类

消费者购买心理动机是指人们在选购商品时的心理活动，它决定人们在选购商品时，选购什么品牌，为什么？所以分析消费者购买心理动机非常重要。归纳购买心理动机为五类：

（1）求实购买心理动机。这是以注重商品的实际使用价值为主的购买心理，具有这种购买心理的消费者在购买商品时，特别注重商品的实际效用，要求经济实惠，而不大追求商品造型、款式、色调等因素，这是一种较为普遍的购买心理。这类消费者以一些经济收入在中、低档的中老年人居多。人们在购买日常用品时普遍具有求实的购买心理动机。

（2）求廉购买心理动机。这是以注重价廉商品为特征的购买心理，这类消费者对商品价格特别敏感。他们在选购商品时着重于对同类商品的价格进行比较，而对商品质量、包装、实际使用价值不太注重。他们特别喜欢处理价、特价、折价的商品，因此是低档商品，残次积压品、废旧利用物品的重要销售对象。这类消费者多是一些收入较低的中老年妇女。通常人们购买日杂用品时普遍是求廉的购买心理动机。

（3）求名购买心理动机。这是以追求名牌，优质商品或仰慕某种传统商品的名望为主要特征的购买心理动机。这类消费者在购买商品时，特别注重商品的牌号、商标和商品在市场上的声誉。

这类消费者分两类，一类人是信赖名牌的质量；一类消费者则是一些经济收入高的人，显示自己购买能力比别人高。

一般家电、家具、食品、医药等比较注重商品质量的商品，人们在购买时普遍是求名购买心理动机。

（4）求新购买心理动机。这是以注重商品的时尚、新颖为主的购买心理，这类消费者在购买商品时，特别注重商品的式样、色彩，力求新颖、时髦、与众不同，不太计较商品的实用性。这类消费者大都是经济收入较高的年青人。他们是时尚潮流的带头人。另外人们在购买家电、家具、服装时普遍是求新购买心理动机。

（5）求美购买心理动机。这是以注重商品欣赏价值或艺术价值为主的购买心理。这类消费者在选购商品时，非常注重商品本身的造型、色彩和艺术性。他们购买的目的就是为了对人体和环境的美化和装饰，或者为了对商品艺术价值的欣赏。这类消费者是一些讲求修饰的青年夫妇，或以文艺界人士和艺术爱好者居多。另外消费者在购买服装、家庭装饰物时普遍是求美的购买心理。

以上五种心理动机比较普遍，但消费者在购买商品时，心理活动比较复杂。作为商品经营企业要研究消费者在购买本企业所经营商品的普遍心理动机，使你所经营的商品能极大满足消费者购买的心理动机，消费者才有可能选你的商品，你才有经营销售的机会。

2. 影响消费者购买心理动机的因素

研究消费心理，就是掌握消费者购买心理变化规律，影响消费购买心理因素很多，归纳为以下几方面：

（1）商品本身对消费者购买心理动机的影响。

①商品的质量。现代消费者对商品质量要求有：功能多、技术先进、环保、天然、耐用、精致、外观美观等。

②商品的价格。可激发求实、求廉心理。

③商品的款式、色彩。可激发求美、求新心理。

④商品的包装。可激发求美、求新心理。

⑤商品的厂牌、商标。可激发求名心理。

（2）商品宣传对消费者购买心理动机影响。

商品宣传主要包括：广告宣传、商品报道、柜台和橱窗陈列、消费者对商品使用经验介绍等。

商品宣传可促进消费者了解商品，了解商品的性能、作用、用途及使用方法，是其产生购买行为的前提，可增加消费者的信任感。

（3）商品的销售服务对消费者购买心理的影响。

售前设计，售中热情、周到、售后“三包”服务。

（4）其他外部环境对消费者购买心理的影响。

消费者不仅受到以上三方面因素的影响，而且还受到性别、年龄、受教育程度、职业、性格、爱好的影响。

（三）消费者购买行为

购买行为是指消费者在某种动机的支配下，为满足某种需要，而进行的实际购买活动。

购买行为分析：

1. 何时购买

（1）生活日常消费品在工作之余、休息日购买较多。

（2）季节性商品比较集中在当今购买。

（3）大件、耐用、贵重品，大都在节假日购买。

2. 何处购买

（1）生活日常消费品以就近、方便购买为主。

（2）大件、耐用、贵重品要在大商场、繁华地段购买。

3. 何人购买

购买某项商品表面上看，似乎只是一个人的行动，但实际上其中有发起者、影响者、决定者、执行者和使用者，找出购买主体即决定者，从而采取有针对性的广告宣传，销售服务，以诱导影响者，争取决定者，促进购买行为的实现。

4. 购买行为的类型

消费者由于个人的性格、气质、修养以及经济条件的不同，在进行具体购买活动中，会产生不同的购买行为，消费者的购买行为大体可分为以下六种类型：

（1）习惯型。通常以自己以往形成的爱好和习惯进行购买活动，他们总是按过去的习惯购买某种厂牌、商标、规格的商品。

（2）理智型。消费者头脑冷静地购买商品时不轻易受广告宣传或第三者影响，挑选商品时十分认真，总要反复比较，慎重选择，交易过程较慢。

（3）价格型。消费者是以价格高低作为选购商品的标准。

（4）冲动型。这类消费者购买商品时以直观为主，较少思索，不大考虑价格是否合理、商品是否适用，只要看着中意，立即就买。

（5）想象型。这类消费者感情丰富，善于联想，往往把商品的命名、商标、图案与自己的向往或愿望联系起来。

（6）不定型。这类消费者缺乏主见，比较随便，凡是自己需要的商品，碰到什么就买什么。不讲求商品的牌号、商标。

第三节 商品经营决策

一、商品经营决策的概念和意义

商品经营决策是商品经营企业为实现其经营目标，在市场调查和市场预测的基础上，运用科学方法，确定经营目标，制定经营方案，择优选择实施方案的活动。

决策贯穿于企业经营管理活动的始终，是经营管理的核心和基础。企业经营的各个部门、各个领域、各个环节和各个层次，都存在着如何正确决策的问题。商品经营决策对实现企业经营目标具有十分重要的意义。

（一）决策是企业开展经营活动的前提

经营决策决定着企业经营的发展方向、发展目标，是企业全部经营活动的核心和前提。没有决策，就没有确定的行动。

（二）经营决策是企业经营成败的关键

正确的决策为企业的未来发展制定了正确的方针、方向、策略，使企业的经营优势得以正常发挥，是企业不断发展的保证。错误的决策将把企业经营引向失败。

（三）经营决策是制定经营计划的依据

经营决策的结果是在经营计划中体现出来的。

二、经营决策的分类

商品经营企业的经营决策具有多样性的特点，各种决策问题所需要的信息、采取的方法以及对决策者的素质要求也都有所不同。因此，有必要对经营决策的分类进行研究。

（一）按决策问题的性质划分

1. 战略性决策

战略性决策是指与企业发展方向和远景规划有关的重大工作安排的决策。这类决策所涉及的时间较长、范围较广，对企业的生存和发展具有十分重大的影响。决策过程要特别重视企业外部环境的变化，决策者要有长远眼光，要发扬民主，集思广益。战略性决策通常由企业高层作出。

2. 战术性决策

战术性决策是指为实现近期目标，保证战略目标的实现而作出的决策。这类决策的时间较短、涉及的范围较小，决策问题更具体，决策方案的要求更详细。决策过程要服从战略性决策的要求，保证战略目标的实现。战术性决策通常由企业中层作出。

战略性决策和战术性决策的决策层不是绝对的。在实际工作中，为了确保决策的科学性、正确性，许多决策问题往往由各级管理层共同参与制定。随着决策问题的复杂化，企业愈来愈重视专家和企业内部职工在各类决策中的作用。

（二）按决策问题是否重复出现划分

1. 常规性决策

常规性决策是在企业经营管理活动中，经常重复出现的、例行性的决策。如日常采购、销售、库存等。这类决策问题一般有成熟的经验、既定的程序和规则，决策前一般不需要请示，因此也称为程序化决策。这类决策一般多由企业中层或基层管理者作出。

2. 非常规性决策

非常规性决策是在企业经营管理活动中，不经常发生的、偶然性问题的决策。如扩大经营规模、调整经营结构等。这类决策一般是首次发生或偶然出现的，决策中没有固定的程序，缺乏成熟的经验，因此也称为非程序化决策。企业高层应把主要精力集中在这类决策上面。决策中往往要求进行协商或多方讨论。

（三）按决策目标与所用方法的不同划分

1. 定量决策

这类决策有准确的数量要求，一般采用数学方法进行决策，是现代决策技术的重要手段。

2. 定性决策

这类决策的目标难以用数量准确表示，主要依靠决策者运用经验进行分析判断作出决策。

（四）按决策的条件和后果划分

1. 确定型决策

确定型决策是指各种可行方案所需的条件都是已知的，并且每一方案只可以推算出一种确定的结果。这种决策比较容易作出，只需要决策人员利用所掌握的业务知识进行计算，并将计算结果加以比较，就可以找出最优方案。

2. 非确定型决策

非确定型决策是指任一方案在执行后都会出现多种可能的结果，但各种结果出现的概率是不确定的，或根本无法预测。如新产品的经营，其销售量就难以预测。

3. 风险型决策

风险型决策是指各种可行方案所需的条件大部分是已知的，但每种方案在执行中都会出现两种以上的不同结果（自然状态），从而任何一种方案的执行结果均会产生差异。决策中对各种自然状态出现的可能性，通常以概率的形式加以确定，由于概率的不确定性，致使无论选择哪一方案，决策者都要冒一定风险。

三、科学决策的条件

（一）决策人员素质要高

参与决策的各类人员要有合理的知识结构，有较丰富的实践经验，善于调查研究，目光敏锐，有预见能力，有辩证分析的能力，勇于开拓创新，善于发扬民主，有高度的事业心和强烈的责任意识，能正确把握活动。

（二）调查资料要有效

市场调查是科学决策的基础，没有调查就没有决策权。经营决策所依据的调查资料必须及时、准确、全面、适用。

（三）市场预测要科学

科学的决策要建立在及时准确和科学的预测基础上。科学的市场预测应以有效的市场调查为前提，同时要运用科学的方法，使定性预测定量化，定量预测模型化，模型预测计算机化。通过预测，为科学决策提供具体、准确的分析资料。

（四）决策过程要民主

决策是企业各管理层的重要职责，但由于重大问题的决策环境具有复杂性，决策结果具有风险性，也会影响各方面的利益。因此，在决策中就必须发扬民主，集思广益，群策群力，以防止少数人判断失误，提高决策的质量。

（五）决策过程要规范

决策过程的规范性是指决策的程序要规范化。

四、经营决策的内容和程序

（一）经营决策的内容

企业经营决策的内容极其广泛，主要包括以下内容：

1. 经营战略决策

如经营方向决策、经营目标决策、经营方针决策、长期经营计划决策等。

2. 经营环节决策

如采购决策、销售决策、运输决策、储存决策。

3. 市场营销决策

如市场调查决策、市场预测决策、目标市场决策、营销策略决策、价格决策、促销决策等。

4. 财务决策

如资金筹集决策、资金使用决策、费用控制决策、结算方式决策等。

5. 其他决策

如设备决策、人员培训决策、人事决策、工资奖金分配决策等。

（二）经营决策的程序

决策过程是一个系统的逻辑分析与综合判断的过程，也是发现问题、提出问题、分析问题和解决问题的系统分析过程。正确的决策需要有一个科学的决策程序。

1. 调查研究，提出问题

决策是从发现问题开始的。所谓问题，就是应有现象和实际现象之间的差距。经营活动中的问题是企业在经营活动中遇到的某种机会或威胁。如企业计划年度利润500万元，实际只实现了400万元。企业经营者不能坐视问题的发生，失去决策的良机，必须积极主动地对企业外部环境和内部条件深入调查，发现问题、寻找问题，增强决策的针对性。调查是发现问题的重要手段。

2. 系统分析，确定目标

对于在调查中发现的问题，一方面要进行核实，辨别真假；另一方面要进行系统分析，通过对问题的性质、范围及程度的分析，弄清哪些是主要问题、哪些是次要问题，经营决策的主要职能就是要解决一定时期影响企业生存和发展的主要问题，然后确定目标。目标是在一定的条件下，企业希望达到的结果。目标应具体明确，要尽可能定量化，要符合企业实际，具有先进性和可行性。有了明确的目标，才能拟定具体的行动方案。

确定目标的关键在于对经营活动中的问题做出正确的“诊断”。“诊断”包括两个方面：

一方面，要弄清问题是什么。企业经营活动中的问题，就是经营活动过程中“应有现象”与“实际现象”之间的“偏差”。偏差（问题）=应有现象-实际现象。另一方面，要分析产生问题的原因。系统分析产生问题的原因，需要作纵向分析和横向分析。横向分析是为了在错综复杂的原因中找出主要原因；纵向分析是为了在各层次的原因中找出根本原因（见表2-1）。

表2-1

偏差	原因	横向分析主要原因	纵向分析根本原因
企业服务质量差	企业服务设施问题，商品的花色品种、质量问题，服务人员的态度问题	服务不够主动热情	服务员不懂消费心理和缺乏商品知识

3. 搜集信息，科学预测

决策人员应广泛搜集与决策有关的信息，进行科学预测。预测的依据是企业通过调查所搜集的各种信息，预测是为了决策，科学的决策必须建立在科学预测的基础上。预测使经营者认清了市场的发展变化规律，为商品经营企业制定一系列备选方案，确定企业在一定时期的经营方向、经营方式、经营规模、经营策略提供了依据。预测的方法很多，最基本的是定性预测法和定量预测法。定性预测是对那些不易用数量指标表示的和可以估计到其发展程度的事物的未来发展性质的分析，它主要依靠经营者的知识、经验，通过对直观材料的分析进行判断。定量预测是运用数学方法来研究、推测未来事件的发展趋势、程度结构关系。进行定量预测一定要有充分的历史数据资料，而且预测对象的发展变化比较稳定，预测对象在发展中较少地发生质的变化。企业经营者应根据预测的对象以及所调查的资料的性质选择正确的方法，尽量采取两种方法的有效结合方式进行分析判断，力求使预测结果准确、科学。

4. 制定方案，提出对策

解决一个问题，实现决策目标，客观上存在多种途径，经营人员应制定多种备选方案，以供决策。制定备选方案应遵循两个原则：

（1）整体详尽性。所谓整体详尽性，是指所拟定的备选方案应当包括所有的可行方案，只有这样才能避免漏掉最优方案。

（2）相互排斥性。所谓相互排斥性，是指不同的备选方案之间必须有原则性的区别，是相互排斥的。执行了甲方案就不能同时执行乙方案。

根据上述原则提出各种备选方案，一般要经过两个阶段：

（1）大胆寻找方案。寻找决策方案一般有三种途径：一是参考自己的经验；二是学习他人的经验；三是根据实际情况大胆创新。

（2）精心设计方案。寻找的方案往往是方案的雏形或毛坯，需要进一步加工，即要精心设计方案。寻找方案需要决策者具有创新精神和丰富的想象力，精心设计方案则要求决策者具有冷静的头脑、创意性的思维方式和坚毅的精神。要求决策者对每个方案的具体细节和方案执行的后果进行反复的计算、严格的论证和细致的推敲。

5. 全面比较，评价方案

评价方案的目的是为了选择一个最有利于实现经营目标的方案。评价方案的关键是确定科学的评价标准。

（1）社会效益标准。即评价方案是否符合国家的政策和法律法规，是否符合社会利益，是否有利于提升企业的社会形象。

(2) 价值标准。即通过制定合理的价值指标体系评价备选方案，以衡量备选方案对实现经营目标的作用和效果，哪一个方案更有利于实现企业的经营目标，有利于实现企业经济效益。同时要考虑各备选方案的可行性，要处理好企业当前利益与长远利益的关系，处理好企业局部利益与整体利益的关系。

6. 总体权衡，最后决策

这是决策过程的关键步骤，是指在各种可行方案中权衡利弊，然后选取其中一个或将几个方案经过优化组合成一个满意方案的过程。在这一阶段，决策者应坚持按满意性标准而不是按最优标准。所谓最优标准，就是在追求理想条件下的最高目标，也可称作"十全十美"的标准。最优标准在理论上是成立的，但在实际工作中，由于客观环境的复杂多变性，以及人们的知识和主观认识的局限性，要实现经营目标的最优化是很困难的，甚至因追求最优化而丧失时机，导致决策的失败。所谓满意性标准，是指在现有条件下，有把握地追求一个满意的结果，也可称为"有限合理性"标准。这一标准符合人们认识事物的客观规律，在实践中，人们更多地采用这一标准进行决策。

7. 决策实施，反馈控制

决策实施中要制定具体的实施计划，要统一企业全体成员的思想认识，要对决策执行的全过程进行监督，及时发现决策方案的不足，了解决策环境的变化，及时修改和完善决策方案或重新决策。

经营决策的每一个环节、每一个阶段都会影响决策的成败，经营者必须对每一个环节严格把关，强调决策的纪律，明确决策的责任。

五、经营决策的方法

经营决策的方法可以分两类：一是定性决策的方法，也称决策的软技术。它是依靠决策者的知识、经验、智慧和分析判断进行决策的各种方法和技术的总称。如经验判断法、主观概率法、专家会议法等。二是定量决策的方法，也称决策的硬技术。它是指利用数学模型和电子计算机等现代化管理手段，进行定量分析的方法和技术的总称。在企业经营活动中，决策的软技术与硬技术不能截然分开，两类方法应相互补充、结合使用，使决策更科学。下面主要介绍定量决策的常用方法。

(一) 确定型决策方法

确定型决策问题应具备四个条件：有一个明确的决策目标；只有一个确定的自然状态；有两个或两个以上的备选方案；不同备选方案在确定的自然状态下的损益值可以计算出来。

在企业经营活动中，确定型决策问题是经常出现的。它一般属于近期的、程序化的决策问题。决策者可以根据确定的条件，计算比较或建立相应的数学模型进行运算，并做出优化决策。常用的方法有：表格法、图解法、经济进货批量法、盈亏分析法等。这里只介绍表格决策法。

表格决策法是用表格的形式来表示决策的内容，并在多种备选方案中选择一个最优方案的方法。

[例如] 某商店计划从上海运回一批商品，现有铁路、水路、公路三种运输方案。各种方案的相关费用如表2-2所示。该商店如何决策？

表 2－2 （单位：元）

项目 / 费用 / 方案	运费	杂费	港务费	商品损失费	费用总和
铁路运输	8000	500	0	300	8800
水路运输	7000	1200	500	400	9100
公路运输	8800	400	0	500	9700

从表 2－2 可以看出，在三个方案中，铁路运输费用最少，所以该商店应选择铁路运输。

（二）非确定型决策方法

非确定型决策问题具备下列五个条件：有一个明确的决策目标；有两种或两种以上的自然状态；各自然状态的概率事先不能预测；有两个或两个以上的备选方案；各备选方案在各自然状态下的损益值可以测算出来。

非确定型决策在很大程度上取决于决策者的知识水平、实践经验和决策者的心理素质。主要的决策方法介绍如下：

1. 乐观决策法

乐观决策法又称“大中取大法”或称最大最大原则法。其特点是，决策者对未来的情况持乐观态度，决策中只考虑有利因素，不考虑客观的不利因素对决策的影响，决策者认为将来肯定会出现最好的结果，即有利结果出现的概率是 1.0，决策者以最大收益值作为评价备选方案的标准。

乐观决策法的决策方法是：第一步，找出各备选方案的最大收益值；第二步，在被选的最大的收益值中选出最大值；第三步，进行决策。最大收益值所对应的方案即为执行方案。

[例如] 某商店计划经营一种新产品，由于缺乏相关资料，对这一新产品的未来市场需求状况只能估计为需求量高、需求量一般、需求量低。据此，企业营销人员拟定了三种进货方案：大量进货；适量进货；少量进货。各方案在各需求状态下的利润如表 2－3 所示。

表 2－3 （单位：万元）

需求状态 / 利润 / 方案	需求量高	需求量一般	需求量低
大量进货	80	50	－20
适量进货	60	40	－5
少量进货	40	26	8

三个方案的最大收益值分别是 80 万元、60 万元、40 万元，其中最大的收益值是 80 万元，所以该商店选择大量进货方案。采取这一方案时，企业有可能获得最大收益，但也有可能发生较大的损失。

运用这一方法，决策者往往需要冒较大的风险。一般来说，在下列情况下，决策者可以谨慎采用这一方法：

（1）决策成功的把握性较大。

（2）决策过程和决策执行中的可变因素少，且容易控制。

（3）如果决策失误，造成的损失小或没有损失。

2. 悲观决策法

悲观决策法又称“小中取大法”或称最大最小原则法。其特点是：决策者对未来的情况持悲观态度，决策中只考虑不利因素，而不考虑客观的有利因素对决策的作用。决策者认为将来肯定会出现最坏的结果，即不利因素出现的概率是1.0，决策者以最小的收益值作为评价备选方案的标准。

悲观决策法的决策方法是：第一步，找出各备选方案的最小收益值；第二步，在备选的最小的收益值中选出最大值；第三步，进行决策。最大收益值所对应的方案即为执行方案。

[例如] 如上例中，三个方案中的最小收益值分别是 -20 万元、-5 万元、8 万元。其中最大的收益值是8万元，所以选择少量进货方案。采取这一方案，无论将来出现哪种销售状态，都不会亏损，但却不能获得最大的收益。

运用这一方法，决策者往往会丧失有利的商机。一般地说，在下列情况下，决策者可以谨慎采用这一方法：

（1）决策成功的把握性不大。

（2）决策过程和决策执行中的可变因素较多，且难以控制。

（3）如果决策失误，会造成较大损失。

3. 后悔值决策法

后悔值决策法又称“大中取小法”或称最小后悔值法。后悔值是指由于决策失误而造成的损失的价值，它是在同一自然状态下，各备选方案中的最大收益值与其他收益值的差额。其特点是：决策者既不保守又不愿冒险，而是以后悔值最小作为评价备选方案的标准。

后悔值决策法的决策方法是：第一步，找出各种自然状态下的最大的收益值；第二步，计算同一自然状态下各备选方案的后悔值；第三步，找出每一个方案的最大后悔值；第四步，进行决策。在已经确定的最大后悔值中选择最小的后悔值，这个最小的后悔值所对应的方案即为决策方案。

[例如] 某公司为提高经济效益，策划了四个方案。方案甲是采取有奖销售；方案乙是增加经营品种；方案丙是新建营业网点；方案丁是改变经营方式，实行超市经营。采取任何一种方案，均可能出现四种销售状态：畅销、平销、销售量低、销售量很低。但各销售状态的概率无法估计。经测算，各种方案在各销售状态下的利润如表2-4所示。

表2-4 （单位：万元）

利润 \ 销售状态 \ 方案	畅销	平销	销售量低	销售量很低
方案甲是采取有奖销售	880	675	446	225
方案乙是增加经营品种	1000	650	480	340
方案丙是新建营业网点	900	600	500	300
方案丁是改变经营方式，实行超市经营	600	580	390	370

（1）各销售状态下的最大收益值分别是：畅销时方案乙的收益值1000万元为最大（即：如果将来市场销售状态是畅销，企业应选择方案乙，这时的利润最大）；其他状态下的最大

收益值分别为：方案甲675万元、方案丙500万元、方案丁370万元。

(2) 计算后悔值。如表2-5所示。

表2-5 （单位：万元）

后悔值 销售状态 / 方案	畅销	平销	销售量低	销售量很低
方案甲是采取有奖销售	120	0	54	145
方案乙是增加经营品种	0	25	20	30
方案丙是新建营业网点	100	75	0	70
方案丁是改变经营方式，实行超市经营	400	95	110	0

(3) 各方案的最大后悔值。甲、乙、丙、丁四个方案的最大后悔值分别是：145万元、30万元、100万元、400万元。

(4) 进行决策。上述方案乙的后悔值30万元为最小。所以该公司选择方案乙，即增加经营品种。

4. 折衷分析决策法

折衷分析决策法又称适度乐观决策法。采用乐观决策法和悲观决策法在实际中都有一定的极端性和片面性。折衷分析决策法是介于乐观决策法和悲观决策法之间的一种方法，采用这一方法，能够在一定程度上克服乐观决策法和悲观决策法的缺点，使决策更加合理化。折衷分析决策法实际上是一种指数平均法。其特点是：用乐观系数计算出一个折衷值，作为评价备选方案的标准。

运用这一方法的关键是如何确定折衷系数 α 的取值。α 的取值通常在0到1之间，即 $0\leqslant\alpha\leqslant1$。当决策者对经营环境的分析较乐观时 $\alpha>0.5$；反之 $\alpha<0.5$。

具体决策方法是：设 X_1 为最大收益值，X_2 为最小收益值。则：

$$折衷值=\alpha X_1+(1-\alpha)X_2$$

决策者应选折衷值最大的方案为决策方案。下面对上述例题用折衷分析决策法进行决策。

[例如] 假定决策者对未来的销售状况比较乐观，取 $\alpha=0.7$，计算如下：

方案甲的折衷值 $=800\times0.7+(1-0.7)\times225=627.5$（万元）

方案乙的折衷值 $=1000\times0.7+(1-0.7)\times340=802$（万元）

方案丙的折衷值 $=900\times0.7+(1-0.7)\times300=720$（万元）

方案丁的折衷值 $=600\times0.7+(1-0.7)\times370=531$（万元）

由计算可知，方案乙的折衷值802万元为最大，所以，该公司可选择方案乙，即增加经营品种。

(三) 风险型决策法

风险型决策问题具备下列五个条件：有一个明确的决策目标；有两个或两个以上的自然状态；各自然状态的概率事先能预测出来；有两个或两个以上的备选方案；各备选方案在各自然状态下的损益值可以测算出来。

风险型决策问题主要根据决策者掌握的各种条件出现的概率来选择决策方案。通常采用期望值决策法。下面主要介绍决策表分析法和决策树分析法。

1. 决策表分析法

决策表分析法就是运用表格，计算出各备选方案的数学期望值进行决策的方法。其具体决策方法是：第一步，测算各自然状态的概率；第二步，计算各备选方案在各自然状态下的损益值；第三步，计算各备选方案的期望值；第四步，进行决策。收益最大或损失最小的期望值所对应的方案为决策方案。

［例如］某超市经营水果，该水果每公斤进价 2 元，销售价 3 元，每销售一公斤可获毛利 1 元。若每天进货卖不完，则每剩余 10 公斤就要损失 6 元。据市场预测，今年的市场需求量和去年基本相同。据企业内部资料显示，去年同期 40 天中，日销售量 500 公斤的有 8 天，日销售量 600 公斤的有 10 天，销售量 700 公斤的有 16 天，日销售量 800 公斤的有 6 天。该超市如何决策，才能取得最好的经济效益？

第一步，计算各销售状态的概率（见表 2－6）。

表 2－6

日销售量（公斤）	天　数	概　率
500	8	8/40＝0.2
600	10	10/40＝0.25
700	16	16/40＝0.4
800	6	6/40＝0.15

第二步，计算各方案在各销售状态下的收益值。△表示当天进货 600 公斤，当天卖出 500 公斤时的毛利。计算方法：1×500－（600－500）×6/10＝440（元）。其余的计算方法与此相同（见表 2－7）。

表 2－7　（单位：元）

销售状态与概率 / 收益 / 方案	500	600	700	800	期望值
	0.2	0.25	0.4	0.15	
方案甲：进货 500 公斤	500	500	500	500	500
方案乙：进货 600 公斤	440	600	600	600	568
方案丙：进货 700 公斤	380	540	700	700	596
方案丁：进货 800 公斤	320	480	640	800	560

第三步，计算各备选方案的期望值，并将结果填入表 2－7 的“期望值”栏。

方案甲：500×0.2＋500×0.25＋500×0.4＋500×0.15＝500（元）

方案乙：440×0.2＋600×0.25＋600×0.4＋600×0.15＝568（元）

方案丙：380×0.2＋540×0.25＋700×0.4＋700×0.15＝596（元）

方案丁：320×0.2＋480×0.25＋640×0.4＋800×0.15＝560（元）

第四步，进行决策，根据上述计算结果，方案丙的期望值606元最高。所以每天进货700公斤为最优方案。这时，企业的经济效益最好。

2. 决策树分析法

决策树分析法是运用树状图形来分析和选择最佳方案的一种决策方法。特别适用于复杂问题的解决。决策树的一般模式如图2-1所示。

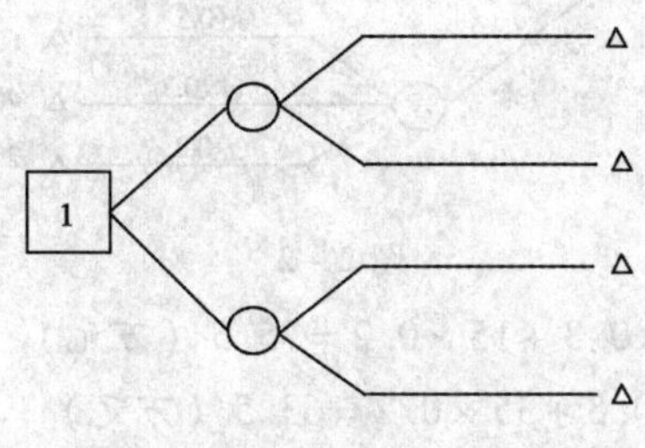

图2-1

□表示决策点，由决策点引出的若干直线称作方案枝。○表示自然状态点，由状态点引出的若干直线称作概率枝。△表示损益值。

决策树分析法的决策步骤是：

第一步，画出决策树图形，画决策树图形的过程就是拟定各种方案的过程，也是决策者对未来情况周密思考的过程。决策树图形一般是从左向右画。

第二步，计算期望值，从决策树的最右端开始，将各状态下的损益值乘以相应的概率，求得各状态下的期望值，各状态期望值之和，就是该方案的期望值。

第三步，决策并剪枝，期望值最大的方案为决策方案，将其余方案的方案枝在图上剪去，用"//"表示，意即舍去。

［例如］ 某公司计划在市区投资建设零售商业网点，委托策划部门拟定了三个方案：甲方案是在市中心建设一个大型综合超市；乙方案是在市区几个主要商业中心建设几家中型连锁超市；丙方案是在本市四大居民小区各建一家小型连锁超市。三个方案实施之后，均可能出现三种经营状态，即：经营状态好、经营状态一般、经营状态差。据调查分析，三种经营状态出现的概率分别为0.5、0.3、0.2。各方案在各经营状态下的年利润如表2-8所示。问该公司应如何决策才能取得最好的经济效益？

表2-8　　（单位：万元）

经营状态 / 利润 / 方案	经营状态好	经营状态一般	经营状态差
方案甲	100	75	15
方案乙	80	55	35
方案丙	60	40	20

第一步，根据资料画出决策图，如图2-2所示。

第二步，计算期望值：

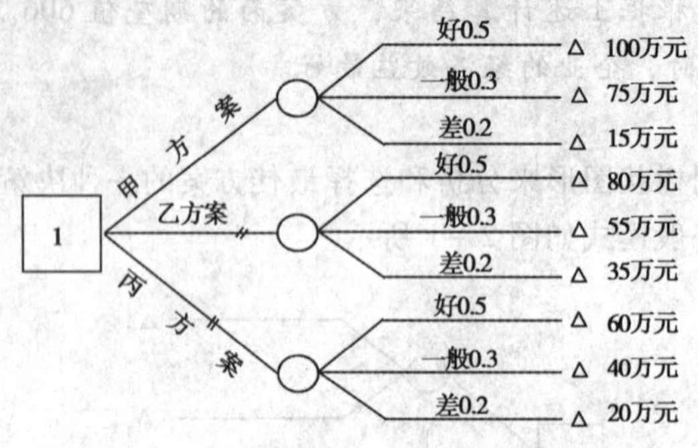

图 2－2

甲方案为：$100\times0.5+75\times0.3+15\times0.2=75.5$（万元）

乙方案为：$80\times0.5+55\times0.3+35\times0.2=63.5$（万元）

丙方案为：$60\times0.5+40\times0.3+20\times0.2=46$（万元）

第三步，决策并剪枝。由计算知，甲方案的期望值75.5万元为最大，所以该公司应选择方案甲，即在市中心建设一个大型综合超市。将其他两个方案从图2－2中剪去。

[案例阅读]

某年初春的一天，美国亚默尔肉食加工公司老板菲力普·亚默尔在翻阅报纸时，突然被一则几十个字的短讯所吸引：墨西哥发现了疑似瘟疫的病例。他马上想到，如果墨西哥真的发生了瘟疫，一定会从加利福尼亚州或得克萨斯州边境传染到美国来。而这两个州又是美国肉食供应的主要基地。政府可能会对该区域内的肉类运输进行管制，那时，国内肉类供应肯定会紧张，肉价一定会猛涨。当天，他就派家庭医生亨利赶往墨西哥。几天后，亨利发回电报，证实那里确有瘟疫，而且很厉害。亚默尔接到电报后，立即集中全部资金购买加利福尼亚州和得克萨斯州的牛肉和生猪，并及时运到美国东部。不出所料，瘟疫很快蔓延到了美国西部的几个州。美国政府下令，严禁一切食品从这几个州外运，当然也包括牲畜在内。于是，美国国内肉类奇缺，价格暴涨。亚默尔在短短几个月里，净赚了900万美元。

第四节　商品经营计划

一、商品经营计划的概念和意义

计划，是指人们对未来一定时期的行动方式进行设计和安排的过程。商品经营计划是商品经营企业的经营者对本企业未来一定时期的商品经营活动及其经营要素的投入事前进行设计、规划和安排等活动的总称。经营计划要以现代经营理念为指导，以经营信息、预测结果和决策方案为依据，体现国家的政策和法律，反映企业实际，充分发挥企业各经营要素的能量和效率，扬长避短，确保企业经营目标的实现。商品经营计划对实现企业经营目标具有特别重要的意义。

（一）商品经营计划是实现企业经营目标的基础性工作

企业经营目标的顺利实现，需要企业各部门、各环节的大力协作，需要充分调动企业的所有经营要素和所有资源的能量。制定企业经营计划必须挖掘企业潜力，权衡各方利益，协调各方关系，整合经营力量。企业的商品经营计划的内容正是这一复杂性、艰巨性工作的体现。所以商品经营计划是实现企业经营目标的基础性工作。

（二）商品经营计划是整合企业经营力量的重要手段

商品经营计划规定了企业的统一目标，明确规定了企业各部门或有关人员的职责和任务，真正实现了企业内部人人有目标、人人有任务。同时，由于有统一计划的指导，才能使企业全体人员目标一致，行动协调，形成整体，发挥团体优势。

（三）商品经营计划是挖掘企业潜力，降低经营成本的重要措施

经营计划的制定过程，同时应该是科学评价企业经营要素和合理利用企业经营资源，挖掘企业潜力的过程。它不但规定工作任务和工作目标，同时也对达到目标的资源消耗、费用消耗和时间消耗等都有具体明确的控制标准和奖惩措施。这对于降低经营成本，提高经济效益具有重要的意义。

（四）商品经营计划是检查和控制企业经营活动和经营成果的重要依据

由于企业各经营部门、各环节对经营计划的理解、执行等方面存在偏差，也由于计划执行者主观努力程度存在差异，必然导致企业经营活动和经营成果与经营计划的要求出现偏差。商品经营计划既是衡量和考核各部门、各环节工作的标准，也是控制其工作的依据。

二、商品经营计划的种类

商品经营企业的经营计划种类繁多。各种计划又相互联系、相互支持，形成了企业完整的、科学的计划体系。按时间划分，有长期计划、中期计划和短期计划；按计划的层次划分，有企业计划、科（室、部）计划、柜组计划等。本节主要按计划的内容划分，对经营计划的种类作如下介绍：

（一）商品流转计划

商品流转计划是关于商品经营企业在一定时期内商品经营的规模、发展速度和商品构成的计划，是商品经营企业计划的主体，是制定商品采购计划、销售计划、运输计划、储存计划等的依据。按企业性质的不同，又可分为批发企业商品流转计划和零售企业商品流转计划。其主要指标是：期初库存指标、计划采购指标、计划销售指标、期末库存指标等。

（二）商品运输计划

商品运输计划是企业按照商品流转计划的要求，向运输部门提出的组织商品运输的计划和运用自已的运输能力进行商品自运的计划。它包括待运商品的品种、数量、时间、运输路线、所采取的运输工具和运输的起止地点等。商品运输计划必须和企业的采购、销售和储存计划相协调，也需要考虑和运输部门计划的衔接关系。

（三）商品促销计划

商品促销是企业开展市场竞争，实现企业经营目标的必要手段。这一计划又可分为市场调查计划、广告宣传计划、人员促销计划、公关活动计划等。其内容一般包括：活动的目的、时间、地点（域）、费用预算、媒体运用、人员安排等。

（四）财务计划

企业的商品经营活动过程也是企业的财务活动过程。没有资金的保证，企业的其他各类活动将不能正常进行。所以，财务计划是企业其他各类计划正常运行的保证。主要包括：资金筹集计划（资金筹集的数量、时间、渠道、费用等）、资金运用计划、资金周转率和费用指标，还包括利润和利润率计划。财务计划一要保证经营活动对资金的需要，二要正确核算有关费用指标。

（五）劳动工资计划

劳动工资计划是关于企业职工劳动报酬的计划。主要指标包括职工人数、工资总额、平均工资水平、工资增长幅度等。劳动工资计划要体现国家的政策和法律，要确保职工的工资收入水平随着企业劳动效率和经济效益的提高而提高，要坚持按劳分配的基本原则，要有利于调动劳动者的积极性。

（六）企业发展计划

企业发展是企业面对市场竞争的必然选择。企业发展计划是关于企业网点建设、技术发展、人才引进等的计划。

（七）其他计划

如职工培训计划、职工福利计划、重要商品的经营计划。

三、商品经营计划的编制

（一）编制经营计划的原则

1. 全面贯彻企业决策思想的原则

企业的经营决策为企业未来的发展制定了目标、方针、战略和策略，是企业在一定时期的行动纲领。经营计划是经营决策的逻辑延续，经营计划的编制过程应全面贯彻决策的指导思想，做到先宗旨、后目标，先战略、后战术，先长远规划、后近期计划，先全局、后局部。

2. 先调查、后计划的原则

经营计划是企业在一定时期的活动安排，是关系到决策方案能否实现的关键性工作，没有调查，就不能制定完善的计划。编制计划之前必须进行全面调查，了解企业所面临的外部环境，熟悉企业的内部条件和各部门各环节的具体情况，正确分析企业的经营能力。这是企业计划工作的前提。

3. 统筹兼顾、综合平衡的原则

确定经营目标时，要统筹兼顾各方面的利益，使国家利益、社会利益、企业利益、顾客利益、企业内部职工利益等都能体现，以调动各方面的积极性。编制计划时，要综合考虑各类指标之间的比例关系，确定各种指标，要综合权衡指标责任部门（或责任人）的条件、能力等，使之形成一个相互配套、相互保证的计划指标体系。

4. 民主与集中相结合的原则

坚持制定计划过程的民主性，就是要充分调动各方面的积极性，吸收各方面的智慧，能体现经营计划的全面性，提高经营计划的质量，提高计划的支持率，有利于计划的实施。坚持计划制定过程的集中性，能确保经营计划指标的统一性，有利于体现综合平衡的原则。

此外，编制企业经营计划还必须坚持定量分析与定性分析相结合的原则。

(二) 编制经营计划的程序

商品经营计划的编制程序可分为三个阶段。

1. 调查分析阶段

这一阶段的主要任务是搜集企业内部和外部环境的各种信息，并进行全面分析和评价，及时发现企业面临的机会或威胁，为制定经营计划做好准备。要求企业根据所搜集的相关资料，向所属部门下达“制定企业经营计划的通知书”，各部门根据“通知书”所确定的宗旨、原则、目标（包括总目标和分目标）、具体任务和要求，及时进行部门内外情况的调查，经过部门内部充分酝酿讨论，制定“部门计划或计划建议书”，及时上报企业。

2. 综合平衡，拟定计划草案阶段

企业对“部门计划或计划建议书”进行深入研究，按照统筹兼顾的原则，进行综合平衡，草拟企业的计划草案。这一阶段的主要工作是：

(1) 制定计划指标。运用科学的方法，制定经营计划目标体系，使各个分目标之间保持协调一致，分目标能保证总目标的实现。各指标的确定要充分考虑企业实际和各部门的综合能力，决不能“一刀切”。

(2) 测算平衡。对影响计划的各种因素进行测算平衡，核定计划指标。包括市场需求量与销售指标的实物量和价值量的平衡；市场货源供应量与企业采购量的平衡；月度指标、季度指标和年度指标的平衡；流动资金与购销运存指标的平衡。

(3) 编制计划草案。计划草案是计划内容的书面表达方式，要求具体、详细。其主要内容如表 2-9 所示。

表 2-9 商品经营计划的基本要素

要素	内容要点
前提	计划的时间跨度，环境的分析预测，计划实施的条件
目标或任务	做什么，最终结果，工作要求（数量、质量）
目的	为什么要做，理由、意义、重要性
战略	如何做，途径、基本方法、主要战术
责任	谁来做，人选、职能分工、权限、奖惩措施
时间表	何时做，起止时间、进度表
范围	所涉及的部门和地域，组织层次，地理范围
预算	需要投入的资源量、费用、代价
应变措施及需要说明的问题	实际与前提不相符该怎么办，具体应变措施

3. 讨论修订、批准实施阶段

企业将计划草案提交企业各级领导、各部门和职工进行广泛讨论，企业计划部门根据讨论的意见和建议对计划进行修订和完善，形成正式计划。最后提交企业决策层讨论批准，下达实施。

总之，商品经营计划的编制过程是一个搜集信息、分析预测、进行决策的过程；是一个在企业经理的直接领导下，坚持自上而下、自下而上、上下结合的原则，广泛发动职工群众的积极性，开发职工群众的智慧的过程。

(三) 编制经营计划的方法

企业编制经营计划的常用方法主要有：综合平衡法、定额法、滚动法、比例法等。分别介绍如下：

1. 综合平衡法

综合平衡法是编制经营计划的最基本的方法，与“单项平衡”相对应，是指在编制计划的过程中，从系统观点出发，全面分析经营要素，经过统筹安排，使其比例适当、协调运行的一种方法。它体现了唯物辩证法的哲学思想。由于企业的各经营环节、各经营要素之间客观上存在着相互依存、相互制约的关系，一旦失去平衡，就会破坏企业内部正常的协作关系，使经营活动难以正常开展，计划指标难以实现，产生一系列矛盾，甚至造成浪费，增加经营成本。所以，综合平衡法要求经营者坚持客观规律，坚持从企业全局出发，对企业计划中的各种指标进行精心分析、设计、调节，使企业的总体指标与企业内部各部门的指标之间、企业各部门的指标之间、企业的计划指标与其他相关部门的计划指标之间，保持协调和合理的比例关系。这些关系主要包括：

（1）购销运存各计划指标之间的平衡。

（2）购销运存各计划指标同企业外部因素之间的平衡。如，采购计划与货源供应能力的平衡，销售计划与市场需求的平衡，商品储存计划与仓库（自有仓库和租赁仓库）储存能力的平衡，运输计划与运力的平衡（社会运力和自有运力）。

（3）经营计划与企业内部各因素之间的平衡。如，商品采购计划与资金供应计划的平衡，销售计划与企业利润计划的平衡等。

企业通常采用平衡表来编制计划。其简单的平衡关系是：

期初库存量 + 本期购进量 = 本期销售量 + 期末库存量

据此，可以推导出其他一些平衡关系式，如：

计划期销售量 = 计划期购进量 + 期初库存量 − 期末库存量

运用综合平衡法编制经营计划，还需要做好以下两方面的工作：

（1）销售指标是重点。企业一般应首先根据市场需求量确定销售指标，然后再确定其他指标。销售指标的确定要考虑到企业的现实性与可能性。否则，销售指标不合理也会造成不平衡。

（2）树立系统观念。经营计划是企业全部计划的核心。企业的其他计划都要以此为依据。制定计划时，要充分考虑到企业的外部环境是否许可，内部条件是否具备等。

2. 定额法

定额法也称作“技术经济定额法”，是根据已确定的某项计划指标和技术经济定额来核算另一个计划指标的方法。其计算公式是：

某项计划指标 = 已确定的另一计划指标 ×（或 ÷）技术经济定额

[例如] 某零售店2000年计划销售额为800万元，已确定的流动资金定额为20元每100元销售，已确定的营业员劳动定额为8万元/人。则计算：计划期需要流动资金 = 800万元 × 20% = 160万元；计划期需要营业员 = 800万元 ÷ 8万元/人 = 100人。

运用定额法编制计划，能提高计划的科学性和合理性。但该方法要求计算所依据的指标应是起主导作用的指标，以确保指标具有先进性和可行性。

3. 比例法

比例法也称作固定比例法、比例推算法或系数法。这种方法是根据两项有关指标已经形成的相对稳定的比例关系，或结合计划期的变化因素适当调整这一比例后，从一个已确定的计划指标，按这一比例推算另一个计划指标的方法。

[例如] 某中型零售商店计划2000年销售额为6000万元，据该商店历史资料记载，1996年至1999年计划销售额是实际销售额的73%—80%。经分析确定，2000年计划销售额占实际销售额的75%，则计算2000年的销售额指标为：6000万元÷75%＝8000万元。

比例法的应用范围比较广泛。应用这一方法时要注意分析所参考的两个指标在历史上形成的比例是否相对稳定，是否有可比性，还要考虑计划期企业内外环境的变化对这一比例关系的影响程度，并做必要的调整，以确保计划指标的科学性。

4. 滚动法

滚动计划法是采取"近细远粗"，不断根据外部环境变化和计划的执行情况，调整、修订下一期的计划，并逐步向前移动（滚动）的一种动态计划技术。编制方法是：在滚动式的长期计划中确定各期的计划任务，对计划项目与指标采取近细远粗、边执行边调整的方式进行修订，每期调整一次，并将计划向前延伸一期制定出新的长期计划。本期计划作为执行计划，下期的计划作为准备计划。短期计划也可以采取这种方法。如在编制某年的年度计划时，先具体制定第一季度的计划，第一季度的计划再按月细分，其他三个季度可粗略制定。在第一季度结束时，再将第二季度的计划按月细分……如此不断继续下去。滚动计划编制的具体方法见图2－3。

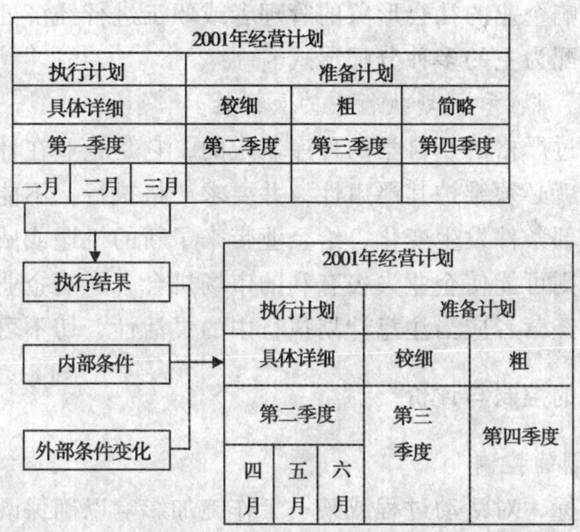

图2－3 滚动计划编制方法

滚动计划一方面保持了计划的连续性和严肃性，另一方面增强了计划的灵活性，有利于适应客观情况的变化，把长期计划与短期计划更加紧密结合起来，更能切合实际。

四、商品经营计划的实施

商品经营计划的实施是企业计划工作的核心，也是实现企业经营目标的关键。经营计划实施的基本要求是：保证全面、均衡地执行计划，全面实现经营目标。所谓全面执行计划，一是要求企业内部的各个部门、每个经营环节、每个职工都要完成自己所承担的计划指标；二是指经营计划中所涉及的指标都要完成。所谓均衡地执行计划，是指企业要维护正常的经营秩序，按照计划中的执行进度的要求，确保计划按日、按月、按季度、按年度完成。一般情况下，计划的执行者不能减少或追加计划指标。在经营计划的实施中要求做好如下工作：

（一）落实计划的思想

要做好部门负责人和全体职工的思想工作，使全体人员明确完成企业计划的意义，使计划的执行者能顾全大局，以充分发挥他们的智慧，调动他们的自觉性和积极性，这是完成经营计划的思想保证。

（二）落实计划的指标

企业要采取有效措施，将计划指标分解成一系列具体的指标，再把这些具体的指标层层落实到部门，落实到柜组，落实到人，使每一个指标都有专门的部门、专门的人来执行，做到人人有目标、人人有责任。这就为计划的完成或超额完成奠定了基础。

（三）严格实行考核制度

为了衡量计划的完成情况，就必须严格考核制度，用计划指标衡量各部门和每个职工的实际业绩。要建立完善的原始记录制度和统计报告制度，实行全面的经济核算制度，科学地、公正地、合理地评价各部门和每一个人的工作。

（四）建立激励机制和严格惩罚制度

企业要善于对职工进行利益导向和精神激励，要对完成计划任务业绩优秀的管理者和职工及时地进行物质和精神奖励。同时要积极推行惩罚制度，对完不成任务者、消极怠工者和造成企业经济损失、影响企业的社会形象的管理者或职工进行经济处罚或行政处分。在企业中要积极推行以按劳分配为主的多种分配形式。

（五）维护计划的严肃性和计划执行中的灵活性

商品经营计划是经过严格的、科学的程序制定的，它是企业在计划执行期间的法规性文件。所以，一经制定，就必须维护其严肃性，并要求严格执行，不能随意变更或不执行。但是，如果由于企业内外部条件发生变化，给企业带来了新的机遇或威胁，如果企业不及时进行计划的修订和完善，则可能使企业失去有利的市场机会，影响企业的发展，或使企业造成重大经济损失。所以，经营者应当注意计划执行中的灵活性，切不可墨守成规。

五、商品经营计划的控制与评价

（一）商品经营计划的控制

控制是指按既定目标，对活动过程或某一工作施加影响以确保既定目标实现的行为。商品经营计划控制是指商品经营企业以经营计划为标准，对企业经营活动过程进行检查、衡量、调节的管理方式。企业要重视对经营计划的控制，以保证经营目标的实现。

1. 经营计划控制的对象

商品经营企业计划的种类较多，但对这些计划都可以从四个方面进行控制。

（1）数量控制。这是对计划中的数量指标的控制。如，销售量、价格、储存量、利润额、费用额等。数量指标是计划控制的重要对象。

（2）质量控制。质量指标是完成计划指标的质量表现。如，商品是否适销对路、经营是否合法、顾客对企业如何评价等。

（3）时间控制。如，计划执行的进度、采购商品的时间、储存的时间等。

（4）效益控制。对企业的经济效益和企业的社会服务效果的控制。

2. 商品经营计划的控制过程

商品经营计划的控制过程，就是一个根据标准，衡量执行结果，纠正偏差的过程。整个过程可分为三个阶段。

（1）事前控制。事前控制包括精心制定计划和科学的标准；认真落实计划指标；进行计划执行前的条件准备、制度准备、人员培训、人员配备、措施准备等。

（2）事中控制，也称作运营控制。这一阶段是从计划下达开始到计划执行结束的全过程，是管理人员对经营活动过程直接进行观察、检查、监督和纠正的过程。其具体方法有两种：一是对各部门的汇报材料和有关部门业务、会计、统计报表进行分析研究，发现问题及时纠正。二是现场控制。企业管理人员深入工作现场，检查工作，指导工作，发现问题及时讨论解决。

（3）事后控制。计划执行结束后，及时总结经验和教训，及时评价，为制定下期的计划做好准备。

控制过程的三个阶段，体现了控制工作的全面性和连续性的要求。此外，在经营计划的控制过程中，要重视职工的自我控制，以真正实现人人参与控制的管理原则。

（二）经营计划的评价

经营计划的评价是经营计划执行结束以后，对计划的执行情况及其原因所做的总结评价。它是制定下期计划的基本依据。对于经营成果的评价，一般从三个方面进行。

1. 完成程度

以结果评价为核心，重视经营成果的考核。评价方法是，用实际经营成果指标与计划指标之比来衡量经营者的业绩。

2. 复杂困难程度

以完成经营目标的客观条件对完成一定的经营业绩的影响程度来评价。这些条件包括：企业外部环境、企业内部条件、计划目标是否合理、相关部门或人员的配合是否到位等。一般地说，条件越有利，则目标越容易实现；反之，条件越复杂，目标实现越困难。经营者要对这些条件的复杂程度作正确的评价和估计。

3. 努力程度

对个人在完成目标中的主观努力程度进行评价，包括职工的工作态度、责任心和创造性。这是评价的重点。

企业可以根据上述评价项目和内容，客观确定各项目的评价比重。具体方式如表 2－10 所示。

表 2－10　　经营成果评价比重参考表

比重 / 项目 / 责任者	完成程度	复杂困难程度	努力程度	综合评价成绩
高层管理者				
中层管理者				
基层管理者				
职　　工				

思考与练习

一、思考题

1. 商品经营企业开展经营活动应具备哪些基本条件？

2. 什么是经营决策？科学的经营决策应具备哪些条件？

3. 经营决策主要经过哪几个程序阶段？

4. 编制经营计划应遵循哪些基本原则？经过哪几个程序？

5. 怎样理解商品经营计划的控制过程？

6. 谈谈你对滚动计划法的理解。

二、实训题

1. 计算题

某企业有如下决策问题，见表2－11。

表2－11　（单位：万元）

利润 方案 \ 需求状态	畅销	平销	滞销
方案甲	400	300	100
方案乙	800	700	－200
方案丙	600	500	－80

试用非确定型决策的几种方法分别求最优方案。如果畅销、平销、滞销的概率分别是0.5、0.3、0.2，试用决策树方法求最优方案。

2. 案例题

1995年11月，一家股份制企业“红苹果点点利商贸集团”在北京西城区工商局注册登记，注册资金为1000万元。1996年6月1日，36家红苹果连锁店在北京同时开张营业，这36家连锁店分布在北京的8个城区。开业初期，红苹果制定了三大原则：①红苹果将在年内开设100家分号，以实现规模经营。为此，红苹果的前期设计，如购买电脑、POS系统（占用近2000万元资金）、招聘人员等，均按100家连锁店的规模进行。②红苹果的所有分号实行京城零售业最低毛利率——五点利，把实惠让给消费者。③红苹果将大量招收下岗女工，为市政府分忧。营业人员有70%是招聘的未经严格训练的下岗女工。

红苹果在传媒的炒作和自身的宣传下，引起了社会各界的广泛关注。开业之初，生意兴隆。开业后的四个月中，各店铺累计日销售额持续达百万元以上。许多供货商纷纷来找红苹果，希望建立供销关系或加盟连锁店。三个月后，红苹果申请变更注册资金，由原来的1000万元改为5707万元，同时增加了两家股东，连锁店也增加到42家。另外，红苹果计划发行面值100元的购物卡100万张。这样便可募集资金1亿元。

红苹果的法定代表人月薪10000元；高级助手月薪5000元；公司购买了10多部

轿车，其中最高档次的为凌志400。公司的招待费经常达千元。公司法人代表说："为了维持几十家连锁店的正常开业，1000万元5天就没有了。"

红苹果在经营中也出现了许多问题。如店长与收银员合伙坑骗公司；采购员暗中收受回扣；有三分之一的商品进价过高；货物码放零乱，货价标签时常出错，有的商品标价比进价还低一倍等。

1997年2月，红苹果被厂家投诉：拖欠货款。红苹果拖欠货款数额巨大：开业一年，拖欠货款总额3000万元，涉及供货商300家。各供货商迅速联合起来，上门讨债，逐步减少供货量或终止供货。各连锁店货架上的商品越来越少，顾客也越来越少。

开业仅一年的"红苹果"被迫歇业，留下3000万元的债务。直到这时，红苹果距开业时设计的100家连锁店的规模还差大半截。

请你分析红苹果在经营决策方面存在哪些失误？企业失败的原因还有哪些？

第三章

商品采购

学习目标

通过本章学习，学生应了解商品采购的概念、意义、商品采购计划编制的步骤和购货合同的主要条款，理解做好采购工作的基本要求、选择商品采购渠道的基本方针与要求和签订购货合同的基本要求及注意事项，掌握商品采购的方式、选择渠道的方法和商品进货批量的控制方法。

第一节　商品采购与商品采购计划

一、商品采购的概念

商品采购是指商业企业为了转卖或者加工后转卖，通过等价交换方式而取得商品资源的一系列活动过程，包括确定需求、寻找货源、选择供应商、交易谈判、签订购货合同、督促供应商、处理纠纷等。商业企业既可以从国内生产企业（部门）购进商品，也可以从国外进口商品以及从其他流通企业购进商品。但值得注意的是，这里的商品采购并不包括商业企业购进自用的商品（比如，某商场购买的供商场有关部门使用的办公用品）。商品采购是商业企业组织商品经营的起点。

二、商品采购的意义

（一）商品采购是经营商品销售的物质保证

商业企业作为商品经营的组织者，处于生产和消费之间，其经营活动主要表现在两个方面：一方面是买，即购进商品；另一方面是卖，即向消费者供应商品。显然，只有商品的购进才能有商品的供应。

（二）商品采购是正确指导生产的前提条件

商业企业在组织商品采购时总是尽可能地购进“适销对路”的商品，这些商品较好地适应了消费者需要。通过商品采购可以反映市场需求信息，反映消费者对商品数量、质量、品种、规格的要求，这些信息可以引导生产企业及时调整生产规模的结构，以增强企业的应变能力、对市场的适应性和竞争能力。

（三）商品采购直接决定和影响企业的经济效益

商品采购价格的高低、采购数量的多少、所采购的商品是否适销对路、所选取的采购渠道和方式是否合理等方面，对企业的经济效益都有很大影响。

（四）商品采购是保证商品销售正常进行的关键

商品采购所购进的商品质量的好坏、采购时间是否及时、采购数量是否适量，都关系到商品能否正常销售。如果商品质量低劣将损害企业形象，采购时间不及时可能失去商机，采购数量过少不能满足需求。

三、商品采购人员的条件和职责

（一）商品采购人员的条件

商品采购人员是进行商品采购行为的实施者，必须具备以下条件：

1. 有一定的商品专业知识

采购人员应当是“专家型”的采购业务员，他们能辨别品质、判断工艺水平和具备原材料知识，懂得色彩和设计以及商品的使用场合，知道如何使用才能有效果（相关产品、保养方法、收藏方法等），与类似商品比较，有何特色？优劣在何处？并能从商品美学角度鉴定商品。还应具有经济学基础理论知识和市场营销、成本核算（分析）、商品定价等知识。

2. 有较强的市场洞察力

采购员对市场需求的变化趋势具有敏感性、直觉判断力和市场预测能力。当某种商品的市场需求将呈上升趋势时，要积极组织采购，迅速推向市场；反之，当需求呈下降趋势时，要少购甚至不购。同时还要了解市场行情，能用最低价格买到最好的货。

3. 有强烈的责任感、事业心

按时完成本职工作，讲求实效；坚持货比三家，严格把好质量关。

4. 有良好的职业道德

采购员应廉洁奉公，正直诚实，不索贿不受贿，树立对顾客负责的观念。否则极易受回扣等诱惑，以权谋私而被拉下水。

5. 掌握必要的商业法规

掌握采购工作的各项政策、法令和规章制度，懂得信息处理和市场预测的基本方法；熟悉工商行政管理法规和经济合同法，并能按要求进行工作。

另外，商品采购人员应该具有较强的社交能力，工作积极主动，能够独立地和供货单位进行业务谈判。

（二）商品采购人员的职责

1. 分析市场需要，购进适销对路的商品

商业企业采购商品是为了把它们销售出去，满足消费者的消费需要，获得一定的收益。如果盲目采购，货不对路，企业销售职能的发挥就失去物质基础，满足消费者的需要也就无法实现。因此采购员在采购时，必须时时处处从消费者的需要出发，努力从数量、花色、品种、规格、款式、质量、厂牌、价格等方面去满足消费者的需要。必须坚持“以需定进”，即以市场需要为中心，坚持以销定购、按需采购、为卖而买，避免盲目采购，以保证所购进的商品适合消费者的需要，促进商品销售；同时，要坚持以购促销，积极经营新商品，开拓新产品市场，更好地满足消费者需要，扩大商品销售，提高商业企业的经济效益和社会效益。

（1）对于消费需求比较稳定的日用品，企业可以根据以往的销售情况来确定采购，以销定购，销售什么，采购什么；销售多少，采购多少。

（2）对于季节性的商品，采购员应认真分析消费需求的变化趋势，预测商品的销售量，选择采购时机，以防止过季积压和旺季断销。

2. 择优采购

商业企业的采购员既是商场的利益代表，也是消费者的利益代表，因此，采购时应追求商品的质量，积极组织适销商品，努力开辟货源，达到进一步扩大销售的目的。在当前买方市场的形势下，消费者对于选购商品有更高更严的要求，同时也对商业企业的商品采购提出更高的要求。商品买卖，货比三家，互相择优，以优取胜，这是市场竞争的必然规律。所以企业的进货要有所选择，切不可只顾一方利益而损害了另一方利益。要求在商品质量、商品价格、交易条件、供货单位等方面都应是最优的（具体详见本章第二节）。

3. 降低采购费用，减少损耗

采购费用的高低直接关系到商品的销售价格高低，因此采购员应精打细算，以尽可能少的资金占用和费用耗费，实现尽可能多的经济效益。在其他条件相同的情况下，商品采购要坚持就地就近原则，批量采购、简化包装，以缩短采购间隔期，减少储备量和运输费用等各项支出。

4. 组织验收入库

验收入库是商品采购业务活动的最后一个程序。为了做好进货验收工作，必须注意以下几点：

（1）要明确商品质量的验收标准。对于老品种可以按合同规定或国家（行业）规定标准进行验收；对新品种或新经营的品种，要在订货时就确定定货样品，明确质量标准，并将样品封存，作为验收时的依据。

（2）根据商品不同情况，采取不同的验收方法。根据商品的不同性质、不同管理形式、不同包装情况，采取不同的验收方法。一般分为仓库验收和柜组验收两种形式。仓库验收就是仓库管理人员对于入库的商品，根据供货单位的发货凭证逐件验收。柜组验收一般是在仓库向柜组拨货时进行的。商品入柜后，营业员必须详细清点，验收要做到八核对，即核对货号、品名、规格、单位、数量、质量、单价和总值。

（3）逐次验收，明确经济责任。从商品购进直到上柜出售，在各个流转环节，应随着每次管理权的转移，分别进行验收以明确责任。

（4）作好验收记录。验收记录是进行商品验收的重要书面记载。验收记录一般包括：收发货单位名称、凭证号码、实收商品数量和规格质量、数量差额和质量不符程度、验收日期和地点、验收人等。

随着我国成为WTO的正式成员、国际商业组织的进入，我国商业企业的竞争也日益激烈化，现代商场对采购员的职责要求也越来越高。采购员的职责可细化为以下几方面：

1. 把握销售实绩

对于商场的每月销售额，采购人员有责任促使其达到预定目标；采购人员对于销售毛利额目标值的实现，负有绝对责任。

2. 销售计划和采购计划

为了执行好销售计划，采购业务人员必须要拟定一份采购计划，如重点商品的选择和销售价格，商品的采购数量、采购价格、采购来源等。

3. 采购业务

采购业务包括：商品的议价；商品采购条件的协商，如商品的折扣率、付款方式、退货方式等；新产品的引进和价格议定；商品的配送方式；一次采购数量的决定。

4. 商品业务管理

商品业务管理包括：畅销品和滞销品的发现、滞销品的处理、商品库存的掌握、商品配置表的制作及管理、残次品退货的监督、商品订货业务的检查、商品订货业务的调整、商品质量的监督、商品台账的管理、商品陈列的指导。

5. 销售业务促进

销售业务促进包括：商品促销的年度计划，季度、月度计划及特别计划的制定；特价商品的售价决定；与供应商议定特别商品的交易条件。

6. 信息收集

信息收集包括：本企业销售信息收集、消费者需求动态情报收集、竞争对手的情报收集、供应商的动态情报收集。

7. 业务培训

业务培训包括：对门店卖场销售人员的知识传输、与门店经理的沟通与业务培训、参加由采购部召开的各部经理会议。

四、做好采购工作的基本要求

（一）确实掌握库存数量

1. 掌握商品的库存数量

如果采购员搞不清楚仓库里有什么商品，以及存量有多少的话，就无法决定需采购的商品及其适当的订货数量，这是非常简单的道理。

2. 卖场的商品存量

如果没有正确掌握卖场的商品存量，就会造成缺货或库存过剩的情形，因此，严格做好卖场排面的管理，是掌握商品存量的前提。

（二）充分预测商品销量

1. 拟定商品更替计划

如果事前没有被告知档头柜商品和节庆活动商品的更替计划，或者说事前未能拟定卖场布局变更和排面改装计划，往往会造成采购时的混乱失误，结果导致不是排面缩小造成商品过剩，就是排面扩大导致商品缺货。因此，应当拟定商品更替计划。

2. 掌握商圈内地方节庆活动讯息

事前搜集地方上的节庆活动讯息，及早制定相关采购计划，备妥应景商品上市，以应时需。

3. 掌握商品销路和趋势动向

采购员应掌握季节性商品的销路以及今后的畅销商品和滞销商品。

（三）依据商品的生命周期修正采购

1. 导入期的采购要点

如果对这种新产品在市场上的销售前景没有十分的把握，则要慎重作出进货决策，可以少批量购进试销，也可为生产企业代销。如果对新商品的销售前景很有把握，则在新产品刚上市时，及时购进，抢占市场，但要做到“精”。

2. 成长期的采购要点

商品成长期间，陈列空间不断扩大，采购量和库存量也要逐渐增加。

3. 成熟期的采购要点

商品进入成熟期，市场信心较强，采购要跟进，但要密切注意市场及新产品的动态，以便及时调整采购品种及结构。

4. 衰退期的采购要点

畅销热潮已退，商品逐渐卖不出去，压缩直至停止采购。

（四）做好商品采购的信息管理

当今社会，信息产业发展迅速，信息市场也日渐完善，信息在经济生活中的作用越来越重要。商业企业在商品采购过程中，重视和运用市场信息，经常掌握市场行情的最新变化动态，对于商品采购的科学决策，搞好商品采购工作，具有十分重要的意义。

1. 商品采购信息的内容

（1）政策信息。包括国家对商业工作的方针政策、市场管理的有关规定、商品管理体制改革进展等方面的最新消息。

（2）货源信息。包括货源的分布、结构和潜力情况，即本企业所需要的资源分布在哪里，供应能力如何，对本企业提高经济效益的资源有哪些等。

（3）渠道信息。企业商品供应部门要在资源预测和市场调查的基础上，通过多种渠道组织货源。为此，企业要了解商品渠道方面的信息，即有哪些企业和供货单位可以提供本企业所需要的资源，以及这些企业及其产品的情况，还要了解是否有新的渠道、新的供应网点。

（4）价格信息。包括各供货单位的价格情况，特别是其变化情况。另外，国家物价部门对价格新的管理规定也属价格信息的范畴。价格信息是企业进行商品采购很重要的信息。

（5）运输信息。运输路线、运输工具及运输价格有什么变化以及国家运输部门对运输管理的新规定等。如，京九线的开通对某些企业来说就属于运输信息。

（6）科技信息。市场上出现哪些新设备、新材料、新工具以及它们给采用了新技术的企业带来的经济效果如何等。在市场经济条件下，科技信息的获得对企业的发展尤为重要，企业要特别注意这方面的信息。

2. 商品采购信息的搜集与整理

为了充分发挥信息的重要作用，必须做好信息的搜集与整理工作。市场采购信息的来源主要有以下途径：各种报刊所刊登的资料；政府部门颁布的政策法规；电视广播媒介播放的资料；采购人员进行市场调查的资料；其他还有如各种专业性的会议、商品展销会、其他单位提供的资料等内容。

另外，对于信息的搜集一定要注意信息的时效性。对信息的整理要认真、仔细，分类归总，如政策信息、货源信息、渠道信息、价格信息、运输信息和科技信息，并按时效性进行划分。这样，才能为运用者提供及时、准确、全面的信息，使采购者在购进商品时处于主动地位。

3. 商品采购信息的运用

商品采购部门对搜集与整理好的市场采购信息，应按其性质有效地进行运用。例如，运用资源信息来指导货源的组织工作及企业的经营活动，做到货源与经营活动的紧密结合；运用价格信息进行价格、质量等方面的经济评价，做到择优选购；运用交通信息合理安排运输工具和路线，以便把商品及时运到企业等。

（五）建立协作关系，稳定货源渠道

在采购商品时，要对供货单位进行必要的调查，了解其商品质量、提供服务、信誉等方面的信息，做到心中有数，以免发生意外给企业造成经济损失。在选好供货单位之后，建立起固定协作关系，作为稳定的货源渠道。

五、商品采购计划的编制

（一）商品采购计划的涵义

商品是维系商店与顾客关系的根本要素，倘若卖场没有顾客所需要的商品，顾客自然就没有理由来店光顾。于是就得到一个简单的结论，即采购业务的基本目的在于不断提供顾客所需商品，勿使缺货情形发生。但是，只顾商品卖出愈多愈好而胡乱增加订货数量，就会因商品难以消化而造成库存积压。因此，采购业务必须同时兼顾“勿使商品短缺”和“勿使商品库存过量”。制定正确的商品计划，其前提是必须正确地收集、分析有关消费需求、竞争状况、地区消费动向等资料，其来源包括从外部收集来的情报和过去的销售记录、库存资料和市场预测的结果等。严格说来，商品计划应包括商品的采购计划、销售计划、资金计划和利润计划。确立合理的商品采购计划，是商品管理的要点。狭义地讲，商品计划的主要内容是采购计划，即商业企业结合商店的经营特点，按照顾客的要求和购买规律，以目标市场为基础对所进商品的时间、数量、价格、质量、品种等方面进行商品组合。

（二）编制商品采购计划的必要性

一是有利于对进货品种的控制；

二是有利于对进货批量的控制；

三是有利于对进货价格的控制；

四是有利于对进货时间的控制；

五是有利于对进货质量的控制。

（三）商品采购计划的编制

商品采购计划就是决定采购品种、采购数量、采购地点、采购时机、采购方式和采购金额等一系列计划活动过程。采购计划是在对各种内外部情报资料进行分析的基础上制定的。

商品采购计划编制的步骤见图 3－1 所示。

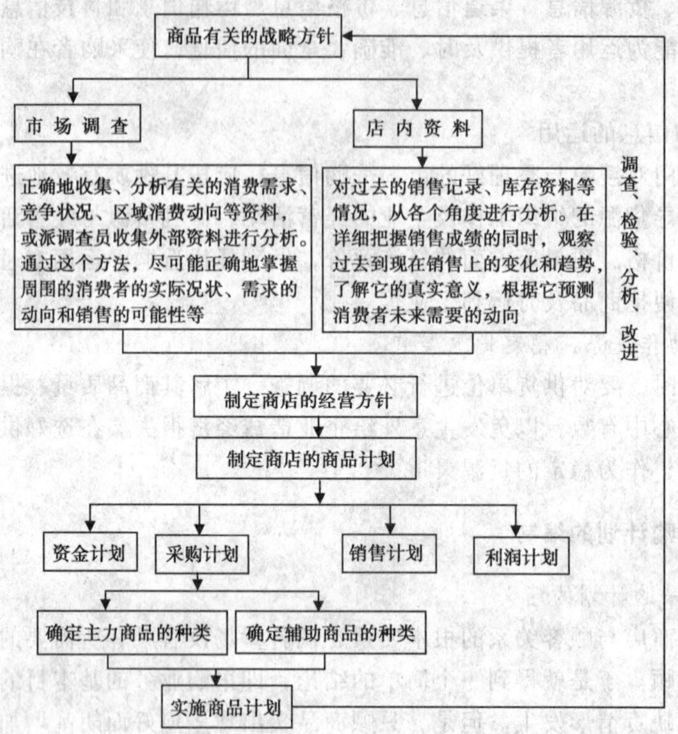

图3-1　商品计划操作程序

第二节　商品采购方式与采购渠道

一、商品采购方式

（一）按交易形式划分

1. 期货交易

期货交易是商业企业同供货方签订协议或合同，一次确定进货数量，按期分批到货，分别办理结算手续。

2. 现货交易

现货交易是商业企业向供货方看样选购，现货成交，同时办妥结算手续，提货托运。如向当地批发企业和生产企业临时进货，大多采取现货交易。

（二）按企业内部组织管理情况划分

1. 集中型采购

集中采购是指由商场设立专门的采购部门或专职采购员负责统一进货，然后分配到各门市部或营业柜组，由其负责销售的一种商品采购方式。这种进货方式的优点是：有利于统一安排使用流动资金；避免分散使用人力、物力和财力；合理使用运输工具，减少运杂费开支；进货数量比零星进货要多，会引起供货方的重视，可以要求给予价格优惠；有利于专职采购员全面熟悉市场，与供货商建立良好的业务关系。它的缺点是：容易造成购销业务的脱节，不利于加速商品流转，影响对市场需求的迅速应变能力；增加了商业企业内部的商品调拨手续；销售部门的积极性不高。集中采购方式一般适用于专业商店和小型商店。

2. 分散型采购

分散采购是指商业企业的各门市部、营业柜组在核定商品资金的范围内，对经营的商品根据柜台销售情况自行组织直接向供货单位进货的一种采购方式。采购工作一般由营业组长或有经验的售货员担任。这种进货方式的优点是：进销合一，有利于及时进货，促使商品适销对路，商品品种齐全；能够调动门市部、营业柜组的经营积极性；加速资金周转，增强市场应变能力。它的缺点是：进货业务分散，商业企业难以统一调剂各业务环节和各部门的资金使用，增加了流通费用，也加大了门市部、营业柜组的工作量。分散采购方式一般适用于大中型商店和进货次数比较频繁的商店。

3. 集中采购与分散采购相结合

集中采购与分散采购相结合，是指商业企业统一进货和门市部、营业柜组分散进货相结合的一种进货方式。这是取集中进货和分散进货二者之长，目的是为了统一使用企业的流动资金，减少进货环节，节省采购费用。其做法是：企业集中进货和门市部、柜组分散进货相结合，一般是从外地进货由企业统一组织进货，从当地进货则由各门市部、营业柜组自行进货；专职采购员与兼职采购员进货相结合。这种进货方式的优点是：企业既可以相对地统一使用资金和采购力量，又可以调动各门市部、营业柜组扩大货源的积极性。它的缺点是：企业采购部门和专职采购员在进货前必须征求各门市部和营业柜组的意见，各门市部和营业柜组也要向采购部门及专职采购员及时提出要货计划和上报分散进货情况，工作量较大。集中采购与分散采购相结合的采购方式一般适用于经营业务复杂，进货渠道多，既需统一领导又需分级管理的大、中型商业企业，下属店、门市部、营业柜组较多的大中型商业企业。

4. 联购分销

联购分销是指由若干个独立核算的商业企业联合起来，统一向生产企业或其他商业企业组织进货，然后再按商定的分配方案给这几个商业企业分销的一种进货方式。这种进货方式的优点是：能够发挥商业整体协作的功能，节省人力；能够凑零为整，批量进货，享受价格优惠；集中组织商品运输，减少在途时间，降低进货费用。它的缺点是：组织协调工作较复杂。联购分销方式一般适用于经营品种相同或相近的单独采购力量不足的小型商业企业。

5. 成立采购中心

这是连锁商店的商品采购组织形式。采购中心承担着所有分店的商品采购职责，有权力决定买什么、买多少、从哪买、以什么价格买等问题。采购中心根据各分店的销货记录和必要的存货，进行统一配货。采购中心组织的优点是：能够统一各分店的商品，树立连锁商店的商品形象；由于采购中心统一进货，能从供应者那里得到数量折扣；提供了与供应者讨价还价的力量；采购职能专业化，使采购人员更具有商品采购的技术与知识；比个别商店更容易发展商店和自有品牌；商品库存与运输更经济；商品投资管理更有效。采购中心组织的缺点有两个方面：一是强调统一化，而忽略了各个分店所在地方的商品需求，地方消费者的兴趣与偏爱的需要不能被满足；二是采购中心与各分店销售人员产生矛盾。当某一商品销售效率低时，销售人员以商品买得不适当而推卸责任，而采购中心则会以销售人销售不努力而为自己辩护。

（三）按采购价格确定的方式划分

1. 报价采购

报价采购是指商业企业拟进货时，先寻找理想的供应商或货源，再向其询价寄出征购函，请其寄上报价单或正式报价。通常卖方所寄发的报价单，其内容包括：品名、数量、单位、价格、交易条件及有效时间。有时卖方为求得买方的信任，会主动提供信用调查资料供参考，有时也会寄上“样品”、“目录”、“说明书”。

2. 招标采购

招标采购是指按规定的条件，由卖方投报价格，并择期公开当众开标，公开比价，以符合规定的最低价者得标的一种买卖契约行为。此类型的采购具有自由公平竞争的优点，可以使买者以合理的价格购得理想物料，并可杜绝徇私。不过，手续较繁琐时，对于紧急采购与特殊规格的货品无法适用。

3. 议价采购

议价采购是指对某商品以不公开方式与厂商个别进行洽购并议订价格的一种采购方法。由于价格的拟定系双方磋商后订的，故这项采购方式又称为双方议价法。议价采购最适于紧急采购，它可及时取得迫切需要的商品。

此外，商业企业还可以在订货会、展销会、物资交流会上看样订货或订期货。随着网络的发展，商业企业也可以依靠国际互联网进行网络采购。

（四）按采购技术划分

1. 传统采购

企业传统采购的一般模式是，每个月末，企业各个单位（部门）把下月的采购申请计划报到采购部门，然后采购部门把各个单位（部门）的采购申请计划汇总，形成一个统一的采购计划。根据这个采购计划，分别派人出差找各个供应商订货。然后策划组织运输，将所采购的物资运输回来并验收入库，存放于企业的仓库中，满足下个月的物资需要。这种采购，以各个单位的采购申请计划为依据，以填充库存为目的，管理比较简单、粗糙，市场响应不灵敏，库存量大、资金积压多，库存风险大。

2. 现代采购

现代采购主要有定量订货法采购、定期订货法采购、MRP 采购、JIT 采购、供应链采购、电子商务采购等。

（1）定量订货法采购、即预先确定一个订货点和一个订货批量，然后随时检查库存，当库存下降到订货点时，就发出订货，订货批量的大小每次都相同，都等于规定的订货批量。

（2）定期订货法采购，即预先确定一个订货周期和一个最高库存水准，然后以规定的订货周期为准，周期性的检查库存，发出订货，订货批量的大小每次不一定相同，订货量的大小都等于当时的实际库存量与规定的最高库存水准的差额。

（3）MRP 采购，即由企业采购人员采用 MRP（Material Reguirement Planning，物料需求计划）应用软件，制定采购计划而进行的采购。MRP 采购的原理，是根据主生产计划（MPS）、产品结构清单（BOM）、产品及其零部件的库存量，逐步计算出产品的各个零部件，原材料所应该投产时间、投产数量、或者订货时间、订货数量，也就是制定出所有零部件，原材料的生产计划和采购计划。然后，按照这些计划进行采购。由于 MRP 采购制定的计划比较精细，严格，所以它的市场响应灵敏度及库存水平都比前述方法有所进步。

(4) JIT (Just In Time) 采购，也叫准时化采购，是一种完全以满足需求为依据的采购方法。需方根据需要，为供应商下达订货指令，供应商应在指定的时间，将指定商品按品种、数量要求送到指定的地点。JIT 采购是一种直接面向需求的采购模式、既做到了灵敏地响应并满足用户的需求，又使得用户的库存量最小。

(5) 供应链采购，是一种供应链机制下的采购模式。在供应链机制下，采购不再仅仅由采购者操作，供应商操作的力量在加大，形成了所谓的供应商管理用户库存，用户只需要把自己的需求信息向供应商连续、及时地传递，由供应商根据用户的需求信息，预测用户未来的需求量，并根据这个预测需求量制定自己的生产计划和送货计划，主动小批量，多频次向用户补充货物库存，用户库存量的大小由供应商自主决定。这种方法既保证满足用户需要，又使货品库存量最小，浪费最少。

(6) 电子商务采购，即网上采购，是在电子商务环境下的采购模式。它的基本原理是由采购人员通过上网，在网上寻找供应商和所需品种，在网上洽谈贸易、订货甚至支付货款，然后经过送货进货环节，完成全部采购活动。

二、商品采购的渠道

(一) 选择商品采购渠道的基本方针及要求

1. 广开货源门路

消费者的需求是全方位、多层次的，一个商业企业不可能满足一切消费者的所有需求，企业必须根据自身实力，不断寻求适合消费者需要的各种商品，并采取相应的销售策略，以达到经营目标。具体地说，通过广开货源门路可以达到以下经营目标：

(1) 规模制胜。规模制胜就是在特定的目标市场上扩大销售能力，提高市场占有率，增强消费者的归属意识，从而扩大销售。中国民营商业企业木兰集团在东北三省开办了 136 家连锁店，在东北的百余个市镇，人们流传着“买家电，到木兰”的说法。偌大一个沈阳市，木兰出售的商品竟然超过人均一半。这种集团式规模经营，可以利用向货源厂商直接采购大宗货物所获得的数量折扣，压低售价，以薄利多销的策略取胜。

(2) 以全制胜。以全制胜就是通过向消费者提供多种类的商品和全方位的服务，达到扩大销售、增加利润的目的。尤其是百货商店，要想达到人们所期望的“万能商场”，就应不断拓展进货渠道，从商品的品种、规格、档次、数量等方面满足消费者的需求。以全制胜是实力雄厚的企业常采用的方法。商业企业参与市场竞争，我国商业企业要走向世界，为不同地区的国家消费者提供消费服务，还应在“全”字上下功夫。

(3) 以专取胜。以专取胜就是通过向消费者提供某一类商品或某种特殊服务，在某一特定领域获得经商成功。实际上，“专”与“全”是相对而言的，所谓“全”也是指在某一范围内的全。

目前，以商品分类是“专”的最普遍形式。比如，服装店、食品店、眼镜店、家电城、电脑城等。消费者根据自己的需要到专门的商店去选购商品，而这些专业商店在自己“专”的范围内要做到“全”，品种全、规格全、花色全。除此之外，以消费者分类也是“专”的常用形式。比如，儿童用品商店、老年服装店、妇女用品商店等，通过向特定的消费者提供商品和服务扩大销售。

(4) 以精制胜。以精制胜是通过向高消费阶层提供高档次商品获得较高利润。这种经营方式的特点是宁可少卖，也不降低商品的档次和价格，以维护商店和商品的“高贵”地位。实施这种策略的商业企业在采购时一定要选择名牌高质的商品供应者。

（5）以廉制胜。以廉制胜是通过向广大消费者提供价廉物美的大路商品，薄利多销获取经商成功。采购员在采购前也应当广泛搜集商品信息，做到“货比三家”，以最经济的方式进货。当前在我国，“大款”、“大腕”类的人物毕竟还是少数，对绝大多数消费者来说，商品的质优价廉还是很有吸引力的。

2. 择优进货

具体地说，这里的“优”主要是指：

（1）商品质量优。狭义的商品质量即商品的内在质量，是指商品与其规定的标准技术条件的符合程度，以国家标准、行业标准、企业标准或订购合同中的有关规定作为最低技术条件。比如，商品的耐用性、安全性、卫生性等。广义的商品质量，是指商品的适用性，即商品在一定条件下满足使用者需求的程度。

（2）商品价格优。优质优价，劣质低价，分等论价，择优选购，这是商业企业采购商品时必须遵循的原则。商品价格优也并非仅仅是指商品单价低，而应综合考虑交易条件是否苛刻，如付款方式、交货地点、交货方式、运费、保险、包装等。

（3）商品货源优。货源主要是指两个方面：一是指商品的产地及来源，如原装进口还是国内组装或是第三国生产；食品、蔬果是否来自原产地；水产品、畜产品等是野生的还是人工养殖的。二是指供货商商品货源优，主要应表现在，供货商的信誉好，包括生产正常、商品质量可靠、花色品种的编配恰当、交货如期履约、质价相符等；供货商的条件好，如路程近、运输工具合理、运费低、上门送货、在途时间短、价格优惠、包装技术条件好等；供货商的服务良好可靠，如发货及时、对投诉能快速反应、索赔简便等。

（二）商品采购渠道的选择

商品采购渠道，即商业企业通过什么样的通道，包括从什么地点、什么单位、走什么路线把商品购买回来。在选择采购渠道时，应从自己的经营范围、经营条件和经营特点出发，按照少环节、费用省、多渠道、流向合理、效益最佳的原则进行选择。可供选择的采购渠道主要包括：

1. 从当地批发企业采购商品

批发企业具有“蓄水池”的作用，将各地的产品集中起来，商业企业可以发挥集团采购的优势，进货数量大，价格有优惠，采购方便。

2. 从当地工农业生产企业（部门）采购商品

商业企业可以向当地工农业的生产企业直接进货，通常称为“厂店挂钩”，可以减少商品流转环节，降低流通费用。

3. 从外地工商企业进货

当地批发市场不经营或供应不足的商品品种，商业企业如有直接从外地进货的条件，又符合经济核算原则的，可以到外地批发市场组织进货。商业企业到外地采购，要有明确的目标，要编制外地采购计划，在计划上要尽可能地注明品名、数量、进货地区和对象，不能盲目进货。

4. 从批发市场进货

包括贸易中心、批发市场、期货交易所、贸易货栈、信托公司等。这是零售企业和销地批发企业的商品采购渠道之一。

5. 其他渠道进货

（1）附属加工企业。商业企业附属加工企业生产的商品，主要是规格复杂多变的商品，如鞋帽、服装等；也有些具有经营特色的著名商品，如具有地方风味的食品。这些商品采用“前店后厂”的形式，自产自销，既可以补充其他来源的不足，又可以发挥企业的经营特色，更好地满足消费者的需要。

（2）委托加工。有经营特色的商业企业，还可以自购原材料，委托有关企业加工某些适销对路的商品，以补充货源的不足。

6. 商业企业之间调剂余缺

商业企业由于所处的地理位置不同或各商业企业的阶段性经营策略的变化，会造成某个商家的某些商品过剩，也会造成某个商家的某些商品短缺。此时，商业企业之间可以在一定的条件下调剂余缺。

7. 通过网络进货

借助网络邮件系统，商业企业可以实现实时网上采购。这是商业企业一种全球的、开放的进货形式，95%以上的情报都可以从公开渠道取得。商业企业从网上获取商品信息的途径有：

（1）从有关公司、商店、行业协会的网站上查找。查找产品信息的最直接方法，就是从有关公司、商店、行业协会的网站上查找，尤其可以了解新商品的情况和发展趋势。特别是在生产厂家的站点上，往往会有对产品的技术性能信息的详细说明，如有不明白之处，还可发电子邮件询问。

（2）参加行业聊天室。由于企业一般有较强的保密意识，所以在其网站上公布的信息常常经过特殊加工，一般深度不够。通过参加行业聊天室，在不经意的闲聊中，说者无意，听者有心，往往可以得到很多有价值的信息。

（3）跟踪竞争对手的网络广告。从竞争对手经常发布广告的站点，观察其市场信息，寻求有效的进货渠道。

以上是商业企业的进货来源的进货渠道。对于进货来源的渠道的选择，应该有利于保持企业的经营品种齐全，发挥经营特色，减少环节，符合经济核算的原则。

第三节 商品采购作业流程

一、采购作业流程的一般形式

一项完整的采购作业大体上都要经历以下过程：

（一）决定购买

在生产过程中，每个企业都需要不断地获得和使用各种不同的商品。由于取得它们的途径多种多样，诸如自制、租赁或外购等。所以，在每个企业获得其所需商品以前，都必然会面临选择购买途径问题。这一答案的选取，一般是通过分析企业内外部环境和进行可行性研究等工作来完成的。

（二）编制采购计划

当企业最终确定购买所需商品之后，有关部门就开始着手编制采购计划。所谓采购计划，是指确定采购品种、规格、质量、数量和购买时间等原则问题的采购文件。采购计划的编制完成，标志着采购活动决策阶段的结束。

（三）选择供应商

采购计划是采购活动的重要依据，当采购部门接到被批准的采购计划以后，就应该立即着手从事购买活动。在购买过程中，供货厂商的选择是关键一环。

选择供应商的过程可细分为物色供应商，精选供应商和确定供应商三个阶段。物色供应商的目的在于通过广泛调查和收集信息，尽可能地征求意见，最后，编制出可能的供应商相关情况表。在此基础上，进行供应商的选择决策，精选供应商，有时还要编制出供应商精选说明书。接下来就是对供应商进行最后确定，它对采购任务能否圆满完成具有决定性作用。

（四）与供应商签订采购合同

在选定了供应商之后，要以订单方式传递详细的购买计划和需求信息给供应商，并商定结款方式，以便供应商能够准确地按照客户的要求进行生产和供货。

（五）履行合同

履行合同的过程实质上就是商品由卖方向买方转移，资金由买方向卖方转移的过程。为了顺利地实现这种转移、在通常情况下应做好的几项主要工作是办理运输业务、入库验收、支付货款。

（六）检查合同履行情况和进行经济效益评价

采购活动的上述工作结束以后，采购部门还要向使用者征求意见，了解他们对购进商品的满意程度，检查和评价各个供应商履行合同的情况，并做到及时发现问题，及时改进解决。这一环节的重要性在于，它不仅为能继续向既定供应商实施购买行为提供依据，而且也为企业的供、产、销三大部门的信息反馈创造条件，是采购部门不断总结经验教训、防止采购活动中不正之风，提高企业经济效益的客观要求。合同履行情况的检查结果，只能作为企业的产、销两大部门对采购任务完成的满意程度的评价标准。在此基础上，还要进行采购经济效益评价。

二、采购作业流程的变革

（一）电子化协同采购流程

由于供应链管理概念的提出，基于信息技术的协同采购理念正在成为现代企业采购流程。

电子化协同采购主要突出以下两点：

1. 采购计划协同

制造商或零售商将自己近期的采购计划定期下达给供应链上的上游供应商，供应商可以根据该采购计划制定自己的生产计划，及时备货，提高了交货的效率。

2. 采购订单的执行协同

制造商或零售商通过互联网下达采购订单给供应商，供应商将采购订单的执行情况及时转达，使制造商或零售商对采购订单的执行情况有明确的了解，可以及时作出调整。

（二）准时采购流程

准时采购流程，也称为JIT采购的订单驱动采购流程，是指供应商在需要的时间里，按照需要的地点，以可靠的质量，向需方（制造商）提供需要的物料的过程。

在一般的采购流程模式中，需方同供方经过洽谈后下达采购订单，供方接受订单（把采购订单转变为客户订单）后要安排和协调计划进行加工制造，在这个过程中，需方需要不断跟踪（比如派人员驻供方监督生产），然后检验质量。供方将成品储存在自己的仓库，最后根据订单时间发货到需方，需方接到货物后还要进行一次检验，然后存入自己的原材料或配套件仓库，等生产需用时发送到生产线上。

在准时采购流程模式中，需方和供方是供应链上的合作伙伴关系——意味着供应商的资格认证、产品质量、信用程度都是可靠的、值得信赖的。采购作业可以通过电子商务，一次把需方的采购订单自动转换为供方的销售订单，质量标准经过双方协议，由供方完成全负责保证，不需要两次检验。由于信息的通畅和集成，采用设在需方的供应商管理用户库存方式，把供方的产品直接发货到需方的生产线，并进行支付结算，减少供需双方各自分别入库的流程。

三、采购作业流程的控制与管理

（一）采购作业流程控制的关键点

采购作业流程的控制是采购管理的核心，其目的是提高采购效率，尽可能地降低采购成本。因此，应该对采购流程中几个环节把握“控制点”：

1. 编制采购计划

编制采购计划是企业采购的基本依据，是控制盲目采购的重要措施，也是搞好现金流量预测的有效手段。所以要根据生产计划、物料需求计划、资金条件、采购手段等信息编制采购计划并且严格执行任务，做到无采购计划不采购。

2. 正确选择供应商

正确选择供应商对于稳定物料来源、保证物料质量是十分重要的。

3. 严格采购订单的管理

采购订单是与供应商签订的采购合同，供应商是否履行合约“按时、按质、按价”供货对企业的生产有重大影响，所以要严格采购订单的管理，对于可能延期供货的供应商应及时催货，以避免对生产经营造成影响。

4. 采购业务的确认和付款

采购业务的确认和付款是企业采购中的日常业务。供应商的物料到达企业以后，要检查相应的采购计划、订单，确认是否是本企业采购的物料。如果是，还要经过质检、验收，才能办理入库手续。当采购员持发票准备报销时，要根据入库单逐笔核对，如果物料尚未入库，不允许直接报销，应提交领导审批通过后，方可报销。

（二）采购作业流程的管理

采购作业流程的管理主要涉及采购流程改造、订单管理、采购物流管理和货物的接受与仓管。采购作业流程是一个动态连续的过程，对其管理可以纳入企业计算机管理信息系统，以采购管理子系统方式实现包括采购计划、采购订单、收货、确认发票、付款业务、账表查询、期末转账等几部分的控制功能。在这个系统中，可以满足以下要求：

第一，编制和追踪采购计划的执行情况。

第二，查询逾期未到的货物。

第三，填制入库单，质检审核、申请入库，并可以查询正在验收阶段的物料。

第四，录入采购发票，根据入库单逐笔确认发票是否合法，登记应付账，并可以查询到在途的物料；对于采购费用，可以逐笔分摊到相应的物料入库成本上。

第五，录入付款单，并与发票逐笔核销，登记应付账。

第六，应付款明细账查询，并可以分析欠款的账龄。

第七，可以选择采购发票和付款单自动生成记账凭证，并传递到账务处理子系统中。

第八，可以根据采购入库单、发票、订单等原始资料，任意定义各种需要的统计报表，进行采购分析。

第四节　商品进货批量与购货合同

一、商品进货批量的含义与种类

所谓进货批量，是指一次进货所订的货物数量。进货批量的高低，不仅直接影响库存量的高低，而且直接影响货物供应的满足程度。进货批量过大，虽然可以较充分满足用户需要，但将使库存量升高，成本增加；进货批量过小，虽然可以降低库存量，但难以确保销售的正常需要。所以进货批量要适度。

影响进货批量大小的主要因素有两个：一是需求速度。需求速度越高，说明用户的需要量大、频率快，因此进货批量也应该大。二是经营费用。经营费用低，进货量就可能大；经营费用高，则进货量就可能小。

在确定进货批量时，需要综合考虑发生的各种费用，根据使总费用最省的原则来确定经济订货批量（EOQ）。

二、商品进货批量的控制

定量订货技术是以满足销售需要为原则，基于商品数量的控制，为达到既满足需求又使经营总费用最节省、成本最低而设计的订货策略。

定量订货法的原理如下：所谓定量订货法技术，是预先确定一个订货点和订货数量，随时监控货物库存，当库存下降到订货点时，就发出订货单进行订货的控制技术。定量订货策略的核心需解决三个问题：确定订货时间，解决什么时候订货；确定订货数量，解决一次批量订多少；确定订货如何具体实施与操作。

在库存控制理论中，订货点是一个决策变量，是控制库存水平的关键因素。在实际商业管理中又称为“额定库存量”。

应用定量订货技术时应注意运用的前提条件，并非任何情况下都可以运用定量订货技术。定量订货技术应用的前提条件是：

（1）只适用订货不受限制的情况。即什么时候想订货就能订到货，想到哪里订货就能到哪里订到货。也就是说，只适用于进货有保障的商品。

（2）只适用于单一品种的情况。如果要实行几个品种联合订购，则要进行灵活处理才行。

（3）不但适用于确定型需求，也适用于随机型需求。对于不同的需求类型，可以导出具体的运用形式，但应用原理都是相同的。

（一）订货点控制法

在定量订货法中，订货点以库存水平作为参照点，当库存下降到某个库存水平时就开始订货。因此，将开始订货时的库存量水平称为订货点。

需要说明的是，这里所说的“库存量”不一定就是指仓库中商品存量。例如，对于大批量销售供应的供应者而言，其库存量是指其仓库中待销售商品的存量；对于零售商而言，如果没有仓库，则其库存量就是销售柜台上该商品的存量；对于生产线上某道工序而言，库存量是指工序上临时存放的供应物流的数量，加上备件仓库中存有数量（如果有的话）。这些都是“库存量”。随着销售或供应的进行，库存量逐渐减少，减少到一定程度时，为保证正常的销售和供应，就要开始组织订货（或者指令再生产）。开始组织订货时的库存水平，就称做订货点。

显然，订货点不能取得太高。如果太高，库存量过大，占用资金多，导致库存费用升高，成本升高。同样，订货点也不能取得过低。如果过低，则可能导致缺货损失。

那么是什么因素决定着适度的订货点，如何确定适度的订货点呢？

一般而言，影响订货点的因素有三个：

（1）销售速率（对销售者来说，是销售速率，下同）。也就是销售的快慢，用单位时间内的平均销售量 RP 来描述。显然，销售速率越高，订货点越高。

（2）订货提前期。所谓订货提前期，是指从发出订货到所订货物运回入库所需要的时间长度，以 TK 表示。TK 值的大小取决于路途的远近和运输工具速度的快慢。

（3）订货提前期销售量。订货提前期销售量是按照已有的销售速率在订货提前期内发生的销售量，也简称为订货提前期需求量，用 DL 表示。

可以看出，适度订货点应当等于提前期需求量。如果用 QK 表示订货点，则有：

$$QK = DL = RP \cdot TK$$

订货点是由进货所需天数（发出订单至收到商品间隔天数）和日均销售量两个因素确定的，其计算公式为：

订货点 = 日均销售量 × 进货所需天数

如果日均销售量与进货所需天数这两个因素之一不稳定时，企业就需考虑引入保险量。此时，订货点计算公式则为：

订货点 = 日均销售量 × 进货所需天数 + 保险量

[例如]　某商场销售某种商品，每天平均销售量为 100 只，保险储备为 500 只，从订货到交货需要的定货期为 6 天，那么定货点为：

定货点 = 6 × 100 + 500 = 1100（只）

当原有存货下降到 1100 只的时候，就要求进货。

（二）经济进货批量法

商品采购既要能满足销售的需要，又要最为经济。因此，研究计算确定在各种条件下的最优订购批量，即经济进货批量是一个中心问题。经济进货批量，是指订购费用与保管费用总和最低的一次订购批量。这是一种定量控制方法，其主要特征是，根据采购总成本水平来确定每次采购商品的批量，即综合分析采购、储存及各方面支出而得出采购总成本，以总成本最低的一次进货量作为最佳经济批量。在允许缺货的条件下，经济进货批量的总费用包括订购费用、保管费用和缺货损失费用。

定量订货法的实施步骤可分成以下三步：

（1）确定订货点和订货批量。

（2）库存管理人员或销售人员每天检查库存。

(3) 当库存量下降到订货点时，发出订货单。订货量取一个经济订货批量。

假设商业企业在采购控制过程中所涉及的商品品种单一，不允许出现缺货现象，采购条件中不规定价格折扣条款，每批订货均能一次到货。在这种条件下建立的经济进货批量模式为基本模式。此时控制的存贮费用只包括订购费用和保管费用两项。这两类费用与物资的订购次数和订购数量有密切的关系。在物资总需要量一定的条件下，由于订购次数多，每次订购数量就小，订购费用就大，而保管费用就小；反之，每次订购数量就大，订购费用就小，而保管费用则大。因此，订购费用和保管费用两者是互相矛盾的。确定简单条件下的经济进货批量，就是要选择一个最适当的订购批量，使有关的订购费用和保管费用的总和为最低。

经济进货批量基本模式的计算公式为：

$$经济进货批量（或 EOQ）Q=\sqrt{\frac{2DS}{IC}}$$

式中：Q——经济进货批量

D——全年销售量

S——每次订购费用

I——保管年费用率

C——商品单价

以 $Q^*=\sqrt{\frac{2DS}{IC}}$ 代入总费用 $T=\frac{DS}{Q}+\frac{Q\cdot IC}{2}$，并求解：

$$总费用\ T=\frac{DS}{\sqrt{\frac{2DS}{IC}}}+\frac{\sqrt{\frac{2DS}{IC}}\cdot IC}{2}=\sqrt{2DSIC}$$

[例如] 某商场每年向红星玻璃杯厂订购玻璃杯1200只，每只价格为10元，平均每次订购费用为300元，年保管费率为20%。试求该商场的经济进货批量及总费用。

解：经济进货批量 Q=600（只）

总费用 T=1200（元）

当一次进货为600只时为最经济的进货批量，此时的存贮总费用1200元为最低。

商业企业在实际的采购工作中往往会碰到各式各样的问题，必须对基本模式进行调整。最常见的复杂情况有两种，即价格折扣和分批连续进货。下面就这两种情况进行分析。

商业企业在实际工作中，当进货数量达到一定额度时，往往可以享受价格折扣优惠。在这种情况下，在确定进货批量时就要在由于折扣而获得的价格优惠加上由于减少进货次数而节省的进货费用，与随着进货批量扩大而增加的保管费用之间进行平衡，从而对是否接受价格折扣而增大进货批量作出决策。

享受价格折扣时的经济进货批量计算公式：

设 Q_1 为无价格折扣时的经济进货批量，C_1 为原来的物资单价，Q_m 为供货方所确定的打折扣的定购起点量，Q_2 为打折后的经济进货批量，C_2 为打折后的物资单价，则：

$$Q_1=\sqrt{\frac{2DS}{C_1I}}\qquad Q_2=\sqrt{\frac{2DS}{C_2I}}$$

在决策时可按下列步骤进行计算：

（1）计算打折后的经济订购批量 Q_2。当 $Q_2 \geq Q_m$ 时，则 Q_2 为最优解；如果 $Q_2 < Q_m$，以 Q_m 为经济进货批量是否为最优解，还要进行第二步计算。

仍以上述例题中的数字为基础，现假定供货单位规定，当订购量达到 1000 只时，可享受 5% 的价格优惠，即由 C_1 为 10 元，降为 C_2 为 9.5 元，代入公式：

$$Q_2 = \sqrt{\frac{2 \times 1200 \times 300}{9.5 \times 0.2}} \approx 616 \text{（只）}$$

（2）分别计算经济进货批量的存贮总费用。如果新的总费用小于原来的总费用，即为最优解。假定原来的总费用为 T_1，新的总费用为 T_2，则：

$$T_1 = \frac{DS}{Q_1} + \frac{Q_1 C_1 I}{2} \qquad T_2 = \frac{DS}{Q_m} + \frac{Q_m C_1 I}{2}$$

当 $T_1 > T_2$ 时，即为最优解；如果 $T_1 < T_2$，则要进行第三步计算。

将上面的数字代入公式：

$$T_2 = \frac{1200 \times 300}{1000} + \frac{1000 \times 9.5 \times 0.2}{2} = 1310 \text{（元）}$$

已知 T_1 为 1200 元。因为 $T_1 < T_2$，所以是否为最优解，还要进行第三步计算。

（3）比较材料成本降低额和总费用超支额。如果材料成本降低额大于费用超支额，则 Q_m 为最优解；反之，还是放弃价格折扣优惠更为有利。

材料成本降低额 $= D(C_2 - C_1) = 1200 \times (10 - 9.5) = 600$（元）

总费用超支额 $= 1310 - 1200 = 110$（元）

由于 600 元 > 110 元，说明享受价格折扣优惠，把经济进货批量扩大到打折扣的订购起点量 1000 只是有利的。

商业企业在连续补充商品库存中，有时不是整批瞬时完成进货，而是分批连续进货，并且还是边补充边供应，一直到最高库存量。这时，不再继续进货而是只向市场销售，直到库存量下降到零，才开始新的一个库存周期循环。

当一次进货量为 Q，商品分批进货量为 P（只/天），销售量为 D'（只/天），而且 $P > D'$。分批补充库存量需要的时间为 t_1，库存量逐步增加。不进货的时间为 t_2，库存量逐渐减少，则：

$t_1 = Q/P$

在 t_1 时间内的最高库存量为 $(P - D')\,t_1$；在整个库存周期 $(t_1 + t_2)$ 内的平均库存量为 $\frac{(P - D')\,t_1}{2}$；用 $t_1 = Q/P$ 代入，平均保管费用为：$\frac{(P - D')}{2} \cdot \frac{Q}{P} \cdot IC$

存贮总费用为：$T = \frac{DS}{Q} + \frac{(P - D')}{2} \cdot \frac{Q}{P} \cdot IC$

运用求导可得：$Q = \sqrt{\frac{2DS}{IC\left(1 - \frac{D'}{P}\right)}}$

当为经济进货批量时，总费用的计算公式为：

$$T = \sqrt{2DSIC\left(1 - \frac{D'}{P}\right)}$$

［例如］ 某商品的年销售量为 3600 只，一次订购费用为 10 元，商品单价为 8 元，年保管费率为 10%，每天进货量 P 为 50 只，每天销售量为 10 只，则：

$$T=\sqrt{\frac{2\times3600\times10}{8\times0.1\times\left(1-\frac{10}{50}\right)}}=\sqrt{2\times3600\times10\times8\times0.1\times\left(1-\frac{10}{50}\right)}=214.66\ (\text{元})$$

三、购货业务的洽谈过程

（一）约谈阶段

约谈阶段是购货业务洽谈的前奏。约谈阶段是有需要欲望的双方相互寻找、了解的阶段，是交易双方的谈判手在有交易欲望的基础上而进行的一系列活动。概括地说，约谈阶段是寻找合作（交易）伙伴，了解合作伙伴。

根据其过程中是否有中间人的参与，其分为直接约谈和间接约谈两类。

1. 直接约谈

直接约谈是指有交易欲望的人或组织以自己的名义亲自寻找合作伙伴，这种约谈的“亲自性”往往使约谈结果有很好的“可信度”。在商务谈判实务中，直接约谈的途径一般为：与己方以往有过合作的人或组织，通过媒体了解到对方的存在，并亲自“上门拜访”；己方通过媒体发布信息，征求合作伙伴。在条件允许的情况下，进货组织者都应采取直接约谈的方法去寻求合作伙伴，因为它具备“直接”、“可信”两大优点。所谓直接，是指采购约谈者的这种做法省去了许多中间不必要的环节，凡事都是亲身参与，由此可以节省一部分人力和财力。而可信这一特点，则非常清楚明了，因为谈判者很相信自己谈判的结果。但个人的能力又受时间、地点、知识等诸多因素的制约，使直接约谈具有一定的局限性。因而，间接约谈是直接约谈的重要补充手段。

2. 间接约谈

间接约谈是指交易谈判者委托第三者寻找可能的交易对象。间接约谈的关键是委托人的选择，即中间人的选择，选择的标准有信誉和能力这两个指标。商业企业在实施间接约谈的过程中，对中间人的选择应考虑如下条件：待选中间人在数量上的多与少；中间人是毛遂自荐的主动承担者，还是被请求的被动承受者；中间人是己方寻求的，还是第三者推荐的；中间人的经济能力；中间人的信誉，包括商誉、品德等；中间人在类似的商贸活动中是否担任过这种角色，以及担任这种角色的具体表现；中间人对交易双方的了解程度；中间人是否是出于某种私人的目的。

约谈阶段是商品采购业务洽谈的一部分，它会影响（危及或有利于）未来的谈判进程。所以不能将约谈工作视为一种较轻松的事，而是应当专注精力、严密组织、准确掌握约谈工作的特征，并遵循其内在的工作准则去展开约谈的每一步。约谈的原则有：

首先做到“冷热适当”。在商业谈判中有一条规律——“被求者身价高”。在约谈的第一步就要使双方摆在平等地位，约谈中表现出的“冷热”态度会影响“求与被求”的反应。把握“冷热”的关键在于约谈的方式，电询、函询、面询均会给人以心情急迫与否的印象。约谈的用语，在信函、电文或谈话中怎么表达你的交易标的、交易条件或立场会给对方明显的感觉。如在用语中有“请速回复”，“这是我方最好的条件，只要贵方诚意合作，尚可在谈判中再磋商”，“贵方如有不明之处，我方可派人前往说明”等。这些语言都是“殷切”表现。约谈可限期答复，用刻板、公式化语言即可，也不必评论自己的条件如何。约谈的重复也是冷热的晴雨表，重复的方式、次数应适当，重复的方式多用电传或传真，若是伴随别的业务顺便提一下，以问话的方式为宜，如“某项交易是否知道（或收到资料）？若有什么意见请来电。”或者说“某时提供的资料还需多少时间可以研究完，请告之。”这可称为“了解式”重复。若是专电重复则可能是“催促式”重复，如“我方的意见已递交贵方多时，何时方能予以答复请告。”一般重复约谈不宜太多，两次足够。倘若对某对象约谈过三次，大多是难谈的交易，谈判的艰苦将不言而喻。

其次是虚实结合。在约谈中不能完全将自己的情况全盘托出，即便是标的条件（技术或商业条件）也应留有充分的谈判余地。讲虚实结合是讲约谈所提供的资料既有“可准备谈判”的价值，又有“侦察火力的情报”价值。例如采购约谈，为了了解对方的条件可能提出的规模有三种可能性，而实际只有一种或将三种可能改造成一种。这里一种可能是实，三种可能是虚。虚得有用、有理，实得也有用、有利。虚实结合依对象不同而异，约谈中能者多劳不同，统一的格式约谈效果不一定好。

最后应以直为主，曲直结合。约谈以直接与交易人打交道为主，减少层次，减少误会的机会，减少费用。无直接交易对象，可有选择、有控制地选择中间人代为约谈。有选择就是根据其资信、能力、所处地区而定。有控制就是要能在自己的掌握之下（活动的范围及未来交易的安全）进行中间约谈活动。在有直接交易对象，但不足以构成谈判选择优势（竞争优势）时，同时请中间人约谈新的对象对争取好的谈判结果也是有利的。

（二）询价阶段

询价阶段指谈判双方在正式磋商之前，采用迂回的方式，来了解对方对交易达成的一些基本看法和基本要求。如，对手对产品市场行情的了解程度、市场前景的预测、希望采用的付款方式等。从侧面了解谈判对手的谈判宗旨和意图，从而确定自己谈判策略和方法，属于试探性阶段，一般不会有什么实质性内容。依据“询价”的内涵，在商业谈判实务中，询价阶段包括讨价方式和报价方式。所谓讨价，是指一方在向另一方所做的各种辩解、说明进行评价后，向其提出的技术及条件的要求的行为；而报价是指谈判一方率先提出自己的基本条件，如时间、地点、价格、数量等。谈判双方，不论是卖方，还是买方，都可以有的放矢地发出第一讯号。谈判者在谈判中究竟是采用讨价方式还是报价方式，主要视谈判的具体需要而定，无论采用哪种方式，关键是看这种方式是否对自己有利。通常，当谈判者对标的的市场条件及对方合作诚意不十分清楚的情况下，采用讨价的方式；而谈判者对对方的需求比较了解，对交易物品的市场供求有正确的判断，则可以采用率先报价的做法。

那么，怎样的讨价才能既切合实际，又使对方就事论事，并且兼顾安全这三方面呢？以下有几点建议：

（1）默不作声。在未完全了解问题之前，千万不要讨价，尤其是对那些没有很多权力的谈判手。

（2）留点时间给自己。谈判者在讨价之前，要给自己一些思考的时间。更确切地说，这点在准备阶段就应当完成。

（3）让对方先开口。要知道，有些时候等对方开口后再讨价更有利。

（4）简明扼要。有时说了很多问题，如统计数字、变动成本、直接人工等，不如简明地说“这货的价格是每件 120 元”。

（5）留心对方的反应。假若你说了“这货的价格是每件 120 元”之后，最好不要往下说，等待对方做出反应。

(6) 大度。大度是涵养的表现。中国有句古话，叫做“小不忍则乱大谋”。在商务谈判中，与己方利益无关紧要的小事该忍则忍。

在实际商务活动中，通过相应的询价单也可达到询价的目标。常用的“询价单”格式如表3－1和表3－2所示。在询价的基础上“货比三家”，即对不同价格质量的商品进行比较，“比价单”如表3－3所示。在比价的基础上选择供应商，并制“订购单”，如表3－4所示。

表3－1　　询　价　单

＿＿＿＿＿＿鉴　　　　　　　　　　询字第＿＿＿字第＿＿＿页

请将下列各货品实在价格分别报价，于　　年　　月　　日　以前寄交本场商品科

＿＿年＿＿月＿＿日

项目	名称	规格	单位	数量	单价		总价		现货或最早交货期限	厂牌	交货地点	备考
1												
2												
3												
4												
5												

报价有效期间：　　年　　月　　日止

备注：1. 以上各货品均需全新现货，如非全新现货，应于备考栏内注明。

2. 有附样者，样品一式　　份，必须注明商号、品名、厂牌，于指定日期前一日送至本场商品科。

3. 厂牌须注明，否则无效。

4. 报价必须填用本单。

5. 报价如对本询价单规定各部分有所改变，应加盖公章以资慎重，否则无效。

6. 规格不合者，不必报价。

7. 附图　　份须附本单送回。

8. 凡经本厂公告承售或承制后三日内不来办理订购手续，即作弃权论。

9. 凡承售厂商承制器材绝非来历不明。如发生纠纷，须由该厂商照时价赔偿。

承询各项兹物报价如上报价

厂商＿＿＿＿＿＿

地址＿＿＿＿＿＿

电话＿＿＿＿＿＿

表3－2　　产品询价单

编号

＿＿＿＿＿＿＿单位＿＿＿＿＿＿＿先生：

一、本公司因业务需要拟向　　贵公司洽购下列物品，请速予报价，将作进一步联系。

物品名称　　　　数量　　　　规格及品检说明

二、来函或来电请洽本公司采购部　　　先生　电话：　　　并请惠示　　贵公司联络人员及电话

三、附件：

采购部

年　　月　　日

表 3-3

比 价 单

购字第　　号

年　　月　　日　　报价厂商

零购单号	品名	规格	数量	单位	单价	单价	单价	单价	单价	备注
商品科			财务科							
经办人	股长	科长	审核	股长	科长	副经理	经理	批注		

注：一式两份核完厂商后，第一份商品科采购股存底，第二份送财务科存底。

表 3-4

订 购 单

订购号码：

厂商名称：　　　　订购日期：　　年　　月　　日

货品编号	品名规格	图号或样品	单位	数量	单价	总价

1. 请于　　年　　月　　日前一批/分批交清，交货地点：　　　　，卖方必须严守交货日期，逾期交货每逾　　天罚订货总价　　%或由本公司将订货部分或全部取消。

2. 所供货品卖方需提供　　%备品，不良品不得交换。

3. 如因交货误期、规格不符、品质不良而造成本公司损失，卖方应负赔偿责任。货品虽经本公司验收，如因品质不良而致使本公司客户退货或索赔时，卖方应负赔偿责任。

4. 所订货品所用原料若为国外进口，则卖方需提供退税同意书，以供本公司申请外销品冲退税款，否则卖方应负赔偿责任。

5. 厂商签收后存本公司采购部一联，交货时请在送货单注明订单号码及材料编号名称，送仓库验收。

6. 请照订购数量交货，量多不可超过订购总数之 10%，否则拒收。

7. 货品检验根据本公司所定的检验标准。

商店公章		总经理		采购部长		采购员	

谈判中的报价应遵循一定的原则，通常谈判者的报价应符合客观实际及谈判策略的需要。

（1）客观实际的报价，是指报价方在准确地预测对方及己方谈判价值构成的基础上，提出能够使己方最大限度地满足利益的条件，这种条件不逾对方的价值临界点。因此，客观实际的报价不仅体现了自己利益需求的一面，同时也考虑对方在同等市场条件下的利益需求，是一种基于"双方满足"的价格条件。只有在此基础上的讨价还价，才能实现较高的目标，并且保证谈判的成功率。

（2）报价体现为一种价格策略。这种价格策略主要受谈判的标的物市场条件因素的影响，如谈判的标的物处于一种供不应求的情况，那么报价方可以报出较高的价格；反之，如果标的物供过于求，为了保证谈判的成功机会，则应以适中的报价形式面对谈判。成功的报价要有一定的策略性。

策略1——引蛇出洞诱导法：我们一般认为引诱是商业中的一种不道德的策略，买主或卖主利用出高价的手段来消除同行的竞争，取得专买或专卖的权利。可是一旦买主或卖主要求正式成交时，他便开始减价或加价了。艺术地运用这种引诱价是有效的。

例如，甲公司要买进100台计算机，但谈判人在报价时，却提出买50台、80台、150台和200台计算机的索价单。对方一旦给予了答复，那么甲商人就可以用比较准确的100台的索价与对方进行洽谈，这对于甲公司是有极大好处的。

策略2——喊价要狠：商务谈判的要价是一项有技巧性的工作，卖主喊价较高或买主出价较低的时候，如果运用恰当，都会形成对自己较有利的结果。一个良好的谈判者必须知道三个决窍：①倘若买主出价较低，则往往能以较低的价格成交；②倘若卖主喊价较高，则往往能以较高的价格成交；③喊价高得出人意料的卖主，倘若能够坚持到底，则在谈判不致破裂的情况下，往往会有好的收获。

运用这种策略时，喊价要高，让步要慢。借着这种方法，谈判者一开始便可削弱对方的信心，同时还能趁机试探对方实力并确定对方的立场。所以要记住，作为买主，出价要低；作为卖主，喊价要高。

（三）还价阶段

还价阶段指在谈判中当一方报价完毕以后，对方根据自己的要求提出希望修改报价意见的阶段。报价阶段双方各自提出的要求，仅仅为自己考虑，条件较为苛刻，作为谈判的另一方不会无条件地接受，要基于己方的利益进行"还击"，使对方做出让步，直到最终达成一致。这一阶段消耗时间、精力较多，也是谈判最艰苦的阶段。在这一阶段，双方都希望谈判朝着对自己有利的方向发展。要想使谈判有利于自己，就应做好还价的充分准备，一是要认真分析对方报价的真实目的是随意的，还是充分的；二是要分析自己的还价实力，不可盲目还价，以免对方抓住自己的弱点；三是要仔细寻找使对方满意的条件，使还价具有针对性；四是如果对方的报价同实际情况偏差太大，可以建议对方做适当修改。

一般讲，还价方式是对应于讨价及对方改善报价后的方式。如果讨价方式与新报价方式一致，则还价方式亦即该方式。如果讨价方式与新报价方式不一致，则还价方式应取新报价的方式。方式的一致性便于谈判双方评价各自的条件、判定交易的形势。所以，还价方式不一定求新，但还价的方向要认真考虑。尤其是对于"具体还价方式"中，选择还价的块（类）及还价的次序对还价效果影响很大。从经验看，在选择"具体还价方式"后，从哪部分先还价完全取决于讨价的结果。从策略的角度讲可以分批外抛，而这时可选择“差距最小”的部分先还价，容易为双方接受，有成功的希望，可鼓起双方谈判的斗志。若系另一种情况，对方有的部分改善价明显，有的却不然，且态度十分顽固，非逼你还价，而出现僵持不前的局面又不利于双方，选择还价点在“金额小的部分”。即准备在小金额的项目上作出一点让步，让对方接受，然后反过来再压大金额的部分。

还价其实就是对对方进攻的一种“反攻”，那么还价前，还要讲究还价策略：

要领 1：在正常情况下，当一方报价后，另一方不要立即予以回复，而要根据对方的报价内容，检查、调整和修改自己原来确定的还价总设想，筹划新的意图。概括谈判的经验，谈判还价时要能做到胸有成竹、言而不乱。

要领 2：计算要准确。即本方根据对方报价的内容和自己所掌握的商品比价资料，推算对方的虚价何在及大小，并及时揣摩对方的真实意图。如有可能，则把对方报价中虚价最大，我方反驳论据最充分的内容择定为说服对方的主要攻击点。或者以对方报价的内容计算的结果为基础，进而采取我方的对策，以促进谈判协议的早日达成。

在讨价还价阶段，买卖双方都会遇到须作让步的时候。在什么时候让步？每一次让步多少？这些问题是一个谈判者必须通晓的。以下是几条如何让步更为有利的策略和方法：

（1）如果可能的话，在讨价还价时，让对方先开口说话，让他表明所有的要求，而隐藏住自己的观点或要求。

（2）让对方在重要问题上先让步。一般认为，在重要问题上先让步的人往往是不利的。

（3）如果愿意或可能的话，在较小的问题上，自己也要让步。小问题上作让步，往往会处于有利地位。

（4）让对方通过努力争取后得到应该得到的每样利益，但自己在作这种让步时不要太快，晚点让步要好些。因为人们对轻而易举便能获得的东西都不太珍惜，让他等得愈久，花费些口舌才得到，对方就会比较珍惜它了。

（5）买卖双方无论哪一方一次就作大笔金额的让步，定会引起对方对自己所提价格的坚持，所以让步时必须步步为营，一次就作较大让步的人，通常是失策的。

（6）同等级的让步是不必要的。有人在讨价还价中常会说“让我们平均分担价格上的差异吧!”这句话的意思显而易见地把差价平均分给买卖双方，这时你必须迅速考虑和试着说：“不!”。首先平均分担的人，并不一定是真正公平的人，表面看很公平，其实不然。笔者认识一个擅长使用这个策略的朋友，在谈判刚开始时，他总先提出很低的价钱（作为买主），稍后再把价钱略微提高一些，然后就见机行事说：“好吧！让我们双方各让一步，价钱上的差异就由我们平均分担吧!”这位朋友知道，在这个时候，卖主对这个似乎“合理”的要求很难拒绝，而被这一策略唬住的卖主，事成之后常常会发觉自己让步太多了，原因就在于买主递价过低，第一次让步很小，然后各让一步，这个各让一半最后形成的价格仍会低于往常应有的售价。针对这种情况，卖方可以大胆地提出：“这时的各让一半是不合理的，这样吧，你让 60%，我可让你 40%”，对方定要各让 50% 时，你可说“我无法负担 50% 的让步”等来婉言拒绝。

（7）不要作无谓的让步。每次让步都要从对方那儿获得某些益处，让步不能掉以轻心，因为每次让步都包含着你的利益。

（8）记住“这件事我会考虑一下的”、“这个问题，我负责向上级汇报一下”等也是一种让步，可称之为心理安慰式的让步，对方心理上得到稍微的安慰，会有一种平等感。

（9）假如作了让步后再后悔的话，你不要不好意思反悔，不要为了顾全面子，强作“大丈夫气概”而眼看着损失利润。

（四）接受阶段

接受阶段主要是指双方经过你来我往的激烈争论以后，使双方在谈判目标上的分歧逐渐趋于一致，并最终达成共识的阶段。经过还价阶段的艰苦努力，在双方利益都最大程度得到满足的情况下，双方就主要谈判事项达成一致，彼此接纳对方条件，同意签约。在这一阶段谈判者应保持应有的谨慎，认真检查有关讨价还价具体条款，看其中是否有对自己不利的因素或者是在谈判中有无遗漏的内容，因为双方一旦签字，形成书面文字，再想修改是十分困难的，无论对方是有意还是无意的，即使对自己不利，也要按照合同的有关内容和规定来履行自己的义务。

（五）签约阶段

签约阶段主要是指谈判双方在接受彼此条件和要求以后，为了明确双方权利和义务，将具体内容合同化、书面化的过程，从而寻求法律来保护合同的实施。在这一过程中，双方要针对每一细节进行认真考虑，尤其是对合同文字的使用和语言的表述上要聘请有经验人员参与合同制定，因为合同语言要求严谨、缜密，往往一字之差，谬以千里，对于合同中的关键字眼要进行反复推敲和斟酌，避免造成日后不必要的纠纷。

四、购货合同的签订

（一）购货合同制作的流程

购货合同实质上系指“订购单”、“购货确认书”、“订购合同”而言。所谓合同的制作，系指将双方交易协商结果逐项填入标准格式的合同书，若有特殊情形，原有合同格式不够用时，再另加特别条款，由双方签署生效。一般而言，合同制作的方法有二：

1. 采用事先已印制好的标准合同格式。此方法适用于一般性商业企业采购。

2. 重拟合约条款。此方法系原有合约格式无法适用时，才另拟合约草稿，经双方同意签署才生效。它适用于特殊采购。

在采购实务上，买卖主要条件经双方协议一致，合同即告成立。将此双方谈妥的买卖条件列入合同书中，即变成购货合同基本条款。换言之，若买卖条件未谈妥，则合同书也无法成立。所以在程序上买卖条件须确定在先，然后才可签约，使其成为合同条款。在实质上，买卖条件与合同条款两者的内容是一致的，但有时双方商谈只谈主要条件，至于有关细节则言明于书面合同再补充，但仍不得违反双方协定原则。

（二）购货合同的主要条款

购货合同并无一定标准格式，通常视采购物本身的性质与类别而定，一般可分两大条款：

1. 购货合同的正面——基本条款

一般而言，大中型商业企业大都以印制格式合约书使用。如遇采购特殊商品，所商定买卖条款较复杂时，则另行草拟合约，以资使用。常见合约书正面内容有：

（1）前文。包括下列数项：

签订合同年月日；

合同号码；

合同当事人的名称、住址；

签订合同的内容及有关说明。

（2）基本条款。即合同内最主要项目，包括下列数项；

货品名称（commodity）；

质量（quality）；

数量（quantity）；

单价及总价（unit price & amount）；

交货期间（shippment）；

到达地（destination）；

包装（packing）；

保险（insurance）；

付款（payment）；

检验（inspection）。

2. 购货合同的背面—— 一般条款

所谓一般条款，即指买卖合约中主要条件及项目的补充说明。一般条款大都印于正式合约书的背面，若内容太复杂，也有另行印制附页。兹将一般条款内容说明如下：

（1）制定目的。一般条款虽是合同主要条件的补充说明，也含有保护制作合同一方的权益作用。

（2）条款效力。即表示合同正面基本条款有约定者，应优先适用。在实务上，往往进货方所制作的合同一般条款，部分条文未为卖方所接受，另由卖方提出修正意见经进货方同意接受者列为合约特别条款。此“特别条款”适用效力优于一般条款。

（3）格式。一般条款格式无一定标准，视买卖双方需要而定。

（4）一般条款无固定项目。大体言之，乃是对基本条款或基本条款以外的特殊条款加以阐释其定义作适当的补充说明。其目的无非为保护进货方的权益而作。

（5）其他项目。如合同有效期、合同转让与不可转让、违约与解约、索赔等等需酌斟情形列入。

（三）购货合同的范例

不同的商业企业、不同的进货业务，可以采用不同的购销单据。下面是商业企业常用的几种购货合同。

买 卖 合 同

当事人：

甲方：

乙方：

兹为甲方向乙方购下列货品，双方议定各项条件如下：

货品名称及规格说明	
单　　价	
总　　价	
交货期限	
交货地点	
运　　货	
定　　金	
付款办法	
验　　收	
延期扣款	
解约办法	
保证责任	
其　　他	

甲　　方：　　　　　　　　　　乙　　方：

负 责 人：　　　　　　　　　　负 责 人：

地　　址：　　　　　　　　　　地　　址：

提供担保：

支票字号：

年　　月　　日

买卖合约书

立约人：甲方

乙方

兹为甲方向乙方购下列货品双方议定各项条件如下：

货品名称	规　格	单　价	数　量	总　价

一、交货时间、地点、方式

1. 交货期限：　　　　　　　　以前。

2. 交货地点：

3. 方式：

4. 运费：

二、验收

1. 验收地点：

2. 乙方保证所交货品为完好新品。

3. 若所交货品一部分或全部不符合完好新品的约定，乙方应负责更换或赔偿，退换所发生的费用归乙方负担。

三、保证责任：

四、罚则：

五、其他：

甲方：

负责人：

乙方：

负责人：

地址：

年　　月　　日

（四）签订购货合同的基本要求及注意事项

1. 签订购货合同的基本要求

商业企业在签订购货合同时，必须遵循以下几方面的要求：合同的当事人必须具有相应的资格；合同必须合法；签订合同必须坚持平等互利、充分协商的原则；签订合同必须坚持等价有偿的原则；当事人应以自己的名义签订合同，委托别人代签的，必须要有委托证明；购货合同应当采用书面形式。

2. 签订购货合同应注意的事项

购货合同是进货方与供货单位双方所订立的书面依据，它具有法律上的效力。近年来，按现代企业经营的大型商业企业对于合同文件的设计与签订均设有专门机构和配备专门人员，以达到分工的目的。商业企业应十分重视合同的设计与制作，因为合同一经签定即具有法律效应，大家必须共同信守。但是在我国由于大部分人不肯在采购技术与合同设计上费心钻研，仅重视合同的形式而不重视合同实质内容。如，主要条款订得简陋，次要条款则周密异常，一切讲求形式手续，浪费时间，到了执行时却马虎行事。因此我国的合同费时多、收效小。采购是一项既繁琐又复杂的工作，因为其所涉及的范围甚广，因此在签订买卖条款时必须能以最明智、最适当、最迅速的判断来处理，对于各项采购条件必须事前有周全缜密的考虑，如稍有疏忽，极易造成日后不必要的纠纷。兹将签订购货合同应注意事项分述如下：

（1）货品名称。品名的书写宜采用国内或全球通用名称。因同一货品的品种及项目很多，因此称呼也不同。为避免混淆或发生错误，最好采用通俗化一般名称。品名的书写务必工整，避免笔误，有时一字之差会导致严重危害。

（2）质量及规格。注意货品规格、质量是否适当。因工业水准不同，其质量亦有差异。

（3）数量。货品的数量系采用毛重或净重？假如货品数量不足，是否订有适当的解决方法？

（4）价格。在价格方面应该注意有关价格条件、币值变动及价格变化的处理方法。国外采购物品，须留意汇率波动。

（5）包装。包装方法很多，有散装、木箱、桶装、纸箱装、袋装、瓶装等等。注意包装时究竟采用哪一种方法包装。特殊性能商品系采用哪一种方式包装，都应详加注明。

（6）供应地区。必须注意进口货品与海关输入的规定，如有些产品系管制进口。有些货品，如机械设备订约商与他国制造厂技术合作，是否可以接受。

（7）交货。须注意交货期限与开发信用证日期是否匹配。

（8）运输。运输方法采用海运、空运或陆运？是否采用一次装运或分批装运？如分批装运，其批次、数量及日期是否列明？如此种种均须记载清楚。

（9）付款方法。付款方法有现金支付、支票支付或一次付清、分期付款。国外的信用证开发日期是否与装船期相匹配？

（10）保险。所列条件是否适当？保险金额是否合理？并应注意保险时效与投保手续。

（11）重量与检验。货品质量与数量在合约上须详细记载。该货品究竟由厂商检验或独立公证以及检验期限，均须注意。

（12）运费、保险费及汇率变动。有关运费、保险费究竟由买方或卖方支付，应在契约上详细注明。汇率变动风险亦应注明清楚，以杜绝争端。

订货契约

购货合同　　　　　　　　案号__字____号

签定日期______年____月____日　合同号__字____号

____________（买方）向________（卖方）订购下列货品，经双方议定买卖条件如下：

项　　目	材料名称		厂牌规范说明	单位	数量	单价	总价
	中文	英文					
货价总计							
交货日期							
交货地点							
付款办法							
包装方法							
附　件	一、图面　　　张　　　　二、规范说明书						
验　收	1. 卖方所售货品必须限期交齐，由买方按照上列规范验收。 2. 不合规范或有损坏的货品，由卖方取回并限期调换交齐。 3. 因退换货品所发生的费用及损失概由卖方负担，延期罚款。						
延期罚款	1. 除经买方查明认为非人力所能抗拒的灾祸，并确有具体说明外，卖方应按本合约所定的日期交货，否则每逾期 1 日罚未交部分货价千分之（　）。 2. 因退换货品而致逾原定交货日期，概作延期论。						
解约办理	1. 如卖方未能履行合约逾期（　）日，买方可自行解除本合约，并通知卖方。 2. 卖方应退还所领定金并按当天银行一般商业放款利率偿付息金。 3. 卖方未能履行合约应处以违约罚款，该项罚款应按未交货品部分货价百分之（　）计算。 4. 解约前的逾期罚款，卖方仍照数缴付买方。						
保证责任	卖方应觅殷实铺连带保证（或提供实物担保），买方履行本合约各项条件，否则由保证人负责赔偿买方一切损失并放弃先诉抗辩权（或处分实物）。						
其　　他	遇有争执，卖方同意以买方所指定的法院为第一审管辖法院。						
买方签字盖章	卖方签字盖章 厂商名称________ 负责人__________ 地址__________ 电话__________			卖方保证人 保证人厂商名称________ 负责人__________ 地址__________ 电话__________		对保章 保证之章____ 对保人______	

思考与练习

一、思考题

1. 什么叫商品采购？

2. 做好商品采购工作有哪些基本要求？

3. 商品采购有哪几种方式？

4. 如何做到择“优”采购？

5. 简述报价的策略。

6. 简述还价的技巧。

7. 简述购货合同的主要条款。

8. 简述购货合同的基本要求和注意点。

二、实训题

1. 就某种学习用品向供应商练习询价技巧。

2. 到某商场练习商品采购时讨价还价的技巧。

3. 2001 年 12 月 3 日，甲公司经理王某与乙公司经理李某，在杭州大酒店签定买卖合同一份，由乙方供给甲方 A 商品 1000 件，单价每件 100 元，共计货款 10 万元，交货时间为 12 月 30 日，交货地点为杭州大酒店，商品质量按国家标准执行，双方约定违约金为总金额的 5%。

根据上述内容，模拟签订一份买卖合同。

第四章 商品销售

学习目标

通过本章学习，使学生了解商品销售的基本概念、作用和销售人员应具备的基本条件以及承担的基本职责；熟知不同商品适用的销售渠道类型；掌握销售计划的内容和编制步骤、商品销售方式及销售服务的方法。

第一节 商品销售与商品销售计划

一、商品销售的概念、意义和任务

（一）商品销售的概念

商品销售是指商业企业将商品出售给其他商业企业和消费组织及消费者个人的具体过程。批发和零售是商品销售的两种基本形式。

零售，是指对最终消费者的销售活动，它的销售对象是最终消费者。从事零售销售活动的商业企业称为零售商。其业态主要有百货店、专业店、超级市场、连锁商店、便利店等。

批发，相对于零售而言，是指满足商品再流转需要的销售活动，它的销售对象是零售商或其他批发商。从事批发销售的商业企业称为批发商。

衡量零售与批发的根本标准不在于销售额的大小，而在于销售的对象是谁。一般而言，批发与零售销售业务有一些显著的区别：批发销售量大，零售销售量小；批发销售频率低，零售销售频率高；批发销售商圈大，零售销售商圈小；批发销售所需资金多，零售销售所需劳动力多，故批发商业属资金密集型行业，零售商业属劳动密集型行业；批发销售集中，零售销售分散；批发销售业态单一，零售销售业态多种多样。

商业企业销售的产品有三大类，即工业品、日用工业品和农产品。

在这里，工业品特指作为生产资料的产品，尤其是指重工业产品。它的销售具有以下特征：一是销售具有相对稳定性。由于工业品技术性、配套性、专用性强，因此在销售方向、规模和结构上相对稳定，产销关系较为固定。二是销售具有批量性。这主要指用于工业生产的工业品。由于工业生产资料的主要需求者是具有一定规模的企业，需要进行相对稳定的批量生产。为了保证生产的正常进行，它们在购买生产资料工业品时往往是批量大、频率小，相对集中，具有批量性的特点。三是销售具有较强的技术性。由于作为生产资料的工业品都有特定的用途，结构复杂，性能不一，都有不同的技术要求，对于产品的品种、规格、质量都有严格的规定。这要求销售企业和销售人员有较强的专业知识并能为客户提供强有力的技术支持。四是销售过程中，无形损耗所造成的损失比较大。这主要由于产品专业性强、产品质量差、产品更新快等复杂原因引起。

日用工业品是指直接用于生活消费的产品。它的销售具有以下特征：一是销售具有多向性。日用工业品生产集中，而消费分散，这就决定了日用工业品的销售从集中到分散，从城市到广大城乡角落，呈多扇面向外幅射。二是销售具有相关性。这是由消费者需求的相关性决定的。不少商品的消费是互相配套的，必须形成合理结构，才能充分发挥商品的使用价值，满足多层次的消费需求。三是销售具有不稳定性。主要是由于许多产品在消费上具有季节性和可替代性所造成的。

农产品是农业生产单位提供的产品。它的销售具有以下特征：一是销售具有季节性。这是由生产的季节性所决定的。二是销售具有层次性。农产品品种繁多，性能多样，对国计民生的影响程度不同，这就形成了长短不一、宽窄不同、销售形式多样的多层次的销售体系。三是销售具有分散性。这也是由于农产品消费的分散性所引起的。四是销售具有不平衡性。由于农产品的生产受自然影响比较大，生产上不稳定、丰歉不一，造成了生产的不稳定性，生产的不稳定引起销售的不稳定。

（二）商品销售的意义

在商品经济条件下，商品销售是商品流通的重要环节，也是商业企业经营的中心内容。无论是支持生产、满足消费，还是一个环节为另一个环节服务，关键是把商品卖出去。商业企业经营的全过程，最终都是为了满足消费者的需求，取得最佳的经济效益。作为一次经营的最后一个环节，商品销售是达到这一目的的直接一环。商品销售体现着商业企业经营的规模和目标，其他环节都是围绕着销售来进行的。具体来讲，商品销售的意义主要有两方面：

1. 商品销售是搞活商业企业经营的关键

商业是通过商品买卖来进行社会商品交换的行业。商品流通过程的完成、商业企业职能的发挥，必须有采购、运输、储存、核算、定价、管理、批发、销售等许多环节有机地协调工作才能完成，其中买和卖是两个基本环节。购进商品是面对生产，生产领域完成了产品转化为货币的过程，再生产又得以继续进行；从流通领域来讲，实现了货币转化为商品，等到商品再转化成货币，一次流通才告结束，商品流通才能继续下去。销售商品面对消费者需要，而消费者的需要是不断变化的，如果商品不适合人们的消费需要，势必淤积在流通环节，不能最终进入消费领域。所以，只有把买进来的商品卖出去，商品又转化为货币，商品的价值和使用价值才能最终实现，社会再生产才能真正顺利进行，商业企业经营目的也才能达到。买是为了卖，卖不出去就不会有人再买。从这个简单的意义上看，做好商品销售业务，满足社会的消费需求，做到货畅其流，一活百活，社会需求满足了，流通畅通了，再生产顺利了，企业经营也就活了。因此，要想把商业企业经营搞活，一定要根据市场需求变化，做好商品销售工作，无论是批发企业还是零售企业，都要在“销”字上下功夫。在当前供求平衡或供相对大于求的市场疲软的环境中，搞好销售工作更显重要。

2. 商品销售是促进企业改善经营管理，提高经济效益的重要手段

在商品经济的条件下，消费者消费的需要一般是通过市场需求和商品销售情况反映出来的。某些商品畅销，表明消费者很需要、很欢迎这些商品；某些商品滞销，表明消费者消费的需求已发生变化或者根本不需要这些商品。商业企业通过商品的销售活动，可以了解到社会对商品的各种需求，从而明确企业经营的适应程度和改进方向，促进企业不断改善经营管理，增强企业的市场竞争能力。

影响企业经济效益的因素很多，在正常经营活动中，只有销售的扩大，才能促进采购的扩大，促进企业经营规模的扩大，从而取得更多的盈利。在条件不变的情况下，销售快，资金周转就快，费用水平就低，经济效益就好。

总之，商品销售是实现商品价值和使用价值统一，达到生产目的的必要条件。商品销售体现着商业企业经营的目标和规模，也具体体现商业企业经营水平的高低。做好商品销售工作是提高企业经济效益的重要手段。

（三）商品销售的任务

商品销售工作的基本任务，就是深入、广泛地开展市场调查和预测，确定商品销售策略，积极开展广告宣传，主动做好商品销售服务，努力提高企业经营的竞争能力，使企业更好地满足消费者的需求。具体说来有以下几方面：

一是开展市场调查和预测。了解市场情况，掌握市场需求变化趋势。

二是确定商品销售决策。根据企业所处的市场环境和商品销售规律，选定经营商品的品种构成，选择销售渠道和销售方式等。

三是积极开展广告宣传。确定广告宣传的目标和内容，选择广告打入市场的时机和方法。

四是主动做好商品销售服务。包括销售前、销售中和销售后的服务。

五是进行销售经济效益的分析和评价。

二、销售人员的条件及职责

（一）销售人员的条件

拥有一支优秀的销售员队伍，是关系到企业经营成败的关键。作为优秀的销售员，要具备以下条件：

1. 道德品质方面

销售人员应具有良好的职业道德，诚实守信，为人忠诚，吃苦耐劳，任劳任怨，刻苦钻研，开拓创新。有强烈的自信心，有严格的纪律性、原则性和高度的责任心。要有廉洁奉公、不谋私利的高尚品格。

2. 知识素养方面

销售人员要有丰富的知识，要求掌握经营学、管理学、市场学、商品学、心理学、会计学、经济法等多方面的知识。

3. 业务技能方面

业务技能方面的衡量标准是：懂业务，善经营，会管理。包括有较强的决策能力、市场开发能力、销售管理能力、贸易洽谈能力和应变能力等。

4. 身体条件方面

要求身体健康、精力充沛、年富力强。

（二）销售人员的职责

为了明确企业销售人员的工作目标和责任，加强对销售人员的监督和管理，约束销售人员的行为，必须制定销售人员的岗位职责。销售人员的基本职责概括起来主要有以下几项：

一是市场开发。包括市场的考察、发掘及选择顾客，原有市场的进一步挖潜，市场占有率、销售增长率的扩大。

二是商品的日常销售。包括稳定销售渠道，保证商品的正常销售，在一定范围内制定价格，开展促销活动。

三是访问。包括拜访新客户、接受订单的访问、售后服务的访问、平时的拜访问候。

四是制定销售计划。

五是信息的传递与反馈。包括及时搜集市场信息、向企业有关部门提交销售情况分析、向企业采购部门提交订单、调查销售对象的信誉、向客户传递本企业的信息。

六是账款回收。销售人员必须保证企业货款及时回收，维护企业货款的安全。

七是招募培养新销售人员。

确定销售岗位职责最好的办法是，列出销售岗位的职务说明书。所谓销售岗位职务说明书，就是在了解销售岗位要达成的目标之后，更具体地把各项活动简单而明确地列出来。

在制定销售人员工作职责时，必须注意以下几方面：岗位职责必须明确，不能含糊，要有明确的量化标准；岗位职责要有激励性，但应与销售人员的能力相适应，既要有先进性，又要有可行性；工作量与工作时间要配合好；要有明确的奖惩条款，以鼓励先进，鞭策落后。

三、销售计划的编制

（一）销售计划的概念和作用

1. 销售计划的概念

销售计划是以预测和决策为核心对未来销售活动所作的谋划和部署。它是未来销售活动的行动指南。从根本上讲，销售计划的任务是充分利用市场机会和企业内部条件，可靠地实现销售目标。

2. 销售计划的作用

（1）避免了销售过程的盲目性。由于企业未来的销售活动是严格按照事先制定的计划组织实施的，而计划的制定是建立在科学的预测和决策基础上的，因而最大可能地避免了销售活动的盲目性。

（2）有利于降低销售成本，提高效益。销售计划规定了计划期所需的资源，企业可以预先测算成本和费用开支，有利于节约人、财、物力，降低销售成本，取得较好的经济效益。

（3）有利于明确销售人员的目标和责任。销售计划规定了计划期销售工作的具体目标，从而使销售部门和销售人员明确了目标和应承担的责任，在销售工作中有明确的方向。

（4）有利于协调和衔接企业各部门的关系。销售目标的实现，有赖于企业各部门的通力协作，其中包括采购、财务、运输、储存、人事等各部门的合作。现代企业内部分工细密、协作关系复杂，要使企业生产经营活动顺利进行，必须保持经营活动各环节、各部门在空间上和时间上的紧密衔接。目前，要使企业经营活动过程中企业内部各环节、各部门在空间上和时间上紧密衔接，唯一的办法是实行计划管理。编制计划是计划管理工作的重点。计划管理的结果很大程度上是通过计划书体现出来的。

（二）销售计划的内容

销售计划是以预测和决策为核心对未来销售活动所作的谋划和部署。具体地说，就是根据销售计划进行预测和决策，设定销售目标额，进而为具体地实现目标而实施销售任务的分配作业，随后编制销售预算，来支持一定时期内的目标达成。销售计划主要包括四方面的内容，即确认销售收入的目标额、分配销售目标、销售费用预算和编制实施计划。

1. 确认销售收入的目标额

销售收入的目标额是销售计划的核心。合理的销售目标能使企业内部资源得到有效的利用，也能使企业的销售活动充分适应外部环境，同时还能激励销售人员努力工作。

通常，销售收入目标由企业销售部门提出，主管领导确认。从企业销售部门的角度讲，要想使最后订立的目标明确可行，就必须做到心中有数，确切了解自己辖区的市场潜力。要决定一个合理的销售收入目标，关键在于充分了解市场，准确地预测市场。销售收入目标确认要按一定程序来进行。销售收入目标确认程序如图 4－1 所示。

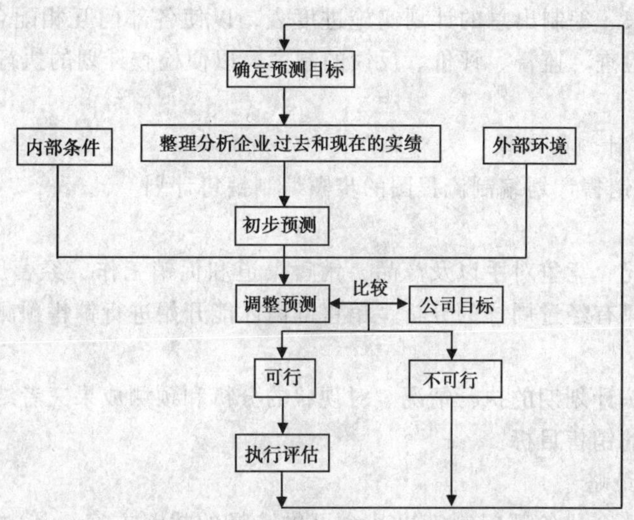

图 4－1 销售收入目标确认图

销售收入目标的确立方法，重点在于应用定性和定量的方法对未来的市场状况及发展变化的趋势作出准确的预测，具体的预测方法与《市场调查与预测》课程讲授的方法相同，在此不再阐述。

2. 分配销售目标

分配销售目标工作表现在给销售部门和销售人员制定销售定额。

销售量定额是销售部门和销售人员在未来一定时期内应完成的销售量。销售量定额的制定原则是公平、可行、易理解、完整、灵活和可控。

制定销售量定额时，主要考虑以下因素：区域内总的市场状况、竞争者地位、企业现有市场占有率、市场涵盖的质量、该地区过去的业绩。企业对以上因素进行分析后，再设定区域个人销售目标定额。

另外，在制定销售定额时一定要考虑区域的销售潜力。销售潜力可以反映企业销售额的成长机会，但销售潜力的预测费用较高、时间长，具有主观性。

确定企业不同销售地区目标销售额的方法，主要有目标市场占有率法、销售构成比法和市场指数法。

3. 销售费用预算

销售费用是在商品销售过程中发生的费用，它是销售活动正常进行过程中必不可少的支出。加强对销售费用的计划管理，对于减少费用支出、提高费用使用效果、降低销售成本、提高企业经济效益有着重大的意义。因此，销售费用预算，也是销售计划必不可少的一项内容。

销售费用预算制定的原则是保证、节俭、有效。保证是指保证销售过程中正常的费用资金需要。节俭、有效是指在销售过程中尽量减少不必要的支出，提高费用的使用效果。

销售费用预算计划的编制方法是在表4－1中逐项测算各项费用支出。

4. 编制实施计划

为了保证销售计划的正常实施，销售计划中还包括销售计划实施的内容。保证销售计划的实施，重点在于管理控制和协调，其主要内容有两项：一是把企业各部门的计划内容、进度、负责人综合起来，编制出总的计划实施进度表，以使各部门互相配合，发挥整体效益；二是编制一套计划检查、监督、评价、反馈的制度，以便检查计划的执行进度，发现问题及时解决。

（三）编制销售计划的步骤

企业按图4－2销售计划编制流程图的步骤编制销售计划。

1. 分析现状

对当前市场状况、竞争对手以及产品、销售渠道和促销工作、经营历史、内部条件等，进行详细的分析。只有经过周详的分析，销售部门才能开始进行销售预测。

2. 确立目标

销售部门把前一计划期的执行情况、对现状的分析和预测成果三者结合起来，提出下一计划期的切实可行的销售目标。

3. 制定战略和策略

确立目标以后，企业各部门制定出几个可供选择的战略方案，从中进行评价选择。例如，销售计划部门要确定计划期的产品类别和各种产品的比例。如果属于款式多变的产品（如服装），要预先选定款式、原料和式样创新的方案。要根据公司的财务目标和市场情况，提出订价策略。广告部门要提出广告宣传计划，如使用何种广告媒体、使用多长时间以及规划广告规模、广告标本等。销售部门要提出使用销售渠道的规划，什么情况下利用批发商或零售商，选取什么样的运输、仓储方式；同时，要规划每一产品在每一地区的销售配额，用多少推销人员，并规划招聘、选拔、培训和奖励推销人员的方法和费用预算等。

4. 评价和选定战略与策略

评价各部门提出的战略与策略方案，权衡利弊，从中选择最佳方案。例如，产品计划部门提出为了达到预期目标，有两个方案，既可以改革原有产品，也可以试制新产品。如果经过评价，认为改革产品既节省成本，又能有效地满足市场需要，那么改革产品就是最佳方案。

表 4－1 销售费用计划表

（单位：万元;%）

<table>
<tr><td colspan="3" rowspan="2">科 目</td><td colspan="2">1 月</td><td colspan="2">2 月</td><td colspan="2">3 月</td><td colspan="2">……</td></tr>
<tr><td>金额</td><td>构成比</td><td>金额</td><td>构成比</td><td>金额</td><td>构成比</td><td>金额</td><td>构成比</td></tr>
<tr><td rowspan="9">销售变动费用</td><td colspan="2">运 费</td><td></td><td></td><td></td><td></td><td></td><td></td><td></td><td></td></tr>
<tr><td colspan="2">包装费</td><td></td><td></td><td></td><td></td><td></td><td></td><td></td><td></td></tr>
<tr><td colspan="2">手续费</td><td></td><td></td><td></td><td></td><td></td><td></td><td></td><td></td></tr>
<tr><td colspan="2">燃料费</td><td></td><td></td><td></td><td></td><td></td><td></td><td></td><td></td></tr>
<tr><td colspan="2">促销费</td><td></td><td></td><td></td><td></td><td></td><td></td><td></td><td></td></tr>
<tr><td colspan="2">广告费</td><td></td><td></td><td></td><td></td><td></td><td></td><td></td><td></td></tr>
<tr><td colspan="2">办公费</td><td></td><td></td><td></td><td></td><td></td><td></td><td></td><td></td></tr>
<tr><td colspan="2">其 他</td><td></td><td></td><td></td><td></td><td></td><td></td><td></td><td></td></tr>
<tr><td colspan="2">小 计</td><td></td><td></td><td></td><td></td><td></td><td></td><td></td><td></td></tr>
<tr><td rowspan="14">销售固定费用</td><td rowspan="7">销售人员费用</td><td>薪 金</td><td></td><td></td><td></td><td></td><td></td><td></td><td></td><td></td></tr>
<tr><td>奖 金</td><td></td><td></td><td></td><td></td><td></td><td></td><td></td><td></td></tr>
<tr><td>福利费</td><td></td><td></td><td></td><td></td><td></td><td></td><td></td><td></td></tr>
<tr><td>保健费</td><td></td><td></td><td></td><td></td><td></td><td></td><td></td><td></td></tr>
<tr><td>津 贴</td><td></td><td></td><td></td><td></td><td></td><td></td><td></td><td></td></tr>
<tr><td>其 他</td><td></td><td></td><td></td><td></td><td></td><td></td><td></td><td></td></tr>
<tr><td>小 计</td><td></td><td></td><td></td><td></td><td></td><td></td><td></td><td></td></tr>
<tr><td rowspan="7">销售固定费用</td><td>差旅费</td><td></td><td></td><td></td><td></td><td></td><td></td><td></td><td></td></tr>
<tr><td>交际费</td><td></td><td></td><td></td><td></td><td></td><td></td><td></td><td></td></tr>
<tr><td>通讯费</td><td></td><td></td><td></td><td></td><td></td><td></td><td></td><td></td></tr>
<tr><td>折旧费</td><td></td><td></td><td></td><td></td><td></td><td></td><td></td><td></td></tr>
<tr><td>修缮费</td><td></td><td></td><td></td><td></td><td></td><td></td><td></td><td></td></tr>
<tr><td>保险费</td><td></td><td></td><td></td><td></td><td></td><td></td><td></td><td></td></tr>
<tr><td>小 计</td><td></td><td></td><td></td><td></td><td></td><td></td><td></td><td></td></tr>
<tr><td colspan="3">总 计</td><td></td><td></td><td></td><td></td><td></td><td></td><td></td><td></td></tr>
</table>

5. 综合编制销售计划

由负责销售的副总经理负责，把各部门制定的计划汇集在一起，经过统一协调，编制每一产品包括目标利润销售量、订价、广告、渠道、售后服务等策略的计划。

6. 执行计划

计划一经确定，销售部门就按照既定的计划执行，以求达到销售目标。

7. 检查效率、进行控制

执行计划过程中，要有一定的评价和反馈制度，了解和检查计划的执行情况，评价计划的效率，分析计划在正常执行过程中的问题。

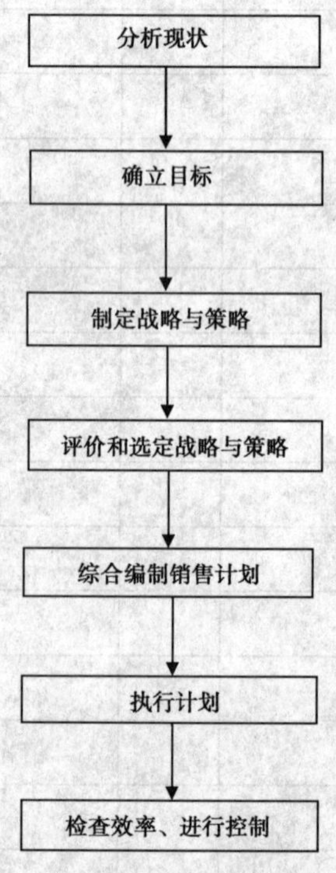

图 4－2　销售计划编制流程图

第二节　商品销售渠道与销售方式

一、商品销售渠道

（一）商品销售渠道的涵义和作用

1. 商品销售渠道的涵义

在通常情况下，企业都需要利用合理的销售渠道销售商品，使商品及时、安全、经济地经过必要的环节和路线，实现产品从生产领域向消费领域的转移。所谓商品销售渠道，又称商品的分销渠道，是指商品从生产领域向消费领域转移时所经过的路线。准确理解销售渠道的涵义，须掌握以下五方面：

（1）销售渠道的组成。商品的销售渠道由生产企业、中间商（包括各类代理商、批发商、零售商）和消费者组成。

（2）销售渠道的起点和终点。商品销售渠道的起点是生产者，终点是消费者。

（3）销售渠道的积极参与者。销售渠道的积极参与者是商品流通过程中的各类中间商，包括各种类型的代理商、批发商和零售商。他们是销售渠道中最为积极和活跃的因素。

（4）销售渠道中商品由生产者向消费者转移，一般以商品所有权转移为前提。作为一条销售渠道，组织的是从生产者到消费者之间“一通到底”的完整的商品流通过程，而不是商品流通过程中的某一阶段。因此，尽管在流通渠道中某一阶段商品实体转移不以所有权转移为前提（如代理、代销），但从整条销售渠道看，只有通过商品货币关系而导致的商品所有权变换的买卖过程，才能构成销售渠道。一条销售渠道最少要转移商品所有权一次。

（5）销售渠道是指某种特定商品从生产领域到消费领域转移所经历的路线。这种特定商品经过生产加工变成新商品，再进入流通过程，所经历的就是另一条销售渠道。

2. 商品销售渠道的作用

（1）销售渠道是实现商品分销的重要途径。一个企业自产自销的能力总是有限的，而借助或利用中间商家的销售网络，企业的商品才能有效、快速地进入消费领域。

（2）销售渠道是企业占领市场的重要手段。任何一个中间商无不以其销售网络作为其市场范围。因此，拥有中间商家也就等于在实质上拥有了它的市场。通过销售渠道来占领市场，无论如何都比依靠自身力量争取消费者来得更为迅速、广泛。

（3）销售渠道是企业获得信息的重要手段。中间商与消费者发生直接关系，在时间和空间上的接近，使他们比生产企业能更准确地把握消费者的需求、欲望、兴趣、爱好、态度和习惯，把握市场的变化信息。显然，销售渠道既是企业销售产品的渠道，也是企业获得信息的通道。

（二）商品销售渠道的类型

1. 直接销售渠道

直接销售渠道，又称零层销售渠道，是指生产者不经过任何中间环节而将产品直接销售给消费者的一种商品流通渠道。一般说来，直接销售渠道的销售方式主要有以下几种：

（1）企业自销。企业通过自设的销售网点来销售产品。这些销售商店可以开设在生产现场，表现为“后厂前店”，也可以开设在消费者集中的地点或地区。这些网点既是消费者了解企业的窗口，也是企业了解市场信息的渠道。

（2）企业派员推销。这是一种人员推销的销售方式。企业通过派出推销人员上门，通过与消费者直接沟通，联络了感情，捕捉了市场信息，有很大的优点。但是，由于时间和空间的限制，人员推销代价较高、影响较小，有很大的局限性。

（3）参加订货展销。参加订货展销，是指企业通过参加产品订货会或展销会的形式，展示企业的产品，增进企业与消费者之间的信息和感情沟通，扩大产品影响，从而促进产品销售的直接方式。

（4）机械自动销售。机械自动销售，是指企业以方便顾客为目的，通过在消费者比较集中的地区安装自动售货机或自动订货机的形式来销售企业产品。

（5）信函邮购销售。信函邮购销售，是指企业通过信函邮寄的方式向消费者传递有关产品的信息，或者通过向消费者邮寄企业的产品等来销售产品的销售方式。

（6）广播电视直销。所谓广播电视直销，是指企业通过广播电视等大众化视听媒介向消费者传递产品信息，在广播电视购物商店销售商品。广播电视媒介集直观性、生动性、形象性和趣味性于一身，是一种效果最佳、费用也最高的销售方式。

（7）互联网络直销。所谓互联网络直销，是指企业通过国际互联网传送产品信息，消费者在网上订购商品。其优点是突破时间和空间的限制，大大扩大了市场范围。

企业在商品销售中，以下产品一般较适合利用直接渠道销售：生产者与消费者空间距离很近的产品；生产者自身资金雄厚，并大量生产的产品；消费者比较集中或需大量采购的产品；生产与需要有连续性、持续性，变化不大的产品；消费者购买数量少、单价较高的产品；不易保存、易腐易坏的产品；标准化程度高的产品；产品品种繁多、需求变化大的产品；新上市的产品；需强有力技术支持的产品。

2. 间接销售渠道

间接销售渠道，是指生产者通过若干中间商把商品销售给消费者的一种商品流通渠道。一般说来，间接销售渠道的销售方式有经销销售渠道和代理销售渠道两种。

（1）经销。经销销售是中间商购进产品，取得商品所有权，自主经营、自负盈亏的商品销售形式。

（2）代销。代销销售是中间商接受生产企业委托，不发生商品所有权转移，通过销售取得佣金的销售形式。

经销和代销的主要区别在于：经销中间商取得商品所有权，代销中间商不取得商品所有权；经销中间商取得的是商品进销差价，代销中间商取得的是代理佣金；经销中间商风险较大，代销中间商风险较小；经销中间商需垫付资金，代销中间商则不需要垫付资金。

企业在商品销售中，以下产品一般较适合利用间接渠道销售：生产与消费的时空距离较大的产品；消费者不集中、分散性较大的产品；生产或消费一方有季节性的产品；消费者每次购买的数量不多，而单价也较低的产品；标准化程度低的产品；售后不需要强有力技术指导或服务的产品。

二、商品销售方式

（一）门市销售方式

封闭式销售，也叫柜台陈列售货。其特点是消费者选购商品必须由售货员传递。在货位设置和商品陈列上，一般是用柜台把售货员和消费者隔开，通过柜台进行买卖。这种方式由售货员介绍商品，帮助消费者挑选商品，也有利于商品安全和卫生。但不便于消费者直接接触商品自由观摩选购，也增加售货员的劳动强度。它是一种传统的售货方式，适用于选择性不强和商品安全要求高的商品。

敞开式销售，就是将商品摆放在敞开陈列的货架或柜台上，消费者可以自由挑选商品，不需要售货员传递。商店与消费者打破了柜台界限，买者可以按照自己的意愿方便挑选，卖者可以减轻劳动强度，提高售货效率。同时，营业场所得到充分利用，扩大商品陈列面积，也疏散了顾客流量。但是，必须注意加强商品管理和安全工作，售货员应随时整理商品，保持商品陈列整齐美观。该销售方式适用于选择性强和安全有保障的商品。

展览式销售。这是一种推销新商品或季节性商品的较好方式。它的特点是将同类或某种商品的各种花色品种、式样集中在一起突出陈列，一般由售货员宣传介绍，并回答消费者的询问，引导消费者购买。有时也与生产企业联合举办，专门展销一个或几个生产企业的产品。

摊位销售。这是在营业场所外的适当地点设专柜摊位，集中推销一种或少数几种商品。这是零售企业普遍采用的一种销售方式。它的最大特点是迎合消费者心理，商品展示清楚，利用口头加文字说明商品的特点价格，使消费者感到方便。这种销售方式，特别适用于滞销品和残次品的推销。

自选式销售。这是类同于超级市场的销售方式。它的特点是货架或柜台上的商品都有完整的包装，分别标出品名、规格、重量和价格，完全由消费者自己选取商品，并备有小车或提篮供消费者使用，到出口处一次结清付款。其最大优点是便利购买，节约购买时间，减少售货人员。该销售方式适用于日用品。

预约销售。商店暂时无货，让消费者登记订购，到货后，通知其来店购买或送货上门。有时为了节约时间、方便消费者，对一般商品也采取预约方式。

连带配套销售。这是把某些具有消费关联性或配套使用的商品组成销售系列，使消费者一次购买便可满足需要。这种方式既节约购买时间，又能提高销售效率，扩大销售量。这在我国当前还未普及。

订制销售。这是预约销售的另一种销售方式。也就是接受消费者的委托，按照其要求条件，专门为其加工制作指定的商品，以满足消费者对商品质量、规格、式样等特殊需求。

电话销售。打电话订购商品，由商店派人送货上门。

邮寄销售，这主要是为外地消费者服务的一种销售方式。外埠消费者用函电通讯形式订购商品，商店通过邮寄开展销售业务。

（二）流动销售方式

流动送货销售。零售商业企业在做好门市销售的同时，经常组织外出流动推销，送货到门服务到户，以方便消费者购买。流动销售形式多样，有的设专人每日定时定点走街串巷，送货到户；有的用售货车沿街定点或不定点流动销售；有的组织售货服务小组定期或不定期到工厂、农村、医院、学校、部队驻地流动售货。

集市销售。就是参加地区性的各种商品交易会和集市贸易。

除上述销售方式外，还有一种信贷销售方式，或叫赊销。这种销售方式主要是企业推销耐用消费品、库存过大的商品或积压冷背商品，用延期或分期付货款的办法，向消费者出售商品，以扩大或打开销路。

总之，商业企业的商品销售方式，应根据市场供需状况、商品特点和企业本身条件，本着有利于挖掘潜力、扩大销售的精神，灵活地采用一些适合于本企业的合理销售方式。这样，商业企业销售业务才能获得显著的成效。

第三节　商品销售业务与销售服务

商品的销售业务过程，很大程度上也是为顾客提供服务的过程。服务是销售业务的主要组成部分，贯穿于销售活动的始终。因此，本节把销售业务和销售服务并在一起讲述。商品销售业务和销售服务可分为售前业务和服务、售中业务和服务、售后业务和服务。

一、售前业务和服务

售前业务和服务主要包括两方面：一是做好销售前的准备工作；二是向消费者传递商品和企业的有关信息。

（一）销售前的准备工作

销售前的准备工作包括商品准备和营业场地准备两方面。

1. 商品准备

商品是提高销售业绩、接待顾客、提高服务质量的物质基础。企业销售部门的销售业务和销售服务要从商品准备开始。商品准备要做好以下主要工作：

（1）及时地为企业商品采购部门提供市场信息，使采购部门组织到更多的市场适销对路、深受消费者喜爱的商品。

（2）备足货源，防止商品脱销。

（3）商品分类科学，陈列有序，商品目录齐全，便于顾客选购。

（4）分等、分包合理，符合消费者的消费习惯。

（5）商品价格标签规范，实行明码标价。

（6）制定合理的价格，实现买卖公平。

（7）落实商品保护措施，保障商品的安全。

2. 营业场地准备

营业场地准备以方便顾客购买，为顾客营造一个良好的购物环境为中心。营业场地准备如何，是关系到企业服务质量的一个重要因素。通过营业场地的准备，使营业场地干净卫生，货架、货柜整洁美观，商场布局合理、展示企业特色，空气清新、光线充足，销售设施完好，包装物准备充足且能体现商品特色，各种便民措施落实到位。

（二）向顾客传递信息

使消费者注意企业和企业的商品，把他们吸引到售货现场来，这依赖于向消费者传递信息。因此，向消费者传递信息，是企业售前业务的重点工作之一。

向消费者传递的信息很多，一般来说，包括两个大的方面，即企业信息和商品信息。例如，小鸭集团的促销宣传手册上主要有两方面的内容：一是关于企业。着力强调小鸭集团是亚洲最大、专业化程度最高的滚筒式洗衣机生产企业，拥有阳光、小灵通、小博士、小丫丫四大系列产品，并有先进的生产技术和完善的售后服务体系。二是关于商品。小鸭洗衣机除了具备洗涤、脱水、烘干三大功能之外，还具有普通滚筒洗衣机所没有的四大历史性突破——提高洗净度20%、节水33%、节电70%、缩短洗涤时间30分钟，此外还罗列了六大特点、九大功能和十八种程序等。

向消费者传递信息的关键是突出企业和商品的特色，从而引起消费者的注意和强烈的兴趣。

向消费者传递信息的方法是进行广告宣传。在此广告宣传有两大类：一类是利用传播媒介进行广告宣传，包括广播、电视、报刊、杂志、网络、标牌、灯箱、横幅、宣传册等。另一类是售点广告（商场海报）。利用传播媒介进行广告宣传，传播范围广，但成本较高。企业在进行此类广告宣传时要充分考虑选择合适的媒体及抓住广告宣传的时机。售点广告覆盖面虽然较小，但现场感强，往往可以直接促使顾客产生购买行为，并节省费用。

二、售中业务和服务

售中业务和服务，是接待消费者的具体过程。这个过程包括迎接顾客、展示商品、处理顾客异议、结算成交、送别顾客这几个阶段。售中的业务和服务就体现在这几个阶段中。售中服务是达成交易的中心环节，作为企业的销售人员，尤其是营业员，必须做好这一阶段的工作。

（一）迎接顾客

迎接顾客的原则要求主动、热情、有礼貌。一般商店在这方面都有严格的服务规范，营业员必须按服务规范来迎接顾客。其中的主要要点是，服装整洁、姿势端正、面带微笑、欢迎用语得当。通常欢迎用语是"您好"、"欢迎光临"、"您需要什么帮助"、"您要点什么"等。在迎接顾客时切忌目无表情、服务用语例行公事，使顾客产生缺乏诚意、做表面文章的感觉。

经营商品较多、营业面积较大的商店可布置欢迎台，播放迎宾曲，安排导购人员，引导顾客到所要购买商品的柜台。

（二）介绍和展示商品

展示商品是关系到销售能否成功的关键。这个阶段的目标是使顾客充分了解商品、了解商品的售后服务，并最终说服顾客。

介绍和展示商品的主要内容有，介绍商品的产地、厂家、性能、用途、规格、价格、使用方法、产品特色、与同类型产品的区别以及售后服务的承诺。有些商品可通过当场试用的办法来介绍和展示。

营业员在介绍展示商品时，要有耐心，切忌怕麻烦、浮躁。同时要实事求是，艺术性地介绍商品，不能夸大其辞，过分渲染商品的优点和性能。也不能口若悬河、滔滔不绝，把介绍和展示商品这一双向沟通过程变为单向传播。

由于顾客群体千差万别，因此，营业员在介绍商品时也要充分了解顾客个性，了解顾客真正想了解什么。充分了解顾客的差异，最好的办法是对顾客群体进行分类，并对不同类型的顾客采取不同的介绍方法。这方面如何操作，具体见表 4－2 和表 4－3。

（三）处理顾客异议

商店营业员在介绍和展示商品后，有些顾客肯定会在某些问题上产生异议。顾客产生异议是很自然的事，问题是营业员如何用真诚、智慧和技巧去处理顾客的异议。一般来说，营业员应从以下几方面去处理顾客的异议：

表4-2　客户性情分类

客户类型	处理方法
沉默型	提些具体的问题
拖延型	鼓励、帮助他们建立自信
热情高、话多型	建议购买
条理型	慎重措辞，讲话要慢，细节突出
争论型	这些顾客往往不真诚，销售人员应用真诚和尊重赢得顾客的尊重
谨慎型	创造轻松环境，介绍要详细，逻辑性强
自负意见型	认真听，适当解释，消除意见
怀疑型	了解顾客背景，用事实说明，态度要稳健
冲动型	迅速地介绍重点，尽可能省略细节

表4-3　企业情况展示方法分析

效果分析 \ 方法简介	全自动	半自动	标　准	有组织展示	随机展示
	利用电影、幻灯、录像、光碟等	需销售人员解释	设计一套符合逻辑的自动系统，一遍遍重复展示		
产品信息表达	很充分	充分	一般	充分	很低
说服性	低	一般	低	很高	很高
人员素质	高	高	低	很高	很高
管理要求	低	高	适中	很高	低
占用顾客时间	适中	适中	少	多	少
企业可根据自己的产品特点、人员素质及所要达到的目标，选择展示的方式。					

1. 分清顾客产生异议的原因

分清顾客产生异议的原因，目的是为了抓住产生异议的根源，从根本上去处理顾客的异议。顾客产生异议的因素很多，归纳起来不外乎以下几种原因：

（1）对商品不够深入了解。

（2）顾客作为取得更多利益的一种策略，如还价、要求商店提供更多的服务承诺等。

（3）对商品的制造商和经销商的信誉不够信任。

（4）消费习惯。有些商品尤其是新上市的商品，要使顾客接受，就得使顾客改变已形成的消费习惯，而要改变顾客原有的消费习惯，需要作出较大的努力。如顾客购买某种商品时，往往只购买已长期使用的品牌，而对其他同类产品，往往会产生异议。

（5）接待对象没有购买决策权。

（6）不想立即购买。这类消费者只是想了解商品信息，并不想立即购买商品，而对营业员的热情服务有些不好意思，找个托辞。

2. 熟悉顾客异议的种类

顾客异议的种类主要有：对价格有异议、对商品有异议、对服务有异议、对商场有异议、因不需要产生异议。

营业员可以从顾客的谈话中得出异议的种类。如，赞扬某某商场服务如何好，说明对该商店的服务质量不满意。

3. 掌握成功处理顾客异议的技巧

(1) 注意和关怀。顾客在发表意见时，要注意倾听，不要随意打断顾客的讲话，表现出你了解并重视他观点的样子，让顾客觉得你诚恳、关怀、热心、友善。

(2) 评估异议。营业员在倾听对方意见时，要立即在心中作一番评估，并且想好以什么态度以及何种方式处理对方的异议。

(3) 不与顾客争论。顾客在述说他的异议时，如果这些异议并没有实质内容，不要与其争论，最好的处理办法是点头或用简单的"我懂"、"很好"等来处理，以免激化矛盾。

(4) 将异议转换成问话。顺着顾客的话，把异议转换成一种问话式的答辩，转移双方谈话的话题，并用新话题来解决其异议，使顾客从问话中找到答案，解除异议。

(5) 采取进一步行动。当顾客从谈话中找到满意答案，解除异议后，要抓住机会，采取进一步行动，请他购买商品。

(四) 结算成交

顾客异议解除后，大部分顾客就会产生购买行为。售中业务和服务也进入了结算成交阶段。在这一阶段中，营业员要做好两方面的工作：一方面是包扎商品，要求美观、大方、牢固、便于携带；另一方面是结算付款，要求准确、迅速。

(五) 送别顾客

送别顾客也是售中业务和服务的一项重要内容。做好这一阶段工作的关键是，克服由于已经终结成交，不再像迎接顾客、介绍和展示商品、处理异议阶段那么热情的问题，尤其是要克服这一时期在销售服务中心理上的微妙变化。

各商店的服务规范中，都包含如何送别顾客的内容，营业员必须按服务规范送别顾客。常见的形式是用"再见"、"欢迎再来"、"欢迎再来指导"等与顾客话别。

由于售中业务更多的是体现在服务上，因此，企业必须树立服务观念，注重服务中存在的问题，增加服务方式，扩展服务领域，讲求服务策略，建立服务特色。以下是日常企业提高服务质量的许多方法当中的几种，从中我们可得到一些启示。

1. 兑现服务承诺

从500美元起家并最终成为亿万富翁的美国著名企业家麦科马克，在谈到兑现承诺时指出，在商务上，人们经常作出各种承诺，但很少兑现，结果只是毫无必要地给别人留下恶劣的印象。因此，如你说要做某件事，就必须办到。你可以找到任何借口推辞，但绝对不能说我行。麦科马克之言对我们有启示，就服务承诺而言，为了避免因不能兑现诺言而使企业的信誉和形象受到影响，企业在做出服务承诺方面必须自制。如果企业已经作出承诺，就应当"言必信、行必果"，坚决而彻底地在销售过程中兑现承诺。

2. 限定服务时间

时间就是效率，时间也是效益。就销售服务而言，按时、准时是衡量服务质量的重要因素。在日本东京街头，经常可以看到一种带储物箱的白色三轮小摩托风驰电掣般地穿行在车流与人流之间。其实，他们都是比萨饼店为了兑现30分钟内送货到家的承诺的送货车。该店规定，如迟到超过15分钟以半价销售，超过20分钟不收货款。这样做，大大提高了企业的服务信誉。

3. 展示服务效果

有形展示使服务过程直观化。将抽象、概括、呆板的服务承诺，通过形象、具体、生动的服务形式表现出来，使消费者耳闻目睹，不但可以使他们获得真切的体验，也通过对服务人员良好的印象产生服务质量优质的感觉，同时引导他们自我修正不切实际的期望，消除期望值过高、满意度过低所带来的负面影响。尤其是当这种服务以戏剧化的形式表现出来，就会产生一种神奇的移情现象，使他们对服务人员和所在企业产生好感和依恋。一位营销大师曾经说过："销售服务的过程，就是给产品增色添彩的过程，应当使它演出有声有色的戏来。"在全球拥有12000家麦当劳快餐连锁店的美国著名企业家克拉克也曾公开宣称："麦当劳不是餐馆业而是娱乐业。"

4. 提供超常服务

所谓超常服务，是指将服务的广度和深度超常规延伸，使其既超出企业承诺的范围，也超出消费者期望的范围，从而给消费者一个意外的惊喜，使他们对企业以及企业所提供的服务留下一个深刻的印象，并因此来创建企业的经营特色，提高企业信誉。国外一家大酒店的门口马路突然破损，为了不影响交通，修路工人连夜抢修，压路机的轰鸣声响彻夜空，临近马路的客人多有怨言。可是，当第二天早晨他们起床之后，不但怒气顿消，而且大多表示继续留住在此店。原来，酒店经理不但亲自登门道歉，而且免收了他们的住宿费用。我国长沙某商厦规定：凡在商厦购物200元以上者，他们将出钱"打的"负责接送。此举也超出了消费范围之外，欣喜之余，个个都成了他们的业余宣传员和业余推销员，回头客和新顾客自然是络绎不绝。

三、售后业务和服务

所谓售后业务服务，是指企业为了建立企业信誉、完善产品形象、解决消费者购买后的后顾之忧，并促进消费者购买行为的连续循环，在产品销售之后所采取的一系列服务措施。

（一）建立完善的售后服务体系

只有建立完善的售后服务体系，才能随时随地、全方位地为广大消费者提供优质的服务。可以说，建立完善的售后服务体系是做好售后服务、搞好销售工作的保证，同时也是售后服务的重要内容。

（二）超越服务承诺

从理论上讲，企业的服务承诺无疑是针对企业销售的产品而言的。为此，企业可以实行三包、代办托运、送货上门、安装调试、财务保险、定期随访等。但是，企业可以动员自己的想象将这种销售服务再向后延伸，做足服务文章，并将其作为企业促销的重要手段和提高市场竞争力的重要策略。1997年，南京市兴起了一股"存酒服务"时尚，顾客到餐馆就餐之后，所享用不完的酒水可以通过登记、封存，寄存于就餐的餐馆。此举虽然酒店增加了工作量，但大多数餐馆还是乐此不疲。某大酒店经理张先生对此作出解释说："存一瓶酒，实际上就是储存着一批顾客"。

（三）正确处理顾客抱怨

售后服务所面临的最典型和最棘手的问题是处理顾客的抱怨。由于企业生产条件和生产技术诸方面的限制，以及企业与消费者之间客观存在的需求认知差异，企业的产品不可能十全十美，企业的服务也不可能无可挑剔。处理好顾客报怨是企业售后业务和服务的经常性工作，并且通过处理好抱怨则可以以此为契机，为企业的产品销售创造出新的机会。美国通用电力公司的调查表明，在给公司的“咨询中心”打过投诉电话的顾客之中，有95%的人会消除抱怨，成为公司产品的忠诚消费者。“咨询中心”处理一个投诉电话平均需要2.5—4.5美元，但由于产品销售量的增加，为公司赢得的利润却要高出1—2倍。我国成都某商场总经理在谈到退换商品的正负效应时认为：“柜台上销售，我们应赢得顾客的第一次竞争，顾客重返柜台退换商品，这是我们赢得顾客的第二次竞争。退一次货，看似少了一笔生意，是负效应，而信誉好了，老顾客重来，新顾客更多，却是我们的正效应。”顾客肯上门投诉，对于企业来说，其实并不是坏事。美国一位从柜台售货员起家而成为大型超级市场的总裁认为，有许多顾客，尤其是男性顾客，每逢买了次品或遇到不良服务，因怕麻烦或不好意思而不来，但那坏名声或坏印象将永远留在他们的心中和口中。因此，要欢迎顾客和鼓励顾客投诉抱怨，关键是企业能否正确引导和处理。

对待顾客投诉的要点是：

（1）凡遇投诉，必须认真接待，诚心诚意地听取意见，并边听边表示自己的同情，争取在心理和感情上与投诉者保持共鸣。切不可没有听完就进行辩解或解释，以免引起投诉者的反感。

（2）听完投诉后，必须立即表明自己的态度。其中最起码的态度是向投诉者表示真心实意的感谢，并把他们的投诉看做是对本企业的爱护。

（3）凡投诉合理的，应当立即与有关部门取得联系，或退或赔或修，要尽快表明态度，不要扯皮，也不要轻易许诺，以免给其他部门后续的工作造成被动。

（4）如果接到的是信函投诉，应根据通讯地址将处理结果告诉对方，切不可用印刷的既定复函敷衍了事。因为那不但会给人以意见并未受到重视的感觉，而且容易造成漏洞。

（5）如果投诉有普遍意义，应马上通过适当的媒体传递处理办法和改进措施，做好善后处理工作，并对企业的生产和销售环节进行改进。

（四）售后服务要尽量不给顾客添麻烦

售后服务既是为消费者服务的过程，又是建立企业信誉、完善企业形象的过程。因此，售后服务要以不扰民、不吃民、不喝民、不拿民、不东拉西扯、不打听隐私为基本原则。曾经连续6年占据空调销量榜首的春兰集团，不但对用户实施送货、安装、调试、保养、维修等一条龙服务，而且规定其售后服务人员不得喝用户一杯水，不得抽用户一支烟，修理要带布，进屋要换鞋，维修限时。荣事达集团于1997年“3·15消费者权益日”之际甚至隆重推出了“红地毯服务”，要求维修人员上门服务时必须携带一块防止污染用户地面的红地毯，也是尽量不给顾客添麻烦的具体体现。

（五）客户的维系

售后业务和服务的大量工作，实际上是客户的维系工作，其目的是巩固老客户，通过老客户发展新客户。其手段是通过执行企业制定的客户走访制度，联络与客户的感情，达到维系客户的目的。

（六）服务结果最终圆满

服务结果最终圆满既包括顾客对产品本身功能和质量的满意，也包括心理和情感的满意。只有达到了这两点，服务人员才算是圆满地完成了售后业务和服务的任务。因此，企业有必要建立一整套售后服务的分析体系，以求用科学的方法和手段来评价消费者对企业产品和服务的满意程度，并把所得的结果及时反馈给企业的销售部门和售后服务部门，为改进服务工作，提高服务质量提供依据。

思考与练习

一、思考题

1. 你对商品销售的意义如何理解？

2. 销售人员有哪些职责？

3. 简述计划的内容和制定计划的步骤。

4. 哪些商品适用直接渠道？哪些商品适用间接渠道？

5. 谈谈你对商品销售服务的理解。

二、实训题

1. 选定一家电产品，了解其售后服务体系和服务规范的有关材料，并召开讨论会，对其作出分析。

2. 参观一超市，了解其销售方式和销售产品的构成，并回答下列问题：

(1) 超市适宜采用何种销售方式？

(2) 超市适合经营哪些商品？

(3) 该超市有哪些服务规范？

3. 安排一定时间，选定一商场，在营业员岗位顶岗实训，体会接待顾客的技巧，掌握成交与付款、付货开票的技能，了解商场结账与交接班制度。

4. 案例分析题：浙江省龙游县001电子有限公司是生产电视接收天线的企业，它是最早采用信函邮购方式销售产品的企业之一，他们依靠产品和邮购信誉，仅仅在1983年一年时间之内，就邮购电视天线800万元。不但创造了我国邮购销售的最高纪录，而且被人们誉为“邮购之王”。请分析：

(1) 信函邮购方式属于何种销售渠道？

(2) 该种销售渠道有何优点？

(3) 哪些商品适合采用该渠道？

第五章

商品储存和运输

认识商品储存、商品运输的概念和必要性，理解商品合理储存和商品合理运输的要求，掌握商品储存业务和商品运输业务。

第一节　商 品 储 存

一、商品储存的概念和必要性

商品储存是指商品的储藏和存放，即指商品在经营过程中所形成的“停滞状态”，是商品经营中必然产生的一种形态或一个环节。

商品储存的必要性主要体现在：

（一）商品生产与商品消费时间上的差异必须要有商品储存

商品的生产与消费之间有一定的时间间隔。在绝大多数情况下，今天生产的商品不可能马上就全部卖掉，这就需要储存。有的商品是季节性生产、常年消费；有的商品是常年生产、季节消费；也有的商品是季节性生产、季节消费，或常年生产、常年消费。无论何种情况，商品从生产过程进入到消费过程之间，都存在一定的时间间隔，都形成了暂时停滞。商品经营过程中的暂时停滞，就形成了商品的储存。

（二）商品储存是商品经营的必要环节

为了保证商品销售得以不间断地连续进行，就必须要有商品储存。为了保证商品更加适合消费者的需要，许多商品在最终销售之前，需要进行挑选、整理、分装和分配等工作，这样便有商品停滞在这段时间内，形成了商品储存。另外，商品经营总是大批量购进而零星售出的，这必然有一定量的商品储存，否则就无法满足商品销售的需要。

（三）在商品经营运输环节上也必然存在商品储存

在商品运输过程中，在车、船等运输工具和发送、接收商品的衔接上，由于时间上不可能完全一致，这就形成了商品在车站、码头流转性仓库的储存。事实上，商品在运输过程中总需要一定的时间，这也形成了商品在车、船上的相对停滞，即商品在车、船等运输工具上的储存。

因此，商品储存是商品经营的一个必要环节。没有商品储存，就没有商品经营。

二、商品的合理储存

商品储存要适应生产和消费的需要，维护好商品使用价值的安全，保证商品销售的顺利进行，又要努力地降低储存消耗和各项费用支出，不断提高经济效益。这是商品储存的目标。为了实现这个目标，商品储存必须合理化。商品合理储存的要求主要有：

（一）商品储存数量合理化

商品储存数量合理化是指在一定的条件下，为保证商品经营活动的正常进行而必须确定的商品储存合理数量。因为商品储存在一般情况下是有其客观规律和经济界限的。超过这个界限，不仅会造成商品积压，增加费用支出，而且还会增大经营风险；低于这界限，不仅会出现商品脱销，影响商品消费，而且还会影响销售和企业形象。由此可见，出现这两种情况，不仅对消费者不利，对商品经营者也是十分不利的。因此，企业要根据对市场的社会购买力、需求特点、销售情况、交通运输条件及商品货源情况等因素，分别就不同商品确定合理的储存量，并通过制定商品库存数量定额的办法来合理组织商品储存。

商品库存数量定额是指规定企业在一定时间内，经常储存多少商品，最低应掌握多少库存，最高库存应如何掌握等。在实际工作中，商品合理储存量的确定方式不尽相同。但无论哪种商品合理储存量的确定，一般都是围绕周转、类别、保险、最高、季节等储存定额来相应确定的。确定库存的数量标准与时间有很大关系，应当先了解商品的每天平均需求量，然后再综合考虑其他因素后才能确定。

（二）商品储存时间合理化

商品储存时间合理化是指在一定条件下，为保证商品经营活动的正常进行而必须确定合理的商品储存时间。因为商品储存在正常情况下也有其客观的自然时间和经济时限。商品储存的时间过长，不但占用了资金，还要增加储存费用、增加损耗，商品质量受到影响，市场风险也加大；储存的时间过短，市场销售难以保证，既影响企业的声誉，又要增加进货费用和影响企业的经济效益。由此可见，出现以上两种情况对消费者和商品经营者都会产生不利影响。因此，企业要根据市场供求状况、商品特性及经营条件，分别确定不同商品的合理储存时间。

确定商品的合理储存时间，首先要制定商品储存的时间定额（一般以天为计算单位），就是确定最低储存时间和最高储存时间。最低储存时间与进货时间、平均日需求量有很大关系；最高储存时间与最低储存时间同前后两次进货的间隔时间有很大关系。其次要参考库存时间的历史资料，结合市场变化的现实资料，进行各种情况的定性预测。再次，商品储存时间的绝对长度必须以商品物理、化学、生物性能和储存设备所能允许的时间为限，必须短于商品的保质期。特别是当今科技迅速发展，商品储存更要避免发生无形损耗。最后，商品的储存时间与储存量之间存在着相互转换关系，同时两者也都受到商品经营规模的制约。

（三）商品储存结构合理化

商品储存结构合理化是指在一定条件下，为保证商品经营活动的正常进行而必须确定不同品种、规格、质量的商品之间合理储存的数量比例。商品储存除了数量、时间的合理化外，储存结构的合理化也是十分重要的，因为储存的商品品种、占用资金的比例关系都直接影响到市场的需求和企业的经济效益。商品储存的比例不合理，势必造成部分商品库存过多而出现积压，部分商品库存过少而出现脱销，从而影响市场销售的正常进行、消费需求的满足以及企业的声誉、形象和经济效益。因此，企业要根据市场行情、商品特性及销售状况，确定商品储存结构的合理比例关系。

确定商品合理储存结构，首先，必须全面了解企业经营所有商品的销售状况，哪些商品畅销、哪些商品滞消、哪些商品一般，做到心中有数。其次，必须掌握各类商品性能、用途、特点及库存量，并对现有的库存结构状况进行分析，哪些商品库存过多、哪些商品库存过少、哪些库存商品正好，做到心中明白。第三，必须进行市场调查和市场预测，了解市场未来的变化趋势，哪些商品销售量会增加、哪些商品销售量会减少、哪些商品销售量变化不大，做到熟知市场行情。通过以上三个方面的综合分析，结合企业的资金状况，优化商品储存结构，并施以严格的商品储存管理制度与措施，以实现商品储存结构的合理化。

三、商品合理储存的控制方法

为了使商品储存在数量、时间和结构上达到合理化的要求，必须运用科学的方法对储存的商品进行适当的控制。

(一) 库存定额控制法

商品库存定额可以按天数定额或数量（金额）定额控制。数量（金额）定额是指企业规定在一定时期内应当经常储存多少数量（金额）的商品；天数定额是指企业规定在一定时期内应当经常储存可供多少天销售的商品。采用天数定额，不受销售季节变动的影响，而且有了天数定额，可与数量（金额）定额相互换算。两者的关系如下式：

数量（金额）定额 = 天数定额 × 平均每日销售量（金额）

确定天数定额，一般是按照商品的正常周转需要，先确定最低储存天数和最高储存天数，然后确定平均储存天数。企业通常把平均储存天数作为库存定额天数。它们的确定方法如下：

最低储存天数 = 进货在途天数 + 销售准备天数 + 商品陈列天数 + 机动保险天数

最高储存天数 = 最低储存天数 + 进货间隔天数

平均储存天数 = （最低储存天数 + 最高储存天数） ÷ 2

[例如] 某商店平均每日销售某商品10件，货架陈列50件；商品运输需1天时间，销售前准备需1天时间；货源充沛，但运输条件不好，有时堵车长达1天时间；每间隔4天进一次货。则该商品的平均储存时间为10天。即：

[1天 +1天 + (50件 ÷10件) ×1天 +1天] +4天 ÷2 =10天

该商品的库存数量定额应为100件。即：

10天 ×10件/天 =100件

(二) 定量库存控制法

定量库存控制，又称订购点法，是以固定的订购点和订购批量为基础的一种库存量控制法。订购是提出订购的库存量标准，当商品销售使实际库存降至订购点时即提出订购。每次订购的数量相同，而订购的时间不固定，由商品销售量的变化决定。订购点的计算方法如下：

订购点 = 平均备运天数 × 平均每日销售量 + 保险储存量

［例如］ 某商场平均每日销售某种商品为100个，平均备运天数为2天，保险储存量为200个。则该种商品的订购量应为：

2天×100个+200个=400个

即该商品销售使实际库存降至为400个时，需要提出订购。

在实际工作中，通过经验的积累，也可采用简便易行的“双堆法”、“分层法”、“划线法”等。

（三）ABC库存分类控制法

ABC分类控制法，是按照储存商品的品种和金额的比重大小，将它们划分为A、B、C三类，有区别、有重点地加以库存控制的一种方法。具体步骤如下：

第一步：用品种序列表按每种库存商品在报告期一年内销售金额的大小顺序，按照各企业具体情况划分档次，排成品种序列，计算品种累计与全部产品的比例，以及销售额累计与销售总额的比例。

［例如］ 某商业企业全部库存商品共计3512种，按每一品种年度销售金额从大到小顺序，排成如表列的七档，统计每档的品种数和销售金额，然后分别计算这两个指标的累计数及其与全部品种和销售总额的百分比，填入下表5-1的品种序列表内。

表5-1 品种序列表

每种商品年销售额（万元）	品种数（种）	品种总计（种）	占全部品种百分比	销售金额（万元）	销售金额累计（万元）	占销售总额百分比（%）
≥6	265	265	7.5	5900	5900	69.2
5—6	70	335	9.5	510	6410	75.2
4—5	57	392	11.2	255	6665	78.2
3—4	102	494	14.1	342	7007	82.2
2—3	182	676	19.2	430	7437	87.3
1—2	360	1036	29.5	405	7842	92.0
≤1	2476	3512	100.0	680	8522	100.0

第二步：用ABC分类表按下表5-2的分类标准把“品种序列表”中的七档品种划分为A、B、C三类。其中，第一档和第二档的品种占总品种的9.5%，销售额占总销售额的75.2%，符合A类标准，故划分为A类商品；第三档到第六档的品种占总品种的19.2%，销售额占总销售的16.8%，符合B类标准，故划分为B类商品；第七档的品种占总品种的70.5%，销售额占总销售额的8%，符合C类标准，故划分为C类商品。

表5-2 ABC分类标准 （单位:%）

分类	占总品种百分比	占总销售额百分比
A	5—10	70—75
B	10—20	10—20
C	70—75	5—10

第三步：根据表5-3的ABC分类表，绘制ABC曲线图，如图5-1所示。在直角坐标系统图中，横坐标表示品种累计百分比，纵坐标表示销售金额累计百分比，将A、B、C三

点连接成一条光滑的曲线。曲线的曲率越大，重点就越突出，优化配置的效果就越显著。

表 5-3 **ABC 分类法**

分类	品种数（种）	占全部品种百分比（%）	品种累计百分比（%）	销售金额（万元）	占销售总额百分比（%）	销售金额累计百分比（%）
A	335	9.5	9.5	6410	75.2	75.2
B	701	20.0	29.5	1432	16.8	92.0
C	246	70.5	100	680	8.0	100

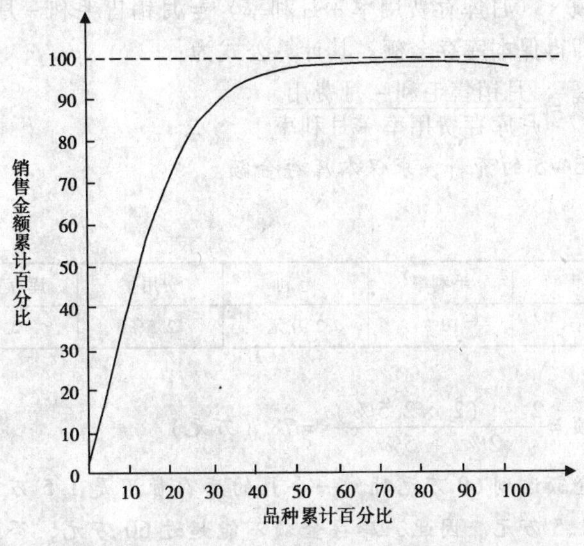

图 5-1 ABC 曲线图

第四步：从 ABC 分类表 和 ABC 曲线图取得分类资料后，就可针对重点商品和非重点商品采取不同的控制方法，使库存中的重点商品能满足该类商品在销售上的需要，如表 5-4 所示。

表 5-4 **ABC 三类商品的控制措施**

项目 \ 要求 \ 类别	A类（重点）商品	B类（次之）商品	C类（再次之）商品
控制程度	高度控制	一般控制	适当控制
确定定额	逐个品种核定	大类核定	综合核定
管理形式	重点管理	一般管理	百年管理
检查要求	月度或季度检查	季度或半年检查	半年或年度检查
安全存量	没有或较少	适 当	较 多

ABC 分类控制法的优点是通俗易懂、简便易行，有助于对为数众多的商品进行重点管理，区别对待，保证重点，兼顾一般，能起到事半功倍的效果。但在运用时要注意两点：一是，由于分类时是以各种商品报告期的销售额为基础的，如果发现某些商品的销售额发生重大变化时，则应及时调整，该升级的就升级，该降级的就降级。二是，ABC 法原则上是按

各种库存商品占销售总额的比重大小进行分类的，但如果某种商品的销售比重虽小，却很重要，也应划入A类作为重点来控制。

（四）保本点库存控制法

保本点库存控制法，是由商业企业库存商品的盈利和费用计算出保本的库存金额（或数量）来控制库存的一种方法。

所谓保本，就是赚得的利润只够用来抵付存货费用。即：

存货费用=经营利润

上式展开后，其计算公式为：

保本库存金额×（月库存费用率+月利率）=月销售毛利-月费用

将上式整理后，即得保本库存金额。其计算公式为：

$$保本库存金额=\frac{月销售毛利-月费用}{月库存费用率+月利率}$$

［例如］ 根据表5-5的资料，求保本库存金额。

表5-5

商品名称	月平均销售额	毛利率	毛利	费用率	库存费用率	月利率
××商品	20万元	10%	2万元	2.5%	2.0%	5‰

$$则，保本库存金额=\frac{2-(2\times 2.5\%)}{2\%+5‰}=78（万元）$$

当该商品的库存金额达到60万元时，一个月的库存费用是1.5万元，正好抵掉一个月销售所得的经营利润1.5万元。因此，库存金额不能超过60万元，否则，就将发生经营亏损。60万元就是该商品库存金额的上限，要获取利润，必须把该商品的库存金额控制在60万元以内。

如果采用保利库存控制，则需对前面的公式进行调整，即：

$$保利库存金额=\frac{月销售毛利-月费用-月利润}{月库存费用率+月利率}$$

［例如］ 仍以前例，如果目标利润率为2.5%，则

$$保利库存金额=\frac{2-20\times(2.5\%+2.5\%)}{2\%+5‰}=40（万元）$$

可见，保利库存额比保本库存金额省20万元，从而减少库存费用，实现目标利润。

四、商品储存业务

商品储存业务过程，主要经过商品入库、商品保管保养、商品出库等三个基本阶段或程序。它们既相对独立又紧密联系，是不可分离的有机整体。

（一）商品入库

商品入库是商品储存业务活动的起点，它包括商品入库的准备、入库商品的接运和交接、验收、办理入库手续等程序，其中入库商品的验收是入库的主要环节。

商品入库是一项衔接性、责任性很强的基础工作，必须统一指挥、合理组织、科学安排，快速、高效、准确、安全地做好这项工作。

商品入库业务的主要内容有：

1. 入库准备

商品入库前的准备工作主要有两个方面：一是仓库的准备；二是接货的准备。到货前要根据接货计划，落实到货的品种、规格和数量，并安排好相应的仓库，保证货到有仓存放。做好接货的准备，首先要掌握到货信息，要主动地同发货单位联系，了解货物运输的安排和落实情况，并及时同到达站、港联系，掌握运货车船动态；还要相应地准备装卸搬运劳力和短途运力等，做到货物随到随卸随运，避免压车压船，减少费用开支。

2. 入库商品的接货

入库商品的接货有如下四种方式：

（1）车站、码头接货。车站、码头接（提）货，就是货主根据车站、码头的到货通知单，随货运单到车站、码头提货，然后把货物运抵仓库办理入库手续的过程。这项工作衔接环节最多，除车站、码头外，还有货主、运输公司等等，需要环环衔接、环环扣紧，不能脱节。到车站、码头提货时，要注意核对货物的品名、规格、数量，还要注意外观的检查，如封印、包装是否完好，货物有无污染、水湿等。如发现问题，应立即会同承运部门会检，并作好现场记录，然后组织装卸、运输，将货物运交仓库，与保管员办理交接手续后由保管员认签。

（2）专用线、专用码头接货。有铁路专用线和专用码头的单位，接到整车（船）的到货通知后，应依次做好如下工作：确定卸车（船）的货位；准备卸车（船）的机具与人力；引车（船）就位；检查车（船）封闭情况是否完好；根据运输部门提供的运单核对到货品名、规格、数量、件数；检查货物包装是否完好、货物有否受湿、损坏等。如发现问题，应及时联系承运部门派员会检，并作出现场记录。还有卸车（船）的堆码苫垫，应及时与保管员交接。

（3）到供方仓库提货。到供方仓库提货的基本做法是：提货员随带调拨单或提货通知单到供方仓库接洽自提事宜，确定具体自提时间后，带车前往提货。在提货中要当场进行货物初检，即初步验收货物的数量、质量等。货物提回后与保管员交接清楚。初步验收如发现问题应当场解决。

（4）本库接货。主要指供货部门直接把货物运送到仓库。当货物运抵仓库时，保管人员应直接同送货人员办理交接手续，主要是当面验清货物的数量与质量，并作好验收记录。

3. 商品入库的验收

商品入库的验收主要指数量验收、质量验收与包装验收三方面。

（1）数量验收。根据货单上的数量，通过检斤、点件或检尺的方法对到货的数量作出验证。数量的检验必须依照不同技术标准对不同货物采用不同的数量验证办法。常用的计量方法有：①点件复衡法。主要是先清点件数，然后按规定抽件复衡。这种方法适用于按标准包装捆扎的货物。②点件查数法。通过依次点件的办法来检验数量，即点件查数。这种方法适用于只按件、台、只等单位计量的货物。

（2）质量验收。主要是对入库商品的质量复检。质量复检主要是对入库货物的物理性能和化学性能进行检验，包括核对货物的证件和品名、外观鉴定、内在质量鉴定三项内容。核对证件和品名，主要是查对证件是否齐全，有关证件之间内容是否相符。货物的证件主要有：出厂质量保证书、技术鉴定书、收购单位或公证单位证明。国外进口商品除厂家质量证明外，还有国外公证机构和国内商检局证明。证件是质量鉴定的依据，是质量验收鉴定的第一步。有些商品没有质量证明，则按照货单上的名标，参照国家有关品种的质量检验标准进行鉴定验收。外观鉴定又称感观鉴定，指运用人体感观器官通过看、听、摸、嗅来鉴定商品质量的一种方法。看就是运用视觉观察商品外观状况；听就是运用听觉检验有无杂音；摸是运用触觉触摸商品有否异常感觉；嗅即运用嗅觉验证货物是否有异味。感官鉴定方法简单易行，是普遍使用的一种重要验证方法。运用这种办法的人必须具有实践经验。内在鉴定是在外观鉴定的基础上，对货物的化学成分、物理性能进行检验与分析。例如，利用各种试剂、仪器和机械对商品的规格、成分、性能进行物理、化学的分析和试验。必须注意，在进行实验鉴定时，抽样应具有代表性，应按有关规定取样。

(3) 包装验收。货物的包装好坏、干湿，对货物的安全储存、运输有着直接的影响，必须认真验收。验收包装主要是外包装有否破损、开缝、污染、水湿等，因为货物经过运输，如果防护措施不力，对包装有直接影响。

入库货物点验后，要作好验收记录，如表5－6所示。

表5－6　　仓库商品验收记录

编　　号

供　　方______合　同　号______运　　号______车　　号______

发货日期______运货日期______验收日期______入库单号______

商品名称	规格型号	单位	应收数量		实收数量		盈亏
			件数	重量	件数	重量	（＋ －）
验收情况							
处理意见							

单位负责人　　　　复核　　　　验收员

4. 办理入库手续

验收合格的商品应及时办理入库手续，建立各种资料及给货主签回验收单。

(1) 建卡。“卡”又称“料卡”或“商品验收明细卡”。“卡”是直接反映该垛商品品名、型号、规格、数量、单位及进出动态和积存数的保管卡片。卡片应按“入库通知单”所列内容逐项填写。商品入库堆码完毕，应立即建立卡片，一垛一卡，拴放在货垛上。卡片填写时要准确齐全，填写错误时，要用“划红线更正法”更正，不得涂改，乱擦。常见卡片见表5－7。

表5－7　　商品收发明细卡

存放位置		库
		排
		架
		层
		位

商品名称：
型号规格：
生产厂别：

类　别	
单　位	
出厂日期	
入库日期	

年		凭证编号	摘　要	收　入	发　出	结　存	备　注
月	日						

卡片编号	

（2）登账。为了保证商品数量准确，反映进出存情况，应建立“实务保管明细账”，详见表5－8。

表5－8　　实物保管明细账

存放地点＿＿＿＿＿＿ 品　名＿＿＿＿＿＿

计量单位＿＿＿＿＿＿ 型号规格＿＿＿＿＿＿

年		凭证		摘要	单价	收入数量	金额	发出数量	金额	结存数量	金额
月	日	字	号								

“实物保管明细账”按商品的品名、型号、规格、单价、货主等分别建立账户。此账采用活页式，按商品的种类和编号顺序排列。在账页上要注明货位号和档案号，以便查对。实物账必须严格按照商品的入、出库凭证及时登记，填写清楚、准确。记账发生错误时，要按“划红线更正法”更正。账页记完后，应将结存数结转新账页，旧账页应保存备查。登账凭证要妥善保管，装订成册，不得遗失。实物保管要经常核对，保证账、卡、物相符。

（3）建档。商品验收入库后，应建立商品储存档案。商品储存档案是按照商品的品名、型号、规格、单价、批次分别立卷归档，集中保存，记录商品储存的数量、质量及证件和凭证等资料。

建档工作要做到：

第一，应一物一档。建立商品档案应该是一物（一票）一档。建档时，应将入库前的运输资料及其他凭证，出厂时的各种凭证及技术资料，入库验收记录、磅码单、技术检验证件，储存保管期间的检查、维护保养、溢短损坏等记录及其他有关资料收集归档。

第二，应统一编号。商品档案应进行统一编号，并在档案上注明货位号。同时，在“实物保管明细账”上注明档案号，以便查阅。

第三，应妥善保管。商品档案应存放在专用的柜子里，由专人负责保管。当机电产品整进整出时，有关技术证件应随商品转给收货单位；金属材料的质量保证书等原始资料应留存，而将复印件加盖公章转给收货单位。商品整进零出时，其质量保证书可复制加盖公章代用。整个商品档案应妥善长期保存。

（4）签单。商品验收入库后，应及时按照表5－6“仓库商品验收记录”要求签单。签单有两个作用：一是向供货单位和承运单位表明收到商品的情况。二是如有短少等情况，可作为收货单位向供货方或承运单位交涉的依据，所以签单必须准确无误。

（二）商品的保管

在库商品的科学保管养护，是商品储存的一项经常性的业务。它包括商品的货位规划、堆码苫垫、维护保养、检查盘点等项工作。

1. 货位规划

商品入库，应根据各类商品的物理性能、化学成分、体积大小、包装情况等不同要求，科学地规划货位。它包括：

（1）货位布局。不管是货场存货或库房存货，在设计货位布局时，首先要注意货位分区划类，即依存货的品种、规格分别设计，不可混杂。其次就是库房内与货场内部的货位布局设计。库房内的货位布局有横列式、纵列式、混合式三种。横列式，就是货位、货架与库房的宽成平行排列；纵列式，就是货位、货架与库房的长成平行排列；横列式与纵列式的并用，称混合式。而货场内的货位布局，一般与货场的主要通道成垂直关系，这样有利于搬运与装卸。另外，在布局货位时，应留出适当的垛距和墙距。跺距可作为货物进出检查的通道。设置墙距的目的在于保证建筑物和货物间的安全。不管是货场或库房内的货位都应规划安排。

（2）货位编号。货位编号就是将库房、货场、货棚、货垛、货架按照一定顺序统一编码，并作出明显的标志，以便于货物发运、查询、清点、保养等。货位编号的主要内容有：①标记设置。货位编号标记要鲜明，要因地制宜。货场货位标记一般可列竖立标牌；多层建筑库房的走道、支道、段位的标记一般可刷置在水泥地板、地坪、梁柱、墙壁上，也可悬挂标牌。②货位划线。货位划线要严格区分货位与走道、支道、墙距的界线，线应刷置在走道、支道或墙距面积上，并相应要求货垛不压货位划线。③编号。货位编号一般可采取“四号定位”法，即库房存货的四位编号依次是库、架、层、位；露天货场的四位编号依次是场、区、排、位。库、场、棚采取汉语拼音的第一个字母。例如，某货物存放在第一号库房、第二号货架、第三层、第四位，其编号应写成“1K234”。

2. 堆码苫垫

在库货物的堆码苫垫是在货位规划基础上进行的。堆码即堆垛，亦称码垛；苫垫包括苫盖与垫垛。合理的堆码苫垛，有利于保证货物的数量与质量，有利于充分利用仓容面积。

（1）堆码。堆码就是根据货物的包装形态、重量、数量、性能特点和储存时间，结合地面负荷，将货物按一定规则码成各种垛形。其基本要求是：合理、牢固、定量、整齐、节省、方便。

① 合理，就是对不同品种、规格、型号、牌号、等级、批次的货物，均应分开堆码，不能混杂。选择的垛形应适合货物的特点，同时考虑仓库的设备、条件、面积等情况。要合理确定墙距、垛距、柱距、顶距、灯距、走道、支道的宽度。堆垛时应分清先后次序，贯彻先进先出的原则。

② 牢固，主要指货物的堆垛根基要牢，不偏不斜。还应根据货物性质、特点，确定垛形的适当高度，以免压坏底层货物，确保安全。

③ 定量，即每行每层数量力求整数，做到“五五摆放”，大的五五成方，高的五五成行，短的五五成堆，带眼的五五成串，小的五五成包。这样摆放层次整齐美观，便于准确发放和盘点。过磅的货物不能成整数时，每层应明显隔开，标明重量，便于清点发货。

④ 整齐，指排列整齐有序，垛形要有一定规格，横竖均成行、成列。凡包装外有标志的一律朝外。

⑤ 节省，指要节省货物摆放地，提高仓容利用率，节省劳力和保管费用开支。

⑥ 方便，即堆码时必须考虑到检查、发货、拆垛等作业方便，保证装卸作业的安全。垛码的基本形式应根据货物的性能、外形等的不同，分重叠式、纵横交错式、压缝式、仰伏相间式、宝塔式、通风式、衬垫式、鱼鳞式等。各种形式可结合实际情况灵活运用。

（2）苫垫。苫是苫盖，垫是垫垛。垫垛亦称衬垫，是根据不同货物的保管要求，在垛底按垛形尺寸和负荷摆放适当衬垫物。衬垫物的材料可根据不同货物要求而定，如水泥条、木板、苇席等。苫盖是根据货物存放的货物性质、保管要求，采取不同方法加苫盖材料的一种保管措施。苫盖材料常见的有篷布、塑料布、油毡纸、塑料布、油布等。

3. 商品的养护

（1）影响质量变化的因素。商品的养护是商品保养与维护的简称，指在库的商品应根据其物理、化学性能及所处的环境，采用相应的养护措施，使其在一定时期内尽量保持原质原形的一项技术性工作。这是商品储存的中心任务之一。商品入库后，影响商品质量的因素是多种多样的，既有内在的，也有外在的；既有物理性质的，也有化学成分变化的。就内在因素来说，起决定作用的是商品本身的结构变化和化学成分变化。外在因素，指自然环境及人为的主观因素的影响，如温度、湿度、空气、日光、虫害及人为的损坏等。这些因素虽然是外在的，但外因在一定条件下能够影响物质内部的变化，使商品发生质变。了解了这些因素，我们就不难采取相关的养护措施，防止商品的锈蚀、发霉、溶化、潮解、老化变质等。

（2）商品养护的措施。商品养护的措施是多方面的，不同商品的养护措施也不尽相同。但从在库商品养护这个角度说，应该抓好三件事：一是仓库的清洁卫生。仓库内外环境对在库商品有着直接的影响，比如污水、杂草、阴沟等都是霉菌、虫害滋生的场所；又如鼠类等；保持货垛、货架、包装、苫盖物及地面的清洁，是维护、保养商品的重要措施。二是进行必要的温度、湿度控制。温度与湿度是商品发生内在变化的重要条件，其物理、化学性能亦容易受到影响。如温度过高，粮食就不易保管；湿度过大，水泥就容易受潮。因此，必须采用现代科学技术控制商品的温湿度来稳定有关在库商品的结构与性能，但也不能千篇一律，应该根据各类货物的特性采取不同的措施。三是做好金属及其制品的防锈、除锈。在库的金属及其制品容易受蚀，影响商品质量，应采取有效办法防止或破坏其产生化学或电化学腐蚀的条件，关键是防止金属表面水膜的形成。在实际工作中，经济可行的办法是严格按章储存，杜绝腐蚀金属的一切外界因素，选择适宜的保管场所，妥善堆码、苫盖、密封等。对已发生的锈蚀现象，应采取手工除锈、机械除锈和化学除锈的方法，其中以化学除锈方法为最好。

4. 检查盘点

检查盘点是商品储存的一项不可缺少的工作，应该使其经常化、制度化。越容易出问题的时候，就越要抓紧这项工作。检查盘点的具体内容应根据不同类别的商品而有所不同，但这些基本的内容无非是商品数量、质量、安全及其措施等。

（三）商品出库

商品出库又称发货，是指仓库保管员根据销货单，将所保管的商品准确、及时、完好地发给购货方，它是商品储存的最后一个环节。在办理具体的商品出库手续过程中，保管人员必须贯彻“先进先出”的原则安排出库商品，对检验、计量后的商品要依据计量凭证，相应调减保管卡片数量并登入保管账目。一个货位或批次的商品出清后，要根据出入库数量计算损耗量，保管自然损耗报告单。对待运的商品必须提前同运输部门联系，落实代运任务，并妥善处理发货过程中出现的有关问题。

1. 商品出库的基本形式

商品出库的基本形式有三种：一是用户自提；二是送货上门；三是代办托运。

(1) 用户自提。这是指用户或受委托单位转销售部门开具的提货单或调拨单，到仓库直接提货的一种出库形式。保管人员应根据提货凭证所开列的品名、规格、等级及数量，准确、及时地当场予以办理自提手续。提货凭证如有差错，应与开单部门及时联系更正。它一般适用于数量不大的商品发货。

(2) 送货上门。这是指仓库受提货单位或存货单位的委托，按照提货凭证所开列的商品数量、规格、等级，准确而及时地直接把商品送到货主所指定的地点的一种出售方式。这种方式手续简单、方便用户，有利于提高企业自有车辆的使用效率和经济效益。它一般适用于小批量的、需要专门车辆运输的商品发货。

(3) 代办托运。这是指仓库受提货单位或存货单位的委托向运输部门或邮电部门代办所提商品托运手续，把商品托运到指定地点的一种商品出库方式。这种方式适用于大宗货物，方便用户，也是扩大企业经营的有效手段。采取这种方式应注意同委托单位的联系，注意同运输或邮电部门的联系与衔接。中转仓库的商品出库和外地单位采购商品，一般采用这种方式。

2. 商品出库的作业程序

商品出库应严格按照如下规定的操作程序，并重点抓好“复核”和“点交”两个环节：

(1) 核对凭证。商品出库必须有正式的提货凭证——提货单或发货单。保管员接到凭证后应认真核对，并严格按照凭证上所开列的商品备货。当日提不完次日续提，凭单位证明或运输部门的“行车单”，经与原凭证核对无误后方可备货。

(2) 备货与复核。核对凭证后即可着手备货。备货即按照出库凭证上所标明的商品名称、规格、等级、数量组织备货。备货时应做到“两核对”，即出库凭证与货卡核对，货卡与实物相互核对，保证品名、规格、货位编号正确无误。备货后必须进行复核，复核的主要内容是：商品的名称、规格、等级、数量、质量是否与发货凭证相符；技术证件是否齐全。复核的方法可由专职复核员复核，也可由保管员自己复核，也可由保管员之间相互交叉复核。

(3) 点交和清理。出库商品经复核无误，即可发货。如用户自提，则应当场按提货凭证点交；如代运，则需向负责包装或运输的人员办理点交手续。具体点交时，应注意：①凡重量标准、包装完整的，应当场按件数点交，并随时开具出门证，请提货人在出门证上签字。②凡重量不合标准，包装不完整或散装商品，均应当场过磅，测量核算，摘抄原入库磅码单进行交接。交接后除开具出门证外，还应附给“货物出库磅码单”，并由提货人在上述两张凭证上签字。③出库商品点交手续办妥后，仓管员应立即进行善后清理。该并垛的并垛，该转移的转移，腾出货位，清理苫垫等，为下次商品入库做准备。

(4) 记卡登账。商品出库后，仓管员应及时在该商品货卡上做好出库记录，相应减少库存数；及时在保管账上登账，并在该项商品账面上做好出库记录，相应减少库存数，做到账卡数字一致。

(5) 出库发运。这里指的是仓库代运工作，其主要内容是：接到代运出库商品的调拨通知后应立即同运输部门联系货运，并填写运单；代替提货单位与仓库办理交接手续；提货后要做好临时保管工作；在装载时要结合商品特性按照有关规定，进行包装、苫盖等；商品一经发运，应及时做好运费结算工作。

第二节　商品运输

一、商品运输的概念及必要性

商品运输是指商品借助于运力在位置上的转移，即商品在经营过程中的载运和输送，是商品经营的一个必要环节。商品从采购到销售的全过程中，为了使商品流通的顺畅，保证商品经营的正常进行，都要经过商品运输这一必不可少的环节。

商品经营过程中商品运输环节的必然存在，主要是由于商品生产和商品消费在空间的背离所引起的。首先，商品的生产和消费之间有一定的距离。在市场经济条件下，各地的商品生产均表现出明显的地域性特征，而消费则是多方位的，这就需要通过运输来解决产销矛盾。其次，即便是各地都能生产某种商品，但由于资源、技术、劳动者素质等方面的差异，在商品的质量价格等方面也存在着很大的差别，也必须通过运输来解决空间上的供求矛盾。第三，在商品经营企业内部也必须存在商品运输业务，如仓库到商店、送货上门、商品移库等。因此，没有商品运输，就不可能完成商品经营的全过程，商品的使用价值就无法最终实现，消费者的需求就无法真正满足，企业的经济效益在很大程度上也就很难实现。

二、商品运输的原则

商品运输的原则是由商品运输的基本任务所决定的。从商业企业角度看，商品运输的基本任务是：根据市场规律的要求，以市场为导向，计划和组织商品运输过程，保证以最短的里程、最低的费用、最短的时间，完成商品在空间上的转移，为发展商品经营、满足人民生活需要服务。

为实现上述基本任务，商业企业在组织商品运输时必须贯彻及时、准确、安全、经济的原则。

（一）及时

及时是指商品运输要按计划期限完成，不拖拉、不延误，以最短时间迅速完成商品运输任务，满足市场需要。特别是在运力与运量矛盾比较突出的情况下，要做到及时，就要加强运输的计划性，要根据先重点后一般的原则，对重要商品应优先安排运输，确保优先完成；对非重点商品运输，可视运力情况决定取舍。

（二）准确

准确是指执行商品运输计划要准确。也就是说，要按照运输计划规定的运量、运具、日期、地点，保质保量地完成商品运输任务，切实防止各种差错事故。运输不准确，出了差错，不但劳民伤财，浪费运力与费用开支，也影响市场供应。要做到准确，首先要加强管理，建立健全各项行之有效的规章制度与操作规程，提高经营管理人员素质，加强责任心，避免一切差错。对已发生的差错事故，要严格按照既定规章制度及时处理并从中吸取教训。

（三）安全

安全主要指商品的运输安全。商品在运输途中应保持完好，不发生霉变、残损、丢失、爆炸、燃烧等事故，保证人身、商品、运输设备安全。不同类别的商品运输有不同的具体安全要求规范，这是必须遵守的。运输不安全，容易造成严重事故，既影响企业经济效益，还对企业声誉不利。要做到运输安全，除加强企业的经营管理，建立健全有效的规章制度与严格的安全措施外，还要树立运输安全的观念与意识，消灭一切不安全因素，防患于未然。

（四）经济

指采取合理的流向、运输路线、运输方式、运输工具以及先进的运输设备、装卸技术；尽可能减少中转环节，节约人力、物力、财力；尽可能降低商品的运杂费用。商品的流向、运输路线、方式、运具不合理，运输设备、装卸技术落后，都将影响到商品经营企业的经济效益。

"及时、准确、安全、经济"是相互联系的有机整体，企业在组织运输时应全面考虑，不能顾此失彼。

三、合理组织商品运输

商业企业组织商品合理运输的途径，主要是选择合理的商品运输路线，正确选择商品的运输方式，合理使用运输工具。一般情况下的商品运输，能水运的不陆运，能联运的不分运，能直达的不中转，能整车、整船的不零担，用最少的时间、走最短的路线、花最低的费用完成运输任务。

（一）选择合理的商品运输路线

这是组织商品合理运输的首要途径，它的实质是减少商品流通环节，缩短运输里程，缩短商品的在途时间，消除各种不合理运输现象，从而加速商品流转，降低商品运输费用。其主要措施是：

1. 按经济区域组织商品采购活动

在保证商品的品种、数量和质量的前提下，商业企业采购商品要尽量在本经济区域内寻找货源。要打破行政区划的限制，要避免不必要的远距离采购。这样可以避免商品的重复、迂回、倒流运输，节省运输费用。

2. 实行商品分区产销平衡的运输制度

根据各类商品产销分布情况和交通运输条件，按近产近销和品种调剂相结合的原则，合理规划各类商品的调运区域和流向，使运输线路、运输距离达到最优化。

（二）正确选择商品的运输方式

目前，在商业企业中经常采用的好的运输方式有直达运输、直线运输和"四就直拨"运输三种。

直达运输是指商品在运输过程中，不受经营环节的影响，越过中间不必要的批发仓库，将商品从生产厂家或商品供应单位直接运到消费地区、销售单位或主要用户。一般说来，直达运输主要适用于鲜活易腐商品、市场急需商品，以及规格简单、体大笨重、运量较多的商品。

直线运输是指商品在运输途中，按照经济区域的商品的合理流向，将商品从产地或商品供应单位直接运往消费地区的销售单位或主要用户。

直达运输和直线运输在概念上是不同的：直达运输是指越过不必要的批发仓库，减少流通环节；直线运输主要是选择最短捷的路线，避免迂回、对流现象，使商品运输直线化。由于在实际工作中，减少中间环节和选择最短路线一般都是结合进行的，因此，通常将这两种方法合称直达、直线运输。

“四就直拨”是指就工厂、就车站（码头）、就仓库直拨和就车船过载。就厂直拨，指批发企业收购的工业产品，就工厂验收后直接拨给销售单位、主要用户；就车站（码头）直拨，是指外地运来的商品到达车站（码头）后，在交通部门允许占用其货位的时间内，经过验收，不入批发仓库，就在车站（码头）直拨；就仓库直拨，是指批发企业在库商品下拨时，越过不必要的中间环节，直接拨给销售企业或主要用户；就车船过载，是指外地用车船运到的商品，在车船上验收后，就车船直接换装其他运输工具，分运给销售单位或主要用户。

实行直达、直线运输和“四就直拨”，可以减少中转环节，减少装卸搬运和出入库次数，有利于节省仓容，缩短运输时间，减少商品损耗，节约费用开支。

（三）合理使用运输工具

主要措施有：

1. 合理选择运输工具

我国目前的运输工具有火车、轮船、汽车、管道、飞机和民间的各种运输工具。由于运输工具特点的不同和运输效率、运费率、运输距离的不同，因而运费计取标准也各不相同。所以，商业企业在组织商品运输时，就应当从讲究效益出发，合理选择运输工具。因为商品性质往往限定商品在途时间，时间过长会导致经济上的损失；运输速度的快慢，则影响到企业的商品和资金的周转速度，影响到能否及时供应市场需要；运价高低，则影响到商品流通费用水平的高低。

各种运输工具的特点如下：

（1）铁路运输。它具有运量大、速度快、费用低、安全、受自然条件影响少、有较高的准确性和连续性等优点，适合运输量大、笨重、体积大的商品。但铁路运输局限于已有的铁路网和条件，不够灵活方便。铁路运输是我国商品运输的主要骨干。

（2）水路运输。水路运输包括内河、近海及远洋运输。适宜运送笨重的、运量大的、价值低的商品。特点是运价最低、速度慢。

（3）公路运输。公路运输的特点是灵活迅速，可直达需货单位。但运量少、运费高，是我国内陆地区主要的运输工具。

（4）航空运输。速度最快，但运量小、耗能大、运价高，只适合贵重的、急需的小件商品运输。

（5）管道运输。管道运输已成为现代最符合经济原则的运输方式之一。其运输费用介于铁路和水路之间，但安全性强。不足之处是运输品种受限。

选择运输工具还应从全局利益出发，促进运输的全面发展。因此，凡是具备水运条件的，尽量不陆运，能联运的不分运，能直达的不中转，能整车船发运的不走零担，能合装整车的要尽量组织直达。

2. 提高运输工具使用率，充分利用运力

要在保证商品运输安全的前提下，最大限度利用车船载重吨位和车船装载容积，防止浪费。具体措施有：根据待运商品的重量和体积，合理选择车船，改进商品包装，压缩商品体积，做好轻重商品合理组配，提高技术装载量，及时组织货源，缩短商品装卸时间，加速车船周转，积极组织双程运输，消除车船空驶。

3. 开展集装箱运输

集装箱运输是一种现代化运输方式，它是运输部门以特制的大型货箱，供托运单位运输商品的一种方法。集装箱种类多样，制作坚固，可以循环使用，可以预先在仓库、工厂把货装好。

采用集装箱运输的好处是：简化理货手续；减少货损货差，确保商品安全；便于机械化作业，节约劳动力，缩短装卸时间；加快商品流转，节约部分商品包装费用；不受气候影响，能露天堆放、雨天作业。

四、商品运输业务

（一）商品运输计划

商品运输计划，是指商业企业根据商品购销的需求，向交通运输部门提出的商品托运计划和自有运输工具的自货自运计划，是商品经营计划的重要组成部分，是组织实际运输的一项具体计划。下面以铁路货物运输为例加以说明。

1. 运输计划的分类

（1）年度运输计划。这是一种概略性计划，即概括地将计划期的商品运输任务的各种主要数据作为参考性指标。它是按照年度商品流转计划，参考历史资料，结合计划期的市场状况和交通运输条件等，综合各种运输方式于一个具有规定格式的年度商品运输计划表内（见表5－9）。年度运输计划由要车单位于每年第四季度编制，并送交所在地的铁路运输部门，供作编年度运输计划和统筹安排全年运力的参考。

表5－9　××年度商品运输计划表

填报单位：　　　　填报日期　　年　　月　　日

品类及主要品名	合计		铁路运输			公路运输		水路运输	
	运量（吨）	货物周转量（吨公里）	运量（吨）	车数（辆）	货物周转量（吨公里）	运量（吨）	货物周转量（吨公里）	运量（吨）	货物周转量（吨公里）
合计									

（2）月份、旬要车计划。月份要车计划是发货人在托运整车货物运输前，向铁路部门提出的托运计划（见表5－10）。其内容包括：到达局和车站、发送局和车站、发货单位和收货单位、货物名称、品类和吨数、车种和车数等。月份要车计划也是铁路组织运输、安排运力的基础和依据。

表 5-10　　　　二〇〇年　　月　要车计划表

批准计划号码：

提计划单位：名　　称：　详细地址：　电话号码：

年　　月　　日　　提出

到达		发货单位	收货单位	货物		车种及车数								出口	附注	发送局
局	车站			名称	吨数	棚	敞	平	罐	保温			计			
																发送车站/货物品类
合　计																

经铁路局批准后，月份要车计划就成为托运人与承运人的货物运输合同的特定格式，承托双方均应按照重合同、守信誉的原则，认真执行，共同实现。

每旬要车计划是以批准的月份要车计划为依据，由托运人向发送车站分上、中、下旬提出具体发送日期和车数的分段托运计划（也称执行计划），通过旬日的分段安排来保证月份要车计划的实现。托运人要按照铁路的规定填报旬、日要车计划表（见表 5-11）。

表 5-11　　　　旬、日要车计划表

年　　月　　日　　　　　　　　　　　　　　　　发货单位：

运输计划号码	发货单位	发站	到达		品名	计		1		…		10		车种					循环		直达列车		成组		记事
			局	站		原提	安排	原提	安排	原提	安排	原提	安排	棚	敞	平	罐	其他	列数	车数	列数	车数	组数	车数	

2. 编制月份要车计划依据

托运人员编制月份要车计划，必须有充分可靠的依据，以保证计划内容的准确，提高计划质量。其主要依据有：商品经营计划，商品购销合同，对铁路运输动态的预测，对货物运量调查、分析、测定的资料等。

3. 编制月份要车计划的内容、方法和程序

（1）月份要车计划的内容是指要车计划表中应填写的内容。主要是：发送站、到达站、货物品类和品名、车种、车数和吨数等。其具体内容可见统一格式的月份要车计划表（见表5－10）。

（2）方法。

① 准备资料。一般资料应包括：商品经营计划、商品购销合同、铁路货运营业站示意图、近期铁路动态信息、上期和同期运输计划完成统计资料等。

② 预测货物运量。根据上述准备齐全的资料，在定量定性分析的基础上，进行计划吨数与车数的测算。

③测算货物发运车数。以铁路整车发运量与前期发运车数的平均净载重相除，得出车数。

④提出要车计划草案。在着手编制计划之前，必须对准备的资料和技术计算的结果进行审查和分析研究，充分考虑货物的产、销情况，计划期内的运输条件、动力变化、线路能力及相互关系。在通常情况下，可在技术计算的基础上适当增加一些估计的成分为机动数，提出要车计划草案。

⑤讨论定案。由企业领导召开计划、业务、储运部门有关人员参加的计划审编会议，对要车计划草案进行修改补充，最后定案。

⑥填制计划表。填制货物运转月份要车计划表。

（3）程序。月份要车计划，以发货单位为基层编报单位的，生产、供应单位自办运输的，由其所属的运输部门负责编报；委托专业储运企业或运输服务行栈统一代理运输的，由委托方向代理方提供调运货物的品种、数量和去向等资料，由代理运输单位负责编报。

（二）商品运输业务

商品运输业务，是指商业部门组织商品完成区间移动过程中所进行的商品发运、接运和中转等一系列的组织操作工作。

1. 商品发运业务

商品发运，是指商业部门的发货单位按照运输计划和规定的手续，通过一定的运输方式，将商品运往目的地的具体业务工作。

商品发运工作是商品运输业务的起点，它不仅关系到商品的中转和接运，而且还会直接影响整个商品运输的效益。因此，商品发运是整个商品运输过程中的重要环节。

商品发运业务的主要内容是：正确选择发运方式，做到合理运输；搞好运输量、运量与运力间的衔接，做到及时发运；办好托、承托之间的交接，分清责任，避免扯皮；做到包装牢固、标记清晰、凭证齐全、货单同行，为商品中转和接运单位安全、及时、正确地收货创造条件。

（1）商品发运方式。选择商品发运方式极为重要。在选择发运方式时，首先应根据商品对运输条件的要求，研究各种运输方式的技术经济特点，比较商品运输的经济价值，选择最优的运输方式。其次，还要注意各种运输方式间的协调发展。

① 铁路发运。按其发运商品数量、性质、体积、状态等条件，分为整车、集装箱、零担三种发运方式。

整车发运，又可细分为单一整车、合装整车、合装整车中转分运、整车分卸、整车零担

等五种。

单一整车，是指同一发站、同一发货单位，将同一种（或性质不相抵触的同一运价号）商品发往同一到站，由一个单位收货的商品运送形式。

合装整车，也叫“零担凑整车”，是指同一发货单位在同一发站，将几种货物、几种不同运价号的商品轻重搭配，组装在一辆货车内，按组装商品中最高的整车运价率计费，运往同一到站，由一个单位收货，然后再分发的商品运送形式。

合装整车中转分运，是指由同一发货单位对一个到站不能装满一辆货车，而将附近几个不同到站的商品组装在一辆货车内运至某一个适宜地点，由到站的商业中转单位统一收货后，再与其他地点运来的中转商品再次组装整车或以零担形式运往目的地的商品运送形式。

整车分卸，是指由同一发货单位将处在同一路线上相近的2—3个不同站的商品组装在一辆货车内，按最远到站的里程交费，由铁路部门按不同到站分别卸车的商品运送形式。

整车零担，也叫“整装零担”，是指由同一发货单位在同一发站，将同一到站、几个不同收货单位的零担商品拼成整车，按零担的发运形式分别办理托运手续，运费按零担运价减收10%，商品运达目的地后由车站负责分别交付各个不同收货单位的商品运送形式。

集装箱发运，是将商品装入箱内，以货箱为单位办理托、承托手续的商品运送形式。集装箱发运商品的方法有两种：一种是发货单位按调拨单、流向、运价、集装箱吨级数量组配好箱数，填制货运单送往车站办理托运手续，然后由车站办交接手续；另一种是发货单位从车站将空箱领回专用线或仓库自装、自封，并按每箱的到站填制货物运单，就交发运车站托收。集装箱发运商品的基本要求是：选用箱型要合理；按批办托运，每批至少一箱，最多不超过铁路货车所能装运的箱数。

零担发运，是指在一般货物发运中，一批货物的体积在0.02立方米或重量在10千克以上，但体积、重量装不足一辆30吨货车的商品运送形式。发运零担商品，不需要编要车计划，发运时先填制货物运单，按批次填单，不同运价号的商品分别填单。然后连同调拨单、运输交接单等交发运车站审查批单。

② 水路发运。是指通过江、河、湖、海发运商品的形式。由于装运量大、运价低等特点，对于适于水运的商品，原则上应采取水运方式。

③ 公路发运。一般是指短途运输、快件运输和铁路、水路不方便的地区。

④ 航空发运。除了抢险、救灾、急救、节日市场急需和贵重精密仪器等商品外，一般都不采用航空发运。

⑤ 联运发运。指把两种或两种以上运输工具联合起来，实现多环、多区段相互衔接、综合作业的商品发运方式。分水陆联运、水水联运、陆陆联运及铁路、公路、航空联运等形式。

（2）商品发运环节及组织技术。发运程序基本上包括组配、制单、托运、送单、预报、结算、统计归档等七个主要环节。每个环节中又有不同的要求。

在具体组织发送前，一是做好货源组织工作；二是进行货源的组织安排；三是选择合理运输路线、方式和工具。

① 组配。就是根据货源、动力的情况，按商品包装、性能、重量、运价及车船特点，将发运商品组配在一节货车或一艘船上，组成一批货物的发运单位。

组配方法有两种：一种是见单（调拨单）组配，即根据商品调拨单，按到站、流向、性能、运价号等进行精心计算，合理组配；另一种是见货组配，即购销企业凭调拨单让生产部门将商品直接由工厂送到运输专用线站台发运。

商品组配的基本原则有：合理运输原则、确保商品安全原则、分清轻重缓急原则、注意节约运费原则。

商品组配的具体技术要求：一是组配整车具体技术要求。首先注意高低运价号的比例，一般可控制高运价号占全车商品的80%，低运价号占全车商品20%。其次是要搞好轻重商品配装，做到容满吨足，车皮标重利用率应在50%以上，容积利用率在85%以上。二是组配装船（驳）具体技术要求。为确保行船安全，要做到前后、左右装货平衡；在运不足一船商品组配时，对每批托商品要测算出体积和重量，并符合不同船只吃水深度要求。三是组配公路整车运具体技术要求。精心计算商品重量和体积，采取轻重合理组配的办法，充分利用车辆的承载能力。

②制单。根据组配环节转来的已组配好的单据（调拨单），按规定填制各种运输单证。主要包括货物运单、运输交接单等。

货物运单，是托运单位与承运单位之间办理托运和承运手续的依据，也是承运单位安排运力、办理货物交接和计算费用的原始凭证。

运输交接单，是流通系统内部发运单位与接收单位或中转单位之间商品交接的凭证，也是收货单位承付货款和掌握在途商品情况的依据。

③托运。包括向承运部门提交要求发运商品的货物运单；经受理后，按时将商品送到指定的地点与承运人员办理交接手续；在装车时，监装及处理甩货和交付运杂费等项工作。

④送单。就是在办完商品托运手续和交清运杂费后，将领货凭证、付费收据、运输交接单、商品供应凭证的有关单据，及时分送收货或中转单位以及发货单位内部各有关部门的工作。

⑤预报。是指在商品发运后，发货方立即向收货或中转单位发出商品已起运的通告。目的在于通知收货单位做好接收商品的准备和便于中转单位做好接转的衔接。

⑥结算。就是在商品发运以后，发货单位向收货单位或托运单位核算和收取代垫运费及其他费用的核算环节。分为送货制、取货制和统一发货制三种结算方法。

⑦统计归档。这是一项对商品发运资料进行分类、整理、汇总、备查的工作。主要内容有两项：一是根据商品运输交接单留存联、统计商品发运数量或重量，计算商品运输有关经济指标，为考核运输的经济效益和编制运输计划提供依据。二是将有关的运输留存凭证进行分类整理，存档备查，以作为答复查询的依据和划分商品运输差错事故的原始凭证。

2. 商品中转业务

商品中转业务，是指在商品运输过程中，由于受到运输条件的限制和合理运输的要求，发货单位将商品发运到中途某一适宜的地点卸下后，由流通系统运输机构负责再次转运、组装和分运，把商品运往最后目的地的运输业务。

（1）商品中转运输的范围及要求。

①商品中转的范围。目前，实行集中转运的一般以百货、文化、针织、纺织、五金、交电商品为主，其他如化工、副食、中药材及危险品等，经过发、转、收三方事先协商同意也可以进行中转。同时，对商品中转还应掌握：凡能组织铁路、公路整车直达的不中转；水路能用同一运输工具直达的不中转；能联运的不中转。

②商品中转管理的基本要求。商品中转运输要合理地选择中转地点，应选择距离接收地最近的中转点分运；商品发、转、收几个环节要签订协议，紧密衔接；接转的各项操作要仔细、认真；中转手续要清楚；转运要及时；费用要节省。

（2）商品中转业务的内容。

①衔接运输计划。要搞好商品的中转运输，必须把中转商品接转的计划衔接好。同时，中转运输单位也应与发货单位、收货单位之间保持密切的联系。

中转单位与发货单位的计划衔接，应要求发运单位遵守规定：“凡一月内委托中转的商品，整车实重在10吨以上，轻泡商品30立方米以上，集装箱5个以上，水运15吨以上，各发货单位于每月二日前将下月委托中转商品的运输计划资料送达中转方”。发运方提供的运输计划的内容包括：发站（港）、中转站（港）、到站（港）、收货单位、商品品类、重量等，以及中转单位及时编报中转商品的车、船计划。

②接收中转商品。接收准备工作的重点应放在联系衔接运力，争取商品就车站、港口直拨。同时，仍需在中转仓库留有备用货位，以免直拨商品临时发生变化时能及时提运入库。

中转单位在取回提货凭证和随货同行单证后，要填制运转（中转）交接单。其内容包括：收货单位、品名、包装、件数、重量等。按收货单位分别填制。

③发运中转商品。中转商品的发运也根据核准的计划进行。发运中要求和注意事项如下：做到先来先转；破包的必须修补，不应破来破转；发现收货标记有错误时，不能将错就错、错来错转；中转商品应尽量组织直达运输，一般不应使用同一种运输工具再作第二次中转。

3. 商品接运业务

商品接运，是指接运员把从发运地运达收货地点、收货单位的商品，根据商品到达站、港的通知，向交通运输部门领取商品所进行的一系列商品点验、交接工作，它是商品运输过程中最后一个环节，也是商品运输工作的终结。

商品接运业务的基本要求是：加强计划性，做好充分准备，使各道工序密切衔接，有条不紊、快而不乱；做到接收快、验收严、责任明、手续清；到达商品该直拨的直拨、该入库的入库，避免重复装卸，提高接运质量。

商品接运工作，与商品储存的入库业务基本相同。

思考与练习

一、思考题

1. 什么是商品储存？什么是商品运输？商品储存与商品运输的必要性分别是什么？

2. 商品储存、商品运输的业务程序分别是怎样的？

3. 商品合理储存的内容有哪些？控制方法有哪些？

4. 商品合理运输的内容有哪些？

5. 如何编制商品运输计划？

二、实训题

1. 某商店平均每日销售某商品100个，货架陈列300个，商品运输正常需2天时间，有时堵车需1天时间，销售准备需1天时间，每间隔8天进一次货，则该商品的平均储存时间为多少天？

2. 资料见下表：

商品名称	月平均销售额（万元）	毛利率	毛利（万元）	费用率	库存费用率	月利率	目标利润率
甲商品	20000	10%	2000	2%	2.5%	2%	4%
乙商品	40000	15%	6000	2.5%	2.5%	1%	5%

则甲、乙两种商品的保本、保利的库存金额分别为多少？

3. 结合本地的一个商业企业实际，运用ABC分类控制法进行商品库存控制。

第六章

商品经营管理

学习目标

加深对商品经营管理重要性的理解；掌握商品购销运存管理的基本内容；初步掌握企业经营成果分析的内容、方法和意义；理解商品经营分析的基本内容；熟悉商品经营评价的指标体系。

第一节 商品经营管理的重要意义

一、商品经营管理的概念

管理是管理者为实现一定的目的，对被管理者实施计划、组织、指挥、控制的经济活动过程。商品经营管理，是商业企业的经营者为实现一定的经济效益，按照客观规律，依照一定的原则、程序，运用科学的方法，对企业的商品经营活动过程及其经营要素进行计划、组织、指挥、控制的经济活动过程。它是社会化大生产和企业经营发展的客观要求。管理是伴随着经营的发展而发展的。经营与管理既有区别又有联系。一方面，经营是管理赖以存在和发展的基础，没有经营就没有管理，有什么样的经营，就要求有什么样的管理为其服务。另一方面，管理决定经营，管理是实现经营的重要手段。离开管理，经营活动就无法正常进行。所以，企业的管理活动必须为其商品经营服务，成功的经营必须以有效的管理为基础，管理是决定经营成败的前提和关键。

随着社会主义市场经济的不断发展和完善，特别是我国加入世界贸易组织以后，企业面临的市场环境越来越复杂，商品经营企业不但要与国内的同行进行竞争，而且还要迎接来自国外企业的严峻挑战，所以，提高我国企业的经营管理水平十分必要。

商品经营管理的主要任务是：建立符合现代市场经济要求的高效经营管理机构；配备会管理、善理财、高素质的各级经营管理人才；建立完善的经营管理制度；进行市场调查研究，正确决策；策划、组织、指挥、控制经营活动过程；提高商品经营的现代化水平；为企业的经营活动创造良好的内部和外部环境。

二、商品经营管理的重要性

（一）经营管理是一种重要资源

管理是现代社会的无形资源，人们把它与科学和技术称作建设现代化文明的“三鼎足”。商品经营管理，七分在管理，三分在经营。不同的企业，在它们同时具备了相同的人、财、物等有形资源时，其经济效益的差别往往是由于管理水平的不同而引起。相对于人、财、物等有形资源，管理作为一种无形资源，具有无限的潜力。每一个商品经营企业都应该向管理要效率、要效益、要发展。

（二）商品经营管理有利于规范企业的经营方向和经营行为，是实现企业社会效益的保证

商品经营企业应坚持社会主义的经营方向，坚持市场经济的基本原则，合法经营，讲究职业道德，维护国家利益、社会利益和顾客利益，这是评价企业社会效益的核心内容。有效的管理工作是实现这一目标的重要保证。严格规范的管理能提高经营人员的思想政治觉悟；能把经营者的活动置于法律制度的监督和约束之下，使经营者能自觉地遵守法律和制度；能及时纠正企业存在的不良行为。

（三）商品经营管理是整合经营要素、放大经营能量、理顺经营秩序、实现企业经济效益的重要手段

企业经营活动是企业综合运用各种经营要素，并充分发挥其能量的过程。企业各部门各环节客观上存在着自身利益，在经营过程中容易产生本位主义的倾向，这必然导致内部矛盾滋生，经营秩序混乱，造成企业的人力、物力、财力等资源的浪费，消耗企业的经营能量，降低企业的竞争能力。只有加强管理，才能够合理分配和使用企业的有限资源，才能够有效地在统一目标的指导下组织企业内部各部门的工作，也才能够使企业成为真正的整体。这是放大企业的经营能量，提升企业的整体竞争能力，提高企业经济效益的重要手段和重要保证。

第二节 商品经营业务管理

一、采购管理

商品采购管理，是指商业企业对商品采购进行计划、组织、指挥和控制的活动。商品采购管理的任务是：开辟货源，组织适销对路的商品，保证和促进销售；严格商品验收，保证商品质量；加强与各商品供应商的联系，推动企业与各供应商的关系的全面发展。

（一）加强对商品采购的组织建设和人员管理

商业企业根据自己的经营规模和实际需要，建立由经理或副经理直接领导的商品采购组织系统，设专职的商品采购主任或部长，加强对商品采购的组织领导，根据需要配备若干名合格的采购员。

1. 采购部门的主要职责

依据企业的商品流转计划，编制商品采购计划；评价并选择采购渠道；制定商品采购策略；加强与企业其他部门的联系；重视对采购员的管理，合理使用采购员；在企业规定的权限范围内，处理采购业务的内外关系；代表企业签订商品采购合同等。

2. 加强对采购员的管理

根据需要确定采购人员的数量；制定采购人员的招聘条件和培训计划；制定采购工作制度和采购员的管理制度；监督、检查、考核、评价采购员的工作态度和工作业绩。

（二）加强对商品采购的计划管理

商品采购计划是企业进行商品采购的依据。企业要制定统一的商品采购计划，内部各经营部门及主要商品的采购活动必须按计划进行。同时，企业要制定商品采购计划的制定、执行、监督检查和变更的相关制度。

（三）重视对商品采购信息的管理

市场需求和企业的经营能力是企业进行商品采购的基本依据。企业要及时地、经常地搜集这些信息，认真分析，加强管理，使企业的商品采购活动真正发挥其引导生产、创造消费、促进销售的作用。

（四）建立商品采购合同的管理制度

采购合同是规范企业和供应商权利与义务的具有法律效力的协议，是企业和供应商享有权利履行义务的依据，是依法解决经济纠纷，具有法律效力的重要书面证据。合同也是企业总结商品采购经验的重要资料。一方面企业要依法签订商品采购合同，另一方面要建立合同的管理制度，加强对采购合同的管理。

合同签订人员必须熟悉《中华人民共和国合同法》，具有签订合同的基本知识（包括语言文字知识），全面了解市场行情，熟悉商品的质量标准等。

企业要建立合同签订、审批、登记、检查、联系和履行的制度以及责任事故的处理办法。要有专人或兼职的合同管理人员集中管理商品采购合同。

（五）对供应商和采购渠道的管理

对供应商的管理主要需要做好下面两方面的工作：

首先，正确评价供应商。在市场不断发展，竞争日益激烈，货源充足的条件下，如何选择理想的供应商，是商品经营企业的重要任务之一。对供应商进行评价需要搜集的基本资料是：供应商的基本情况，如供应商是否是合法企业，是否具有从事某种商品的生产资格（生产许可证）等；供应商的生产能力和生产条件，这一点直接影响到供应商的产量、产品结构、质量、交货期；供应商的信誉状况；供应商的结算条件，如商品价格、付款方式（时间、现金或非现金）、供货方式；其他条件，如距离、交通条件等。企业要综合评价供应商的上述条件，最后选定满意的供应商。

其次，保持和供应商的良好关系，建立正常的信息沟通机制，及时了解供应商的最新动态。

（六）控制采购费用

商品采购费用是企业的一项经常性开支，采购费用的正常供应是商品采购活动正常进行的必要条件。但采购费用的不合理支出也会直接影响企业的经济效益。企业要建立和健全采购费用管理的规章制度，提高采购人员合理支出的责任意识。

二、销售管理

商品销售是商品经营企业最重要的职能，是商品经营企业经营活动的中心环节。销售管理就是企业销售活动的策划、组织、指挥和控制等工作的总称，是商品经营企业经营过程管理的中心环节。商品经营企业的采购、运输、储存等的管理工作都要围绕销售活动来进行。企业的销售管理对企业销售业务的开拓、销售能力的提高、销售人才的培养、销售成本的降低和销售服务质量的提高具有十分重要的影响。销售管理是商品经营企业生存和发展的生命线。其根本任务是：研究市场需求，制定销售策略，开拓市场，不断地扩大商品销售，实现企业利润的最大化。

（一）强化销售部门的作用

销售部门是商品经营企业的核心部门，企业的各项工作都要有利于销售工作的正常进行，有利于促进销售。企业要有一名副经理直接领导销售工作，企业经理要经常指导销售部门的工作，经常了解销售信息，直接参与策划企业的重大销售活动。销售部门要配备熟悉市场、精于组织、善于策划、善于应变、具有现代营销知识和营销经验的负责人，配备强有力的销售人员队伍。

（二）对销售人员的管理

对销售人员的管理是商品经营企业商品销售管理的主要内容，是现代企业提高竞争能力的重要手段之一。销售人员是商品经营企业的主力军，是扩大商品销售、实现企业经济效益的主体。他们是商品的销售者，同时也是企业公关活动的参与者，是企业形象的重要代言人。所以，销售人员的素质不但影响企业的经济效益，而且影响企业的市场形象。销售队伍是否稳定也直接影响企业的发展。企业要重视销售人员的选拔，重视对销售人员进行思想政治、法律道德、业务技能的教育，要对他们进行爱岗敬业、文明礼貌、热爱企业的教育，要让每一个销售人员树立起市场营销观念。企业要采取有效措施，运用多种形式，如物质奖励、精神激励等调动销售人员的积极性，激发他们的创新精神，稳定销售人员队伍。同时要建立销售人员的管理制度，制定销售服务的行为准则等。

（三）对销售政策、销售策略的管理

市场经济是法制经济。商品经营企业的销售政策、销售策略、销售方式必须有法可依。这是实现国家利益、社会利益、顾客利益和塑造企业良好的社会形象的客观要求。商品经营企业要严格执行相关法律，如《产品质量法》、《商标法》、《反不正当竞争法》、《消费者权益保护法》、《广告法》、《食品卫生法》等，企业还必须严格遵守《国务院关于禁止传销经营活动的通知》精神，决不能以任何形式从事传销活动。

（四）对商品销售价格的管理

价格是企业开展市场竞争的重要手段。企业有商品的定价权，但企业的销售价格一方面要执行《价格法》和其他相关的法律、政策，另一方面企业要制定内部的价格管理制度。如，实行明码标价的实施办法；商品价格的备案、申报和审查制度；价格保密制度；价格调整的权限、销售人员的价格权限和价格责任以及其他人员的价格责任制度；调整价格的通知制度等。企业要根据自身情况建立价格管理机构，小型企业可设专职物价人员，其职责是：制定和完善企业价格管理制度、搜集价格信息、策划价格方案、主动与有关部门加强联系等。

（五）销售服务的管理

销售服务管理的前提是要在企业内部形成以顾客为中心，热情为顾客服务的现代营销观念。销售服务管理的内容主要包括售前、售中、售后三个方面。

1. 售前服务管理

售前服务管理是销售服务管理的前提和基础，其主要内容是：选拔并培训销售人员；制定售货工作的操作规程和服务标准并使之规范化，包括售货操作规程、服务用语、仪容、服饰、服务纪律等；补充和陈列商品，要精心设计商品的陈列方式，做到整体陈列美观、主要商品醒目；准备销售服务所需的找零钱、新商品的宣传材料和服务器材，并对服务器材正确调试；检查其他设备（如空调等）是否正常。销售人员要以充沛的精力准备迎接顾客。

2. 售中服务管理

售中服务管理是销售服务管理的重点，管理的主要内容是：企业的销售人员要自觉遵守营业纪律，严格按照业务规程办事，坚决执行服务规范标准，热情接待顾客，并提供耐心而周到的服务；管理人员要根据顾客流动规律合理安排销售人员的上下班时间，既要方便顾客购买，又要使职工劳逸结合；消除安全隐患，为顾客提供安全的购物环境；保持售货现场的卫生，美化售货环境。

3. 售后服务管理

售后服务是销售服务的补充、完善和继续，其管理的主要内容是：企业要建立售后服务的管理机构；配备素质高的人员专门从事售后服务；建立售后服务的管理制度和售后服务的跟踪管理制度；做好接待工作，处理顾客投诉，协调企业与顾客的关系。

三、运输管理

商品运输管理的基本任务是：合理组织商品运输，保证商品运输的及时、安全、准确、经济。

（一）自有运输设备的管理

商品经营企业的商品运输，一是借助社会运力，二是充分发挥自有运输设备的作用。社会运输力量一般适用于运输量大、运输距离长等运输业务。大中型企业，尤其是大型批发企业进行大量采购、大批量销售时，应积极做好与运输部门的联系，发挥社会运力的作用，这对于经营活动的顺利进行、节约运输费用，具有实际意义。但是，大多数商品经营企业的运输都具有运输批次零星、运输距离短和运输点多而广的特点，如企业送货上门服务、连锁店的货物配送等。这就决定了这些企业，尤其是零售企业的日常商品运输业务主要由自有运输设备来完成。自有运输设备管理的任务是：保证运输设备性能良好，随时能够投入使用。对于送货上门等这样的运输业务，有条件的企业要配备专用设备，安排专职人员。

（二）商品运输的安全管理

商品运输的安全性，就是在商品运输中要保证人身、商品、设备的安全。一是参与商品运输的人员要合格。自备设备的驾驶员要求技术熟练、责任心强，商品的装卸人员必须文明搬运商品、正确堆码，避免因商品堆码不合理造成商品在运输途中发生损坏、丢失。二是特殊商品特殊运输。如，鲜活易腐商品的运输有如下要求：保持一定的温度、提供适宜的湿度、需要适当的通风、保持良好的卫生条件。又如，易燃易爆类商品在装卸、车辆使用、消防补救方法和安全防护等方面均有特殊的要求。三是运输设备要质量合格、性能良好。

（三）运输业务管理

商品运输业务管理的基本内容是：执行运输计划，积极组织商品的合理运输；加强运输信息沟通，紧密衔接各方，做到及时运输；加强商品运输的经济核算，控制运输费用；建立和健全各项科学的管理制度；采用科学的管理方法，逐步实现商品运输的现代化。

四、储存管理

商品储存管理的基本任务是：研究储存管理的有效方法，提高储存设备的现代化水平和管理效率，做到储存多、进出快、费用省；提高商品的科学养护水平，保证商品质量，做到质量好、损耗少；建立以岗位责任制为中心的仓库管理的各项制度，提高管理水平，充分发挥储存保销的作用。

（一）储存管理的基本制度

要做好商品储存管理工作，就必须建立和健全相关管理制度。

1. 定额管理制度

定额管理制度是仓库保管员的工作量和工作目标的制度，是考核仓库保管员业务水平、责任、态度的主要指标。主要指标如下：

（1）单位面积储存量定额。这是衡量仓库设备利用率的指标，是制定其他定额的基础。公式是：

$$单位面积储存量=\frac{日平均储存量}{仓库实际面积}$$

商品储存量的确定，要以方便库内商品的进出和保证人身、财产安全为原则。

（2）账货相符率定额。它是指商品盘存时账货相符的笔数占商品储存总笔数的比率，即要求商品的品种、规格、等级、产地、数量等内容的相符。公式是：

$$账货相符率=\frac{账货相符笔数}{储存商品总笔数}\times 100\%$$

此外还有收（发）货差错率定额、保管损失额、保管员平均工作量定额等。

2. 安全管理制度

仓库管理要保证商品、人身和设备的安全，必须贯彻以防为主的原则，建立和健全有效的安全管理制度。这些制度主要包括：安全生产责任制度；安全保卫制度；防火、用电制度；消防制度；安全检查制度等。要防火、防盗、防自然灾害、防工伤事故、防商品霉变残损等。

3. 岗位责任制

建立商品储存的岗位责任制就是要实行定岗位、定责任、定工作，做到人人有专责、事事有人管。商品储存岗位责任制的主要内容是：仓库负责人岗位责任制、保管员岗位责任制、商品养护人员岗位责任制和财务会计人员对仓库商品的核算方面的责任制等。

（二）仓库保管员的管理

储存管理的基本前提是选配合格的仓库保管员。仓库保管员的基本要求是：懂得商品；熟悉仓库管理的业务知识；掌握商品养护的科学知识和现代仓库管理的科学方法；爱岗敬业，有高度的责任意识。

（三）储存业务管理

仓库业务管理是储存管理的中心内容，包括商品入库、在库和出库三个环节的管理，核心是商品养护管理。

1. 商品入库管理

商品入库管理的基本要求是：做好商品入库前的人力、设备和货位及仓库卫生等的准备工作；按照入库单和质量标准的要求，对待入库的商品严格进行数量、质量、包装的验收；手续完整，及时入库。

2. 商品在库管理

这是仓库业务的中心环节，其管理的基本要求是：合理堆码，按商品的特点和仓库实际，精心组织商品堆码，要有利于保证商品安全、工作人员的安全和库内设备的安全，要方便商品的搬运；精心养护，认真检查并及时掌握商品质量的变化情况，检查仓库设备及其他设施是否正常，保持仓库内清洁卫生，对发现的问题采取有效措施，及时处理或上报有关部门领导；确保商品在库期间质量合格、数量准确、包装完好。

3. 商品出库管理

仓库保管员要严格遵守商品出库的业务规程，严格复核出库商品的单据、数量、品种、质量和包装，并保证商品及时出库。

第三节 商品经营成果分析

商品经营成果分析，是指商品经营企业为了揭示企业经营活动中的矛盾、寻找原因、制定改进措施、提高经济效益，运用经济核算的方法，计算各类经济指标并对其进行分析研究的一系列活动的总称。它是对企业综合经营能力进行评价的重要途径。

一、商品经营成果分析的意义

商品经营成果分析对于商品经营企业具有十分重要的意义：

第一，经营成果的分析有利于经营者总结企业经营经验，发现企业经营活动的一般规律。

第二，经营成果的分析是客观公正地评价企业经营能力和管理水平的基本手段，也是考核各部门或各环节工作效绩的基本依据。

第三，经营成果的分析是发现实质问题、及时控制经营活动的前提。经营成果分析是建立在对经营活动全面调查基础上的一门科学。全面的调查资料为分析经营成果提供了依据，经营成果的分析过程及其结论又是经营者深入了解经营过程，及时发现经营问题及其影响因素的重要手段，有利于企业经营者及时控制不利因素，避免经营状况恶化。

第四，经营成果分析的结论增强了企业经营决策和经营计划的针对性。企业经营决策过程是一个发现问题、利用市场机会、化解经营风险、促进企业不断发展的过程。经营计划则是实现这一目标的重要步骤。经营成果的分析过程，就是为了及时、全面、准确地评价企业经营活动。通过分析和评价，能够及时、准确地了解企业在一定经营阶段的经营成果及其原因，发现这一阶段影响企业生存和发展的问题。这就为企业进行经营决策，制定经营计划提供了依据，增强了决策和计划的针对性。

二、商品经营成果分析的方法

商品经营成果分析的方法有比较分析法、因素分析法、平衡分析法和动态分析法等。本节只介绍前两种方法。

（一）比较分析法

比较分析法又称对比分析法，是经营成果分析的基本方法。它是通过指标对比，发现研究对象之间的差别程度。运用该方法分析商品经营成果，就是将两个经济指标进行比较分析，评价企业的商品经营成果。运用这一方法需要掌握下面三组指标的对比关系：本期实际指标与计划指标的比较、本期实际指标与历史同期实际指标的比较、本期企业实际指标与同行业同期实际指标的比较。三组对比关系的指标、作用和适用情况如表6－1所示。

表6－1　经营成果对比分析法

对比分析法	指　标	作　用	一般适用
本期实际指标与计划指标的比较	实际指标/计划指标	分析计划完成程度，评价企业经营管理	费用、利润、销售额（量）、资金、库存量等
本期实际指标与历史同期实际指标的比较	本期实际指标/历史同期实际指标	分析企业经营活动的发展趋势和变化规律	费用、利润、销售额（量）、资金、库存量等
本期企业实际指标与同行业同期实际指标的比较	本期企业实际指标/同行业同期实际指标	发现本企业与同行业之间的差距或优势	销售额、利润率、劳动效率等
注意问题	要注意经济现象和指标的可比性		

（二）因素分析法

因素分析法又称连环替代法，是通过对影响经营成果的各种因素的数量分析，评价这些因素对经营成果影响程度的一种方法。如销售量、商品价格、经营费用等是影响商品经营利润的主要因素，企业就可以用销售量、价格、费用指标分别分次替代经营利润计算公式中的对应指标，计算并分析三个因素对商品经营利润的影响程度，并可以发现影响利润变动的主要指标。因素分析法的步骤是：

1. 列出经营成果的计算式

发现影响经营成果的各因素，并将计划指标一次性全部代入公式，计算出经营成果的计划指标。

2. 按指标的重要程度将实际指标逐项进行替代

每次替代均是假定其他计划指标和已经替代的指标不变，只代入另一个实际指标，并计算相应的结果，直到代完为止。

3. 逐项计算各因素对经营成果的影响程度

用后次替代的计算结果减去前一个计算结果，其差额就是该替代因素对经营成果的实际指标与计划指标的影响程度。

4. 将各因素影响程度的指标值相加

其结果就是实际经营成果与计划经营成果的总差，它表明各因素对经营成果的影响程度和影响方向。

[例如] 某零售商店2000年10月甲、乙两种商品的销售计划及其完成情况如表6－2所示，试分析各因素对企业商品销售总额的影响程度。

表6－2 （单位：元/台）

商品名称	商品单位	单价（元）		销售量（台）		销售额（万元）		差额（万元）	备注
		计划	实际	计划	实际	计划	实际		
甲商品	台	600	560	200	300	12	16.8	4.8	
乙商品	台	400	380	220	250	8.8	9.5	0.7	

第一步，列出销售总额计算式。

商品销售总额＝（甲商品销售量×价格）＋（乙商品销售量×价格）

（1）计划商品销售额＝（200×600）＋（220×400）＝20.8（万元）

影响商品销售总额的因素是：商品结构、销售数量和价格。

第二步，逐项进行替代。

（2）替换甲商品的实际销售量。

（300×600）＋（220×400）＝26.8（万元）

（3）替换乙商品的实际销售量。

（300×600）＋（250×400）＝28（万元）

（4）替换甲商品的实际价格。

（300×560）＋（250×440）＝26.8（万元）

（5）替换乙商品的实际价格。

（300×560）＋（250×380）＝26.3（万元）

第三步，逐项计算各因素对经营成果的影响程度。

（2）－（1）：26.8－20.8＝6（万元）

（3）－（2）：28－26.8＝1.2（万元）

（4）－（3）：26.8－28＝－1.2（万元）

（5）－（4）：26.3－26.8＝－0.5（万元）

第四步，将各因素影响程度的指标值相加。

6＋1.2＋（－1.2）＋（－0.5）＝5.5（万元）

经分析可知，不同商品的销售量和价格变动对销售总额的影响程度不同，总的方向是，销售总额增长了5.5万元。其中，甲商品的销售量的增加对销售总额的影响程度最大。

因素分析法的简化形式叫做差额计算法。这种方法是直接利用实际数与计划数之间的差额来计算各因素对经营成果变动的影响程度和方向。

[例如] 如上题：

两种商品计划销售额是：（200×600）＋（220×400）＝20.8（万元）

两种商品实际销售额是：（300×560）＋（250×380）＝26.3（万元）

计划销售额与实际销售额的差额是：26.3－20.8＝5.5（万元）

甲商品计划销售量与实际销售量的差是：300－200＝100（台）

则：甲商品销售量的增加对销售总额的影响程度为：600×100＝6（万元）

乙商品计划销售量与实际销售量的差是：250－220＝30（台）

则：乙商品销售量的增加对销售总额的影响程度为：30×400＝1.2（万元）

甲商品计划价格与实际价格的差是：560－600＝－40（元）

则：甲商品价格的降低对销售总额的影响程度为：－40×300＝－1.2（万元）

乙商品计划价格与实际价格的差是：380－400＝－20（元）

则：乙商品价格的降低对销售总额的影响程度为：－20×250＝－0.5（万元）

将上述数字相加，即为各因素对销售总额的影响程度和方向：

6＋1.2＋（－1.2）＋（－0.5）＝5.5（万元）

因素替代法的替代顺序不能随意确定，否则各因素对经营成果的影响程度会发生数量上的改变。要根据各因素之间的依存关系确定替代顺序，其规律一般是：先数量指标，后质量指标；先实物量指标，后货币量指标；先主要因素指标，后次要因素指标。

三、商品经营分析的内容

（一）经营要素分析

商品经营要素分析，是指商品经营企业对企业的人、财、物、信息和商品等要素的分析，目的是探测经营要素对企业经营活动的满足程度。具体内容如下：

1. 人力资源的分析

人力资源分析的内容包括：企业内部人员的数量分析、结构分析、岗位分布分析、专业能力分析、劳动效率分析、劳动定额分析、思想状况分析等。目的是为了弄清楚现有人员的知识、能力、思想和数量是否能保证企业经营活动的需要；是否存在浪费人才或劳动力使用不当的现象，从而为企业制定劳动力发展计划、培训计划、合理开发和使用企业人力资源提供依据。此外，企业要对内部的人才环境、制度建设等进行分析。

2. 财力资源分析

财力资源分析的主要内容包括：流动资金分析、固定资产分析、利润额及构成分析、盈利能力分析、债权债务分析。此外，还包括无形资产的分析等。财力分析为企业合理使用资金、提高理财能力、提高资金的利用率提供了经验。

3. 物质资源分析

物质资源分析的主要内容包括：物资对经营活动的保证程度、物资的消耗量、物资的利用效果、设备的技术水平、设备的投资回收期等的分析。

4. 信息资源分析

信息是企业的重要资源，经营者应结合自己经营活动的需要，从一切信息的载体中挖掘信息，并对信息的时效性、准确性、储存的安全性、信息的利用程度和信息的价值进行分析。分析信息的主要目的是为了合理支配所有企业资源，为了正确决策，提高企业的竞争能力，取得更大的经营成果。

5. 商品资源分析

商品资源分析主要包括：商品的市场寿命周期、市场商品资源的供应量、企业商品的经营能力、商品经营结构（类别、品种、质量、价值）、商品的适销率、商品的损耗率等。其目的是为了改善企业的商品经营结构，提高企业的商品经营能力。

经营要素的分析不是孤立的，各个要素之间存在着必然联系。因此，经营要素的分析就是对各个经营要素的综合性分析。

（二）商品经营活动分析

商品经营活动分析就是依据国家的政策和法律，利用有关资料对市场动态、商品流转的分析研究。市场动态及发展趋势的分析是企业对市场的供求关系、消费者的购买习惯和购买力等的分析。商品流转分析就是对商品采购、销售、储存、运输活动的分析。商品经营活动分析是提高经济效益的必要手段。

1. 商品采购分析

（1）商品采购计划完成情况分析。包括商品采购计划总额完成情况分析、主要商品采购计划完成情况分析、影响采购计划完成的因素分析等。

（2）采购渠道分析。不同采购渠道和供应商的信誉，对企业货源的保证能力（数量、质量、花色品种等）、采购成本等的影响程度不同。对采购渠道的分析有利于企业选择合理的进货渠道，有利于提高商品采购对企业商品销售的保证能力。

（3）采购合同分析。商品采购合同分析包括采购合同签订情况分析、采购合同履行率分析等。通过分析全面了解合同执行进度及合同履行的责任，有利于企业总结签订合同的经验，有利于企业评价采购员的工作业绩，也有利于评价供货商的信誉。

（4）采购量的分析。企业商品采购量的确定要根据市场商品的供求关系、采购费用、企业的储存条件、储存费用、销售能力等来进行。目的是为了确定合理的进货量，节约采购成本，节约储存成本，保证商品销售。

2. 商品销售分析

（1）商品销售计划完成情况分析。商品销售计划完成情况分析包括两方面的内容，一是商品销售总额和主要商品销售的计划完成情况的分析。二是影响商品销售的因素分析。即对影响商品销售的企业外部因素和内部因素的分析。具体内容是：

影响商品销售的外部因素是：市场竞争因素，如竞争对手的情况等；市场需求因素；消费者的变化；生产者的商品的质量、品种、适用性、实用性和货源是否充足；政策法律因素；技术发展因素。今后，国外商品、国外企业将逐步进入我国市场，商品经营企业要密切关注这一变化，研究国际市场对国内市场的影响。

影响商品销售的内部因素是：企业的地址、企业的经营方式和策略、企业的价格政策、经营观念和服务质量、企业的社会形象、人员因素、管理水平等。

（2）商品销售价格分析。商品销售价格分析的内容是：企业定价方法的选择是否合理、企业定价目标对实现企业经营目标的影响、企业价格策略的竞争力度、消费者对价格的评价、影响价格的因素分析等。价格分析为企业确定价格目标、制定销售价格提供了依据。

（3）商品销售方式和销售策略分析。商品销售方式与销售策略对完成企业的销售计划影响重大。企业选择任何一种销售方式和销售策略都必须进行事前的分析，如成本、效益、可行性和合法性等的分析。通过事中和事后分析，总结经验教训，为改进销售方式、完善销售策略提供依据。

（4）商品经营安全率分析。经营安全率，是目标销售量（额）和盈亏平衡销售量

（额）的差与目标销售量（额）之比。它是根据量本利分析法的基本理论，即企业销售量（额）等于盈亏平衡点时，企业不亏损也不盈利；当销售量（额）高于盈亏平衡点时，则会盈利，高出越多，盈利也越多，反之，企业就会亏损。当商品经营安全率大于40%时，说明企业经营效益很好；小于15%时，说明企业经营效益较差。商品经营安全率越接近于0，经营状况越差。企业必须扩大销售量，提高经营安全率。其公式如下：

$$\text{商品经营安全率}=\frac{\text{目标销售量（额）}-\text{盈亏平衡销售量（额）}}{\text{目标销售量（额）}}\times 100\%$$

3. 商品储存分析

（1）商品储存计划执行情况分析。商品储存计划完成情况的分析是批发企业和商品储运部门的重要分析对象。

表6-3 库存商品结构分析

分类方法	类别	上期				本期				本期-上期			
		价值		数量		价值		数量		价值		数量	
		金额	比重%	数量	比重%	金额	比重%	数量	比重%	金额	比重%	数量	比重%
按市场销售状态	畅销品												
	平销品												
	滞销品												
	逾量品												
	其他												
按商品质量状态	合格品												
	有问题的												
	残次品												
	变质品												
	其他												
总量													

（2）商品储存结构分析。商品储存结构分析，是对库存的各类商品的比例、比重的合理性进行的分析。库存商品的结构可按不同的标准进行分类。具体分类和分析的内容见表6-3所示。

库存商品还可以按其他标准进行分类，如按照商品的类别和价值大小等分类。任何一种分类方法都要有利于分析储存结构，有利于分析储存结构不合理的原因。通过分析以确定库存结构的合理性，评价企业的库存管理水平，评价仓库保管员的工作，为提高企业仓库管理水平，更好地满足销售，实现企业的经营目标服务。

（3）商品储存数量分析。商品储存数量分析的基本依据是市场需求、交通条件、库存管理水平、储存成本、商品的理化性质等。

4. 商品运输分析

通过对运输计划的执行情况、运输费用、运输方式等的分析，提高商品运输的管理水平，合理组织商品运输。

（三）经营效益分析

经营效益分析包括对企业在商品经营活动中产生的社会效益和经济效益两方面的分析。这里只介绍经济效益分析的内容。商品经营企业的经济效益是一个综合指标，企业的所有经营要素、所有部门的活动和全部经营环节的活动，对企业经济效益的形成均有不同程度的影响，但企业各方面的活动又最终都通过企业的经营资金、经营成本和经营利润反映出来。所以，对经营效益的分析就主要表现在对资金、成本、利润的分析上。

1. 资金分析

企业资金可分为流动资金、固定资金和其他资金。商品经营企业资金分析的重点是流动资金。对流动资金的分析主要包括流动资金的结构、周转和流动资金的占用是否合理等。通过分析，寻找出差距，弄清原因，挖掘潜力，加强管理，提高流动资金的使用效率。

2. 成本分析

成本是一个综合性很强的指标，成本的高低直接影响企业的市场竞争力及经营成果。商品经营企业的成本表现在许多方面，其中最主要的是商品进货价格和流通费用。对商品进货价格的影响主要表现在：商品的市场价格，商品的质量、工艺水平，商品的品牌形象，进货批量，采购员的素质（思想道德、业务水平、洽谈能力等）和市场供求关系等。影响流通费用的因素比较多，其中企业的费用管理水平是最重要的因素。同时，成本核算要符合国家的财务会计制度，符合法规，符合党和政府关于廉政建设方面的制度。成本分析的目的，是为了发现企业成本管理的漏洞，寻找原因，总结经验，加强管理，节约开支，提高效益。

3. 利润分析

利润是企业的经营成果，是企业综合经营能力和综合管理能力的标志。企业首先要计算、检查利润指标的完成情况，然后分析各经营要素、各经营环节对企业利润的贡献水平，并查明原因。利润分析的根本目的是为了控制影响利润形成的不利因素，挖掘潜力，加强管理，寻找提高利润的有效途径。

商品经营分析是一项复杂而细致的工作，是一门科学。它需要借助大量的内部资料，这就要求企业做好日常的原始记录和真实全面的统计工作，也需要掌握一定的外部信息。分析过程要全面系统、实事求是、合理合法。只有这样才有利于发现问题、总结经验、解决问题、提高效益。

四、商品经营评价

（一）商品经营评价的概念和内容

商品经营评价，是指商品经营企业运用科学的方法和科学的指标体系对企业经营成果的分析和检查，核心是评价企业的经济效益。所谓经济效益，是指企业的劳动占用量和劳动消耗量与劳动成果的比较。经营评价的目的是为了总结经验，正确决策，强化管理，提高经济效益。

1. 商品经营评价的内容

企业经营评价的内容较多，一般可归结如下：

（1）经营目标评价。主要包括经营目标的先进性、可行性和经营目标的完成程度。如购销运存指标、财务指标（利润、费用等）的完成情况。

（2）经营手段评价。主要包括计划是否切合实际；经营方式是否适当；经营策略是否有竞争力，是否符合企业实际，是否合法；企业的资金、技术设备是否能满足经营需要，是否得到有效利用等。

（3）商品评价。商品是否适销对路；商品在企业的经营区域内的供求关系如何；商品质量的保证程度如何；企业经营的商品与同行业相比较有无特色，优势是否明显等。

（4）经营人员评价。包括企业经营人员的经营观念、经营态度、业务水平、互助协作精神、劳动的主动性和创造性等的评价。对于管理人员的评价，还要考察其组织协调能力、解决问题的能力等。

（5）经营风险评价。经营风险分析主要是对企业经营活动中的不确定因素的评价，包括内部因素和外部环境。核心是外部环境中那些不确定因素和变化频繁的因素的评价。

（6）对社会贡献程度的评价。主要体现在企业的经营活动及其经营成果对国家、社会、顾客等所产生的效益上。如企业上交税金、合法经营等。

2. 商品经营评价的组织

（1）评价主体，即谁来评价。企业经营评价的主体可分为：自我评价，即企业内部评价，可先由内部各部门、各环节进行自我评价，然后企业再根据这些评价资料对企业的整体进行评价；企业主管部门对企业的评价；政府有关部门对企业的评价，如审计、物价、财税、工商、环保、产品质量技术监督部门等，企业要自觉接受并积极配合政府有关部门的评价；消费者和社会舆论对企业的评价，企业应自觉接受社会各界的监督和批评。企业要正确对待评价结果。

（2）评价时间。评价时间的确定应有利于企业及时发现问题、及时总结经验、及时改善经营。日常评价，企业对日常工作的某一阶段或对发生的某些情况随时进行评价；定时评价，如企业在月末、季度末、年度末或计划完成后对经营活动的评价；重大问题及时评价，对于企业经营活动的重要成果、重要经验、重要事件等需要作及时评价；根据上级要求确定评价时间。

（3）怎样评价。评价主体要对经营评价的方法、形式和其他相关问题做具体的策划，以确保评价过程和评价结果客观、公正。具体方法将在本节后文讲到。

商品经营评价对全面掌握企业经营现状，使企业经营者保持清醒的经营理智，肯定成绩，发现问题，改进工作，提高经济效益具有十分重要意义。

（二）商品经营评价的指标体系

对商品经营企业经营效益的评价，需要建立一个完整的定量分析指标体系。指标体系的建立要符合下列要求：一是有利于对企业经营效益进行定量分析和综合评价；二是指标要有法律依据或符合社会上同行业的通用评价标准；三是符合企业的实际。依据上述要求，可以把企业经营效益的评价指标体系分为两大类，即经济效益指标体系和服务效益指标体系。具体指标如下：

1. 满足社会需要程度的指标

（1）商品销售额。这是指标体系中最基本的指标，是评价经营效益的基础。一般采用商品销售计划完成程度指标表示。计算公式是：

$$销售计划完成程度=\frac{实际商品销售额}{计划商品销售额}\times 100\%$$

（2）经营品种率。这是关于企业实现商品目录的商品经营的花色品种、规格和款式的指标。企业经营品种多，表明企业满足社会需要程度大。计算公式是：

$$经营品种完成率 = \frac{实际经营品种数}{商品目录品种数} \times 100\%$$

（3）商品适销率。是适销对路商品占库存商品的比率的指标，是衡量企业资金占用是否合理和满足社会需要程度以及评价库存是否合理的指标。计算公式是：

$$商品适销率 = \frac{库存适销对路商品量（额）}{库存商品总量（额）} \times 100\%$$

（4）商品市场占有率。这是反映企业竞争能力和满足社会需要程度的指标。计算公式是：

$$商品市场占有率 = \frac{企业某种（全部）商品实际销售量（额）}{同类商品市场实际销售量（额）} \times 100\%$$

2. 反映劳动耗费的指标

（1）商品流通费用（额）率。费用额是企业全部经营活动的合法、合理性的支出，可分为经营费用、管理费用和财务费用。它一方面反映企业的劳动耗费，另一方面反映企业的管理水平。费用率与企业的经营效益成反比关系。计算公式是：

$$商品流通费用率 = \frac{商品流通费用额}{商品销售总额} \times 100\%$$

（2）劳动效率。劳动效率是指在一定时期内企业人均完成的工作量指标，它与经营效益成正比例关系，是反映劳动耗费的重要指标，也是反映企业技术水平、管理水平、职工劳动的熟练程度和人员编制是否合理的重要指标。计算公式是：

$$职工（全员）劳动效率 = \frac{商品销售总额}{职工（全员）平均人数} \times 100\%$$

3. 反映劳动占用的指标

（1）营业面积利用率。营业面积利用率，是指一定时期商品销售额与企业全部经营面积的对比关系。它反映企业物质技术设备的利用程度。营业面积利用率高，说明企业物质设备的利用率高。计算公式是：

$$营业面积利用率 = \frac{商品销售总额}{企业全部营业面积} \times 100\%$$

（2）流动资金占用率。流动资金占用率，是指企业在一定时期内流动资金的平均占用额与同期商品销售额的百分比，表明企业每销售 100 元商品所占用的流动资金的量。它与经营效益成反比关系。计算公式是：

$$流动资金占用率 = \frac{流动资金的平均占用额}{同期商品销售额} \times 100\%$$

（3）流动资金周转率。流动资金周转率是一定时期内流动资金的周转天数或次数，是衡量企业流动资金利用效率的质量指标。在一定时期内流动资金的周转次数越多或周转一次所需天数越少，说明流动资金的周转速度快，流动资金的利用率高，则流动资金的占用额少。计算公式是：

$$流动资金的周转次数 = \frac{商品销售额}{流动资金的平均占用额}$$

$$流动资金的周转天数 = \frac{流动资金的平均占用额}{平均每日商品销售额} = \frac{计算期天数}{周转次数}$$

4. 反映经营成果的指标

（1）商品经营利润额（率）。商品经营利润额是商品经营企业利润的主要来源，是商品销售额扣除进货成本、流通费用和税金后的余额。经营利润率是经营利润额与销售额的百分比，表示企业每销售100元商品所取得的利润额。经营利润率高，说明企业的商品适销率高，也说明企业的销售方式和销售策略适当，是企业经营成果好的重要标志。计算公式是：

$$\text{商品经营利润额}=\text{商品销售额}-\text{进货成本}-\text{流通费用}-\text{税金}$$

$$\text{商品经营利润率}=\frac{\text{商品经营利润额}}{\text{商品销售额}}\times 100\%$$

（2）利润总额。利润额是企业全部正当收入扣除全部合法支出的余额。

$$\text{企业利润总额}=\text{商品经营利润额}+\text{其他经营收入}-\text{其他经营支出}$$

（3）销售利润率。销售利润率，是指企业每销售100元商品所能获得的利润额，也称为百元商品销售含利润额，是评价企业增销是否增收的指标。计算公式是：

$$\text{销售利润率}=\frac{\text{企业利润总额}}{\text{商品销售额}}\times 100\%$$

（4）流动资金利润率。流动资金利润率，是指流动资金平均占用额与企业利润总额的百分比，是反映流动资金利用效果的重要指标，表示企业每投入100元流动资金所能给企业带来的利润。计算公式是：

$$\text{流动资金利润率}=\frac{\text{企业利润总额}}{\text{流动资金的平均占用额}}\times 100\%$$

此外，还可以用人均利税额来评价企业每位职工对企业或对国家的贡献，也可以用资金利税额来评价企业百元资金所含的利税额。

5. 评价企业服务效益的指标

服务是企业进行市场竞争的重要手段，企业对其服务效果的评价对提高服务质量有重要的意义。评价的内容可以定量化，具体方法如下：

（1）顾客满意率。这是顾客对企业的服务态度、服务质量的评价。评价可分为三级，即顾客满意、比较满意、不满意。顾客评价资料可通过向顾客发放调查问卷取得，也可以邀请顾客举行座谈，进行当面调查。计算公式是：

$$\text{顾客满意率}=\frac{\text{顾客满意票数}}{\text{收回的总票数}}\times 100\%$$

（2）商品返修率。商品返修率，是指因质量问题而要求返修的商品占已销售商品的百分比。造成商品质量问题的原因有多方面，如采购环节检验不严格、运输环节的原因、储存环节的原因，或因销售人员没有给顾客说明正确的使用方法和保护方法而造成商品出现质量问题等。企业只有建立严格的责任制度，及时、准确地记录，就不难找出造成质量问题的原因。商品返修率高，就说明企业的商品质量或服务质量存在问题多，需要特别加以解决。计算公式是：

$$\text{商品返修率}=\frac{\text{返修商品数量}}{\text{商品销售总量}}\times 100\%$$

（3）商品退换率。商品退换率是由于商品质量或服务存在问题，造成顾客退换商品的比率。计算公式是：

$$商品退换率 = \frac{商品退换量}{同期商品销售总量} \times 100\%$$

（4）顾客投诉率。顾客投诉率，是指一定时期由于服务质量或因商品质量收到的或有关部门转来的（如消费者协会）顾客投诉件数占同期接待的顾客数量的百分比。投诉率高，说明企业在服务质量方面存在的问题比较多，应引起经营者的高度重视。计算公式是：

$$顾客投诉率 = \frac{收到顾客投诉信的件数}{同期接待顾客的总量} \times 100\%$$

企业还可以根据顾客投诉的递减率来评价企业服务质量的改进效果。

在上述评价企业经营效果的指标中，1—4 项属于反映企业经济效益的指标，第 5 项属于反映企业服务效益的指标。这些指标分别反映了不同的经营内容，具有不同的经济意义，又都具有局限性。但各个指标相互联系、互相补充，形成一套比较完整的指标体系。企业在评价经营效果时，要注意各指标之间的联系，尤其要注意，任何一个指标所反映的问题决不是单一的，如顾客投诉率这一指标所反映的情况就比较复杂。企业要对任何一个指标所反映的各种问题进行调查和综合分析，并加以解决，这样，企业进行经营分析和评价的目的也就达到了。

（三）商品经营评价的步骤和方法

1. 商品经营评价的步骤

（1）确定评价对象，制定评价计划。首先，企业要及时了解和掌握经营情况，定期或不定期地对经营效益进行调查。通过调查和一般的分析，发现企业经营中存在的问题，并将该问题确定为企业评价一定的经营行为的对象，作为评价企业经营活动的突破口。其次，根据已明确的对象制定计划，以明确评价的目的、原则、方法，需要搜集的资料，所涉及的指标、组织和人员以及经费等。

（2）收集资料，核算指标。收集与评价对象有关的资料，尤其需要收集详尽的数量资料。对于收集的定性资料，只要条件允许，就要按照一定的标准将其定量化。然后，将数字资料加以整理、归类加工，根据科学的核算方法进行指标核算。

（3）对比评价，寻找差距，分析原因。结合历史资料或收集到的竞争者的指标资料与当前的指标进行对比，以确定当前指标的优、劣、升、降等，并确定差距。然后深入调查情况，分析原因。经营者要特别注意，调查工作要全面、细致，分析过程要系统。通过分析，既要善于发现问题，又要善于发现成绩；既要发现一般原因，又要发现根本原因。

（4）作出评价结论，对成绩充分肯定，对存在的问题提出改进措施。根据上述分析，对企业经营活动作出客观、公正的评价结论。对在分析评价中发现的成绩、优点和好的工作方法给予积极肯定或表彰，并推广先进经验。对于存在的问题，根据其发生的原因，在充分讨论的基础上，制定出有效的改进措施，对于情况比较严重的问题，也要追究有关人员的责任。

2. 商品经营评价的方法

（1）综合分析法。这种方法是企业主管部门利用所掌握的下属企业的经营资料和相关数据，对下属企业的经营效益进行对比分析，借以评价下属各企业经营状况的一种分析方法。它有利于主管部门全面掌握本系统的基本经营状况。这种方法也可用于规模较大的企业评价其下属各分公司的经营状况。其优点是，评价者了解本行业或本系统的全面情况，有利于对下属进行对比分析，综合评价。

（2）分组分析法。又称“结构指数法”，是经营现象总体中各影响因素的数值与经营现象总体数值之比，反映经营现象的内部结构，揭示经营现象的性质、特征及内部联系。其公式是：

$$结构指数 = \frac{部分数值}{总体数值} \times 100\%$$

［例如］ 某商店2000年商品销售额6000万元，其中家电类商品销售额4200万元，服装类销售额1200万元，其他商品销售额600万元。则：

家电类商品的销售比重是：（4200÷6000）×100%＝70%

服装类商品的销售比重是：（1200÷6000）×100%＝20%

其他类商品的销售比重是：（600÷6000）×100%＝10%

（3）动态分析法。又称“动态比率法”，是指同一现象两个不同时期的统计数值之比，即报告期数值与基期数值对比的结果，反映某一现象的发展程度和速度。应用这一方法分析商品经营活动，能使经营者及时掌握经营现象的发展方向和发展规律。基本的指标有：发展速度、增长速度、平均发展速度、平均增长速度等。

发展速度，是指报告期数值与基期数值之比，是反映经营现象相对于基期数值的发展快慢程度的动态分析指标，可分为定基发展速度和环比发展速度。定基发展速度，是指报告期水平与固定基期数值之比，反映经营现象对比固定基期的发展程度的指标。环比发展速度，是指报告期水平与上期水平之比，反映经营现象对比上期的发展程度的指标。定基发展速度等于各环比发展速度的连乘积。

增长速度，是经营现象的增长量与基期数值之比。如果增长量为正值，即是增长速度；如果增长量是负值，即是下降速度。增长速度反映某一经营现象对比基期的增长幅度的指标。可分为定基增长速度和环比增长速度。

平均发展速度，是指各个时期环比发展速度的平均值，反映某一经营现象在一段时期中环比发展速度的一般水平。

平均增长速度，是指各个时期环比增长速度的平均值，反映某一经营现象逐期递增速度的指标。

上述各指标的计算公式如表6－4所示。

表6－4 动态分析法有关指标的计算公式

指　　标	计算公式	指　　标	计算公式
发展速度	$\frac{报告期数值}{基期数值}$	平均发展速度	$\sqrt[期数]{\frac{末期数值}{初期数值}}$
增长速度	$\frac{增长量}{基期数值}$	平均增长速度	平均发展速度－1

（4）评比分析法。这种方法是先获取影响评价对象的因素，再按既定的评分标准给各影响因素打分，最后根据分值高低评价各因素对评价对象的影响程度。运用这一方法的关键是要制定客观、公正的评分标准。

五、提高商品经营企业的经营效益

提高商品经营企业的经营效益对于实现国家利益、社会利益，对于促进企业的全面发展，改善职工的物质文化生活具有重大意义。

1. 调查研究，分析和评价影响企业经营效益的外部因素和内部条件，进行正确决策。

2. 深化企业内部改革，牢固树立市场观念，建立适应市场经济要求的企业经营管理体制。

3. 努力建立和培养一支思想品质高尚、业务技能优良、会管理、善经营、高素质的经营管理队伍。

4. 加强企业内部的常规管理，实现企业管理的标准化、规范化，提高经营管理效率。

5. 坚持物质利益的原则，完善分配制度，调动企业全体人员的积极性和创造性。

思考与练习

一、思考题

1. 怎样正确认识商品经营管理的重要性？
2. 企业应从哪些方面加强对商品采购的管理？
3. 商品销售管理的主要内容是什么？
4. 商品经营企业经营分析有什么意义？经营分析的主要内容是什么？
5. 企业经营评价的主要内容有哪些？
6. 简述企业经营评价的步骤和方法。
7. 提高企业经营效益的途径有哪些？

二、实训题

1. 参观本地一家商店，搜集该商店有关经营资料，并对该店的经营活动进行分析和评价。

2. 某公司 2000 年商品经营利润比原计划增加 10 万元，有关资料如下表。请用因素分析法分析各因素对利润超额完成的影响程度。

项　目	单　位	计划指标	实际指标
商品销售额	万元	1400	1500
毛 利 率	%	7	8
商品流通费用	万元	78	90
商品经营利润	万元	20	30

三、案例分析

某纺织品批发公司拥有 2 万平方米的自有仓库，分设在某市的瑶台、联和、南屯和南广四个地区，储存各类针织棉织品 1 万多个品种，总价值 2000 多万元。仓库拥有职工 100 余人。在年终的盘点中，发现库存管理上存在不少问题：

第一，全公司的所有仓库仅有瑶台仓库存的汗衫、背心品种齐全；南屯仓库缺 80、85 公分的汗衫，也没有 90 公分的背心；联和仓库只存有 80 公分以下的汗衫、背心；南广仓库只存有背心 6 个品种计 5000 件左右，其余的均为床单、毛巾被等针织棉织品。

第二，汗衫、背心未能分类堆放，有些同码的背心也未能堆放在一起。毛织品和棉织品也有混淆堆码的现象。

第三，库内的通风条件及调温设备不完善，春湿夏热的日子里未能很好调整温、湿度，使部分储存的针棉织品出现霉点，造成损失1万多元。

第四，有的商品购进后需要20多天后才入库，而接到发运单后有时至少要半个月才出库，影响了商品的周转和销售，造成营业收入下降。商品收发时，差错事故也较多。

第五，有两个仓库长期存量不足，只达仓容量的一半左右，有些品种的商品本来集中放在一个仓库较好，却又分散放置，使仓库未能充分利用，支出的费用较大。

根据上述资料，分析该企业在仓库管理工作中存在哪些问题？你认为应采取什么措施提高仓库管理水平？

第七章

连锁超市经营

学习目标

通过本章学习，使学生了解超市概念及各种类型，要求学生掌握超市的经营业务、超市定位内容及超市促销方法，具备连锁超市总部业务能力和连锁超市门店业务能力，并能具体从事超市的经营工作。

第一节 连锁超市经营概述

超级市场是20世纪最后一个10年中国商业最耀眼的亮点。自1995年超级市场在全国开始发展，到现在几乎世界上所有的超级市场模式都已在中国出现，这表明中国是世界上超市功能和模式发展最快的国家。回顾这些年来中国超级市场的发展成果，便可预期，在我国的一些城市的城区，超大型超级市场的市场份额将超过百货公司，成为零售业中第一主力。超级市场也将真正成为满足消费者一次性购足需要的主力化零售业态。

另外，超级市场为扩大销售规模、降低成本核算价格，通常采取连锁经营方式，即连锁超市。

一、连锁超市的概念

（一）连锁超市的概念

1. 美国的超级市场定义

美国1955年出版的《超级市场》一书，把超级市场定义为："采取自助服务方式，有足够的停车场地，完全由所有者自己经营或委托他人经营，销售食品和其他商品的零售店"。

2. 日本的超级市场定义

日本自助服务协会1959年对超级市场的定义是："以自助服务方式，由一个资本经营，年营业额1亿日元以上的综合食品零售业"。

现代超级市场定义：实行自助服务和集中式一次性付款的销售方式，以满足消费者对基本生活用品一次性购足需要的零售业态；并普遍运用大工业的分工机理，实行对零售经营过程和工艺过程专业化和现代化的改造，普遍实行连锁经营的方式。

3. 连锁经营定义

连锁经营即“凡是经营两家（含）以上的零售商店，其经营本质相同，且隶属同一资本、管理与商品政策等之营运机体”。

连锁经营可获得规模效益，扩大市场占有率，扩大影响，扩大进货量，降低进货成本，大大增强竞争力。因此，现代超级市场在同一城市或不同城市开自己的连锁店，即连锁超市经营。

（二）连锁超市的特点

1. 以自助服务、一次结算为经营方式

超级市场内部一般没有营业人员，商场尽量利用视听嗅觉来刺激顾客购买。购买物品时，在市场门口备有手推车和提篮，货架陈列的商品有价格标签，选择时一目了然，在市场门口一次结算付款。一次性集中结算使顾客在选购商品时无货币支付的压力。另外，超级市场采取顾客自助的方式售货，可节省营业人员，降低流通费用，为降低零售商品价格提供了条件。

2. 以食品和日常用品为主要经营品种

超级市场是以经营食品崛起于零售业的，以后逐渐发展综合经营。但总的说来，传统的、典型的超级市场仍是以经营食品和日常用品为主。

3. 以大量销售为经营原则

超级市场经营的指导原则是大量销售，所以超级市场大多数采用连锁经营形式，以多店铺来扩大销售。超级市场得以迅速发展的关键就是连锁经营模式的引入。另外，通过扩大店铺营业面积和所售商品品种，来扩大销量。从美国超市来看，1948 年出售的商品品种为 5000 种食品和 1000 种日常用品，到 1968 年增加至 7000 种食品和 10000 种日常用品。总之，大量销售是超级市场的经营原则，它是超级市场进行廉价销售的前提之一。

4. 以低费用、高周转为经营特色

超级市场的这一特点与它的经营方式是密不可分的。超级市场采用自助服务方式，不仅节约人力费用，而且在市场中顾客与营业员可以共享货架和店铺通道，这样超级市场的营业厅比非自助服务方式的零售店可多陈列和销售 20%—30% 的不同商品，商品投放能力可提高 15%—20%，使营业面积大大增加。另外，食品类商品本身周转率高成为超级市场优于其他商场之处。据统计，美国超级市场的流通费用比标准价格的百货商店和一般商店低一半，每平方米面积的流通额高出 50%，每年商品库存周转次数比标准价格的百货商品和一般商品高 35 倍。

5. 以廉价销售为经营方针

廉价销售促成大量购买是超级市场经营方针。以美国为例，超级市场中的食品价格比一般食品店低 15%—20%，实行薄利多销。美国超级市场的净利一般只占零售额的1.5%—2%。

总之，超级市场具有营业面积大、商品陈列直观、减少营业人员，降低流通成本、节约购买时间、刺激消费欲望、避免人际摩擦等特点，因而对消费者和零售企业都有很强的吸引力。

二、连锁超市经营的类型

（一）超市经营业态的类型

1. 传统食品超市

营业面积一般为300—500平方米，其经营的商品内容是一般食品和日用品。它集中了食品店、小百货店、粮店等传统商店各自的单一功能，使之综合化。传统食品超市是传统小店的取代者，也是超级市场最初的原始模式。

2. 标准食品超市的功能与特点

标准食品超市也称生鲜食品超市，其经营面积一般在1000平方米左右。与传统食品超市不同的是，它以经营生鲜食品为主，其经营面积的50%—70%以上要用来销售生鲜食品。可以说，标准食品超市实际是在传统食品超市的基础上强化了生鲜食品的经营，通过这一经营内容的增加使中国消费者购买频率最高、几乎每天要进行的购买——买菜、买半成品等，在超级市场中得以实现。因此，它对传统商店是一个内容和形式上较为完整的现代化替代，使超级市场对消费者基本生活品的一次性购足创造了最初的、较为完整的形式和内容。

3. 大型综合超市（GMS）的功能与特点

大型综合超市是标准食品超市与大众日用品商店的综合体，衣、食用品齐全，可以全方位地满足消费者基本生活需要的一次性购足。其营业面积可以分为两类，大型综合超市营业面积2500—5000平方米，超大型综合超市营业面积6000—10000平方米以上。对超大型综合超市来说还需配备与营业面积相适应的停车场，一般的比例为1∶1。大型综合超级市场两个基本的特点是：第一，经营内容的大众化和综合化，适应了消费者购买方式的变革——一次性购足；第二，经营方式的灵活性和经营内容的组合性，它可以根据营业区域的大小、消费者需求的特点，自由选择店铺规模的大小，组合不同的经营内容，实行不同的营业形式。

4. 便利店的功能与特点

便利店是采用超级市场销售方式和管理技术，以食品、饮料和服务产品为经营内容的小型商店，营业面积在80—100平方米，具有消费的即时性、小容量和应急性的特点。便利店的发展在我国有特殊的地位，我国城市人口密度高，购买方式主要是步行，就近便利购物会成为主流。

（二）连锁经营类型

所谓连锁经营，是指零售业中若干同行业店铺以共同进货或授予特许权等方式连结起来，共享规模效益的一种商业组织形式。连锁经营类型有三种：正规连锁体系（Rtgwler Chain）、自愿加盟连锁体系（Vountary Chain）、特许连锁体系（Franchise Chain）。其经营比较如表7-1。

以上三种连锁店类型之经营各有优缺点。正规连锁的开店方式能提供良好、安全性高的服务，但拓展速度却较慢；后两者为水平与垂直结合方式，可以迅速发展，但管理比较困难。

表7－1　三种连锁类型之经营比较

正规连锁体系	自愿加盟体系	特许连锁体系
1. 非由契约结合而成，连锁店属总部所有。	1. 由契约结合而成，连锁店之所有权不属总部。	1. 由契约结合而成。
2. 经营成本最高，投资店内所有装璜设备。	2. 经营成本最低，不投资店内装璜、设备。	2. 经营成本次高，投资店内部分装璜、设备。
3. 分享连锁店利润，并分担其费用。	3. 不分享连锁店利润，亦不分担其费用。	3. 分享连锁店部分利润，亦分担其部分费用。
4. 不收连锁店权利金。	4. 收取连锁店权利金。	4. 收取连锁店权利金。
5. 对连锁店主之素质要求较严格。	5. 对连锁店主之素质要求较高。	5. 对连锁店主之素质要求较严格。
6. 连锁店店数增加较快。	6. 连锁店店数增加较快。	6. 连锁店店数增加较快。
7. 企业形象较易维持一致。	7. 企业形象较不易维持一致。	7. 企业形象较易维持一致。
8. 完全参与连锁店之经营方式。	8. 辅导连锁店之经营方式。	8. 控制连锁店之经营方式。
9. 约束控制力较佳。 （1）有人事控制权。 （2）有绝对财务控制权。 （3）经营资料及市场情报回收较佳。 （4）政策、活动之推动较易要求全体配合。	9. 约束控制力较差。 （1）无人事控制权。 （2）无绝对财务控制权。 （3）经营资料及市场情报回收较差。 （4）政策、活动之推动较难获得全体配合。	9. 约束控制力较佳。 （1）无人事控制权。 （2）无绝对财务控制权。 （3）经营资料及市场情报回收较佳。 （4）政策、活动之推动较易要求全体配合。

三、连锁超市经营的产生与发展

（一）超市的产生与发展

超级市场诞生在美国，并且是在经济危机席卷全球的条件下诞生的。

1930年8月，具有几十年经营食品经验的美国人迈克尔·库伦（Michatl Culln）在美国纽约州长岛的牙买加开设了第一家超级市场。1930年，美国正处在经济大危机时期，美国人的个人消费所得减少了25%，同时失业率的增加使美国人购买率大幅度下降。就是在这样的经济背景条件下迈克尔·库伦开设的超级市场却成功了。其秘诀何在？迈克尔·库伦号称自己是“世界上最大的价格突破者”，可能就是其最大的成功秘诀。在他当时出售的1100种商品中，300种以进价出售，200种加5%毛利出售，300种加15%毛利出售，300种加20%毛利出售，他的超级市场平均毛利率只有9%，这和当时美国一般的商店25%—40%毛利率相比是令人吃惊的低。低价格深深地吸引了购买量大又欲求廉价食品的众多美国消费者。为了保证售价低廉性，必须做到进货价格的低廉性，只有大量进货才能压低价格，所以迈克尔·库伦就以连锁的方式开设分店，至1932年他开设了8家连锁的超级市场，建立起保证大量进货的销售系统。20年以后，这种新的经营形态传到其他地区。欧洲于1950年、亚洲于1952年也先后出现了超级市场。我国亦于1981年引进了超级市场这种现代化的零售方式。

超级市场诞生以来，在世界上许多经济较为发达的国家得到了迅速发展，成为重要的零售商业形式之一。

就美国总体来看，据1995年统计，在美国零售业营业额中，超级市场占35%，折扣商店占21%，大百货公司占13%，综合性商店占8%，专卖店占6%，杂货店占5%，采用邮购、电话、电视购物等方式的无店铺零售占5%。就日本的总体情况来看，据日本工商会计所“超级市场的现状”（1993 年）的统计，1982 年销售额最大的前 20 名零售店中，超级市场占了近 10 家，并囊括了前 4 名。

从以上数据可以看出，超级市场是一种极具发展潜力的零售形式。

任何一种零售业形式，在其产生之初与后来成熟之时都并非完全一致。随着经济环境的改变和零售业竞争的日趋激烈，零售业出现以下几种发展趋势：

1. 经营面积越来越大

早期的超级市场面积不过几百平方米。到 20 世纪 70 年代，美国超级市场的营业面积大多是 2000—3000 平方米。80 年代出现了 4500—5500 平方米的大型超级市场。至今一万米以上的超级市场已不是个别现象。然而，过大的营业面积有时却让顾客感到购物不便，像走入迷宫一样，因此效率有下滑趋势。这说明，超级市场的经营面积并非越大越好。

2. 经营品种越来越多

超级市场的一个最大追求是满足消费者对日常生活用品的一次购足需要。随着收入水平的提高，人们对日常生活用品的认识范围越来越广泛，商品品种越来越多，这就迫使超级市场不断增加商品品种，以适应不断变化的需求。美国辛辛那提市比特公司经营的一家特级市场面积近 1 万平方米，经营包括电脑和割草机在内的 7 万种商品，每周营业额达 200 万美元，全年营业额超过 1 亿美元。

3. 经营组织越来越集团化

以美国为例，其超级市场基本上实现了连锁化经营，规模庞大。全国超级市场已经演变为几个零售集团的对垒。塞夫威公司共有 3000 多家店铺，分布在美国 20 个州及英国、加拿大、沙特阿拉伯等国家，另有 87 家工厂，共生产 4000 多种塞夫威牌子的商品，从业人员达 16. 4 万人。1985 年营业额达196. 5亿美元，1986 年上升至 240 亿美元，成为世界上最大的超级市场集团。克罗格、A&P 都是美国著名的超级市场集团，店铺都超过千家，独占一方市场。法国家乐福有 52 家店铺，独占一方市场。

4. 经营场所向郊区购物中心转移

随着郊区购物中心的发展，超级市场有了较为理想的运营空间。在购物中心内，有各种类型的专业商店、娱乐设施、餐饮店，甚至电影院、图书馆等，是人流汇集的地方，同时附设较大的停车场。因此，超级市场在购物中心占据一席之地，常有较好的投资回报率，成为部分超级市场的理想选择地点。

（二）我国超级市场产生与发展

超级市场在我国的产生是在 20 世纪 80 年代初。1981 年上半年，广州市友谊商店首先开办了我国第一家超级市场。到 1983 年，据北京、广州、湖北等省市不完全统计，全国共有超市 40 多家，1985 年年底全国超市约有 155 家，至今已遍及全国各地。我国超级市场近 20 年的发展大致经历了如下阶段：

1. 1981—1985 年是兴起阶段

在这段时间，上海、北京、广州、天津等地试办了多家超级市场（指食品自选商场）。这些超级市场多是在政府的扶植下，在原有副食店和菜市场基础上改建的，配上上级分配的收款机、冷冻柜等，在短期内就开张了。这些超级市场享有一定的优惠政策，如允许价格上涨 3%—5%，有限供应紧俏商品等。在当时市场未开放的条件下，招徕了不少顾客，给超级市场带来了暂时的“繁荣”。

2. 1985—1987 年为萎缩阶段

在此阶段，有些超市纷纷下马、歇业。造成萎缩的主要原因是：商品供应不足，当时许多生活用品还凭票证供应，超市供应的主要是一些不凭票证的议价商品，档次较高的商品；大众的消费水平不高，一时难以接受包装商品；经营装备跟不上，如岛式冰柜、收银机等；规模小，独家经营多、投资大，成本高、回报率低。超市成为购买较紧缺、较高档的“议价”商品的场所。由于这种以“议价”商品为主要经营内容的商店，缺乏一个最普遍的基本生活需求支撑，那么它的成功概率就是微乎其微的。

3. 1987—1991 年为停滞阶段

大批的超级市场倒闭后，超级市场的发展陷入困境，基本上处于停滞状态。

4. 1991 年至今为复苏阶段

以 1991 年 6 月原商业部在广州召开的开架销售与市场营销经验交流会为契机，以前些年上海超级市场的兴起为标志，我国超级市场开始复苏，并进入了成长期。

超级市场在我国有广阔的发展前景，就其方向来看，表现为以下几个方面：

（1）店铺规模上，应以中小型为主。美国、日本都是一些大型、巨型超市。然而，过大的营业面积有时却让顾客感到购买不便，像走入迷宫一样，因此效益有下滑趋势。所以，美、日超市近几年已呈小型化趋势，较多的是 500—3000 平方米左右的中小型超市。就我国目前的经营状态来看，应当重点发展 1000 平方米以下的中小型超市。

（2）价格策略上，应力争做到廉价。国外的超级市场中的同类商品价格一般都低于百货商店，廉价销售是国外超级市场的普遍特征。我国由于多方面条件限制，经营成本仍然偏高，做到廉价销售尚有困难，但应力争做到不高于百货商店。

（3）经营品种上，应扩大品种范围。从我国的发展情况来看，传统的超级市场以经营食品为主。但是，由于受购买力和消费习惯的制约，多数家庭还不能做到以小包装或半成品为主，同时冷冻食品保存期短、经营费用高。因此超级市场在经营品种上应适当降低食品比例，以不超过 50% 为宜，可相应增加一些日常消费品以及书刊、家庭常备药品等，以增加经营品种来吸引顾客。

（4）市场定位上，应以大众消费为主。目前，我国居民购买力虽然增长很快，但与发达国家相比还是处于低水平阶段，而且商业发达程度和服务质量跟不上购买力的发展，超级市场的市场定位就更需要面向大众消费。我国目前开办的超级市场中，有的追求精品超市、洋货超市、豪华装修，经营高档商品。这种做法是不符合我国国情的。

（5）发展连锁经营，实现规模效益，发展连锁型超级市场是实现大量销售的有效形式。创办连锁超市可获得规模效益，规模效益主要体现在以下几方面：一是共同进货批量大，降低进货成本；二是多店铺连锁可以实现大规模销售，同时也降低每件商品所负担的管理费用；三是联合开发广告促销活动，信息共享。因此采取连锁经营，可大大增加超级市场的竞争力。

（6）推广商业科技，优化经营管理。要发展超级市场，特别是使超级市场连锁化、规范化，推广商业科技是必不可少的。其中，信息技术的应用是发展连锁超级市场的重要基础。

【案例阅读】

上海超市发展

1991年9月，上海华联超市公司开设了国内第一家真正意义上的超级市场，在800平方米的营业面积内供应近3000种日用工业品和副食品，开业一个月内顾客天天要排队进店购物，由此掀起了“超市热”。进入1993年，中国百货巨子上海华联商厦投巨资于超市业，创下了一天内同时开设6家超级市场的记录。到2001年，上海华联超市已成为年销售额达160亿元，拥有600多家门店的全国最大的超市公司。

第二节 连锁超市经营业务

超级市场的连锁经营，是零售业的一种经营方式和组织形式。它能把大规模经营体制与分散和单个的超级市场结合起来，形成一种大规模销售体制，并推动超级市场向现代化产业的发展。然而连锁经营并非简单，它需要一整套管理方法及经营业务职责规范。下面，分别介绍连锁超市总部业务职责及连锁超市门店的具体业务职责。

一、连锁超市总部业务

（一）总部职能及组织人员管理

1. 总部职能

（1）公司全面经营策略、管理事宜。

（2）各分店经营计划之拟订、指导、执行、考核。

（3）统筹联合广告与有关的宣传、促销等工作。

（4）采购管理、控制与商品管理。

（5）资金的动用。

（6）货款与其他应付账款的集中收付。

（7）各分店业绩目标赋予、统计、管理。

（8）各分店经营与管理的指导、协助。

2. 组织人员管理

员工是连锁超级市场最重要的资源，如何有效地进行人事管理是关系到连锁超市发展的关键问题。

（1）人员招聘。总店按如下程序招聘员工：运用各新闻媒介登载人才招聘广告或直接张贴招聘广告；通过阅读应聘者个人简历进行初选；通过面试进行再次选拔；对入选者进行职前培训；确定入选者的工作岗位。

（2）人员教育和培训。连锁超市服务质量和信誉的保证，在于总店对员工进行良好的教育和训练。为了做好人员教育和培训，总店应做好以下工作：安排好教育训练的课程；为了教育、培训能够顺利进行，总店应设置优秀的连锁店员工担任讲课教师；需拥有教育训练的设施和设备等。

（3）人员考核。主要包括以下内容：一是劳动纪律的遵守情况。主要考查考勤制度的遵守情况，包括上下班是否迟到、早退，是否遵守请假制度，以及岗位工作条例的遵守情况。二是工作业绩的考核。对于分店销售人员而言，工作业绩主要考查售货额、利润额、服务态度、差错率等。对采购人员、配送人员亦应据其工作状况制定考核标准。

（二）店铺开发

中外经验告诉我们，连锁超市最佳规模约在25—30店处，或50—60店之间为宜。

连锁超市应实行统一的店铺开发政策，即统一进行商圈测量，以确定商圈范围，统一进行店铺规划，统一店铺设备等内容。具体来说应在以下几方面统一：

1. 统一企业形象

连锁超级市场采用统一的企业形象，具有比其他独立企业较高的知名度，其产品和服务更容易进入其他独立企业不宜触及的市场。所以，超级市场一旦创立了良好的企业形象，便能使所有的连锁店都共享由此带来的效益。

2. 统一广告宣传

广告对商业的重要性是人人皆知的，但并不是每一家企业都有能力支付巨额的广告费用，尤其是独立经营的小规模商店，一般都没有能力在大众传播媒介做广告宣传。连锁超级市场的广告一般都由总部统筹负责，费用由各连锁店分担，所以连锁超级市场规模越大，就越有能力进行广告宣传。连锁超级市场庞大的经营规模为进行广泛的广告宣传提供了条件，整体的广告宣传大大减少了费用，并能使每一家连锁店由此而获益。

3. 统一技术服务

连锁超级市场为连锁店提供一系列技术服务，如统一采购、集中配送、资金融通、财务指导、商店设计、商品陈列、业务培训等等。对于公司总部来说，只要设计出一套标准化的模式就可以普遍应用，大大降低了公司的设计费用。对连锁超市来说，由于公司总部提供良好的技术服务，简化了连锁超市的经营业务，从而能使连锁分店实行简单化的经营。

（三）商品管理

连锁超市的商品管理包括商品采购的组织与管理、商品定位与商品分类、主力商品管理、商品群管理、商品库存管理等内容。

总部在制定此项政策时，应注意以下问题：开发有特色的商品、开发高附加值且符合消费者购买能力的商品、开发自有商品、开发适合家庭消费的小包装商品等。

另外，在采购方面，由总店设立采购中心，把所有分店的采购计划集中起来，统一从固定的供应商进货。这样不仅可以尽可能减少流通中间环节、降低费用支出，而且可以从供应商那里获得大批量进货的折扣和优惠条件。

（四）配送中心

超级市场连锁化经营的第一个支持条件就是统一进货，对每一个门店实行统一标准的配送。进货与配送构成了超级市场连锁化经营的第一个环节——供应环节。这一环节的大容量、完备性和效率化是连锁超市规模化经营和正常运作的决定因素。连锁超市要达到分散的、多店铺的总规模销售量，必须有一个机构专门为其提供品种全、不缺货、周期快的商品体系。要使这个商品体系完备，一家店的力量很难完成，即便完成，低成本的规模化要求又达不到。原因是：第一，由厂家直接送货到门店，导致各门店都要重复地做验收工作，耗费大量的时间和精力。第二，由于商品的组合、配置是在每一家店铺进行的，这就需要增加仓库面积，使在一定的空间内营业面积减少，工作量增加，工作时间加大。第三，从交易与运输角度看，由于供应商分店铺送货，一方面大大增加了运输成本，另一方面由于交易次数的增加，使交易费用也大幅度增加。如图 7－1 和图 7－2 所示，连锁超市设置配送中心，运输成本和交易成本大大降低，连锁经营规模越大，产生的效果越好。

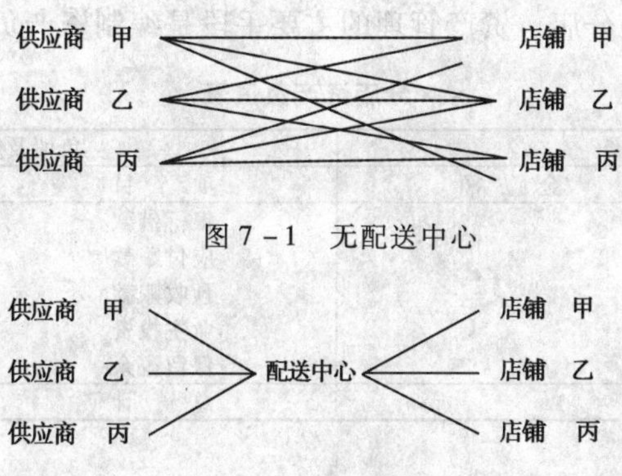

图 7－1　无配送中心

供应商　甲
供应商　乙
供应商　丙
配送中心
店铺　甲
店铺　乙
店铺　丙

图 7－2　有配送中心

另外，在商品配送管理中主要解决以下问题：

（1）配送批次和批量的确定。其依据主要是各分店依销售情况、存货能力确定的要货量。

（2）配送工具选择。要有符合商品特点的运输工具，如有的商品易碎，要有性能良好的衬垫；有的商品需保持鲜活，就必须用恒温冷藏车运输；有的商品卫生要求高，需要运输工具有良好的卫生条件。

（3）配送路线的选择。选择配送路线的一般原则是：货物送达各分店时间最短，以准时交货，避免短缺，提高服务质量；尽可能缩短配送总里程，避免迂回或相向运输，以减少配送费用。

（五）信息管理

信息管理系统是连锁超市顺利运转、规模扩张、引导供应商满足消费需求的重要保证。

传统的超级市场，不管其规模多大，往往是依靠单据、统计报表和会议收集信息，并根据这些信息来进行决策。以这种方式得来的信息有滞后、繁琐、零散等弊端，与连锁超级市场的发展不相适应。随着连锁企业之间的竞争加剧，现代化的信息管理系统将成为获得竞争优势的关键。

为确保超级市场电脑化经营策略的顺利实施，必须首先解决好以下三个问题：一是超级市场战略决策层要树立以情报经营带动商品经营的思想，把商圈的情报、顾客的情报、商品的情报、人才的情报、管理的情报纳入管理信息系统，使信息管理制度化、规范化、科学化；二是要建立超市总部的信息中心，采用现代化的方式把门店信息、物流信息及总部管理信息有机地连接在一起，对公司外部的市场情报设专人负责收集、整理和分析；三是管理信息系统的设计有一定的超前性，并作为优先投资项目来考虑。

超级市场内部管理信息系统的设计应以标准化的业务流程和规范的管理系统为基础：

（1）经营业务流程。零售业的经营业务大致可分为销售预估、资金预计、商品采购、商品验收、商品储存、商品配送、现场销售、售后分析等主要环节。

（2）管理信息系统的构成。根据上述经营业务流程，信息管理系统大致可分为采购管理、库存管理、财务管理、经营计划管理以及人事管理六个部分。

（3）信息管理系统的整体结构。其结构大致由公司总部电脑系统（包括信息中心）、仓储配送中心电脑系统和各连锁店电脑系统三部分构成。

（六）财务管理

1. 资产管理

无论是连锁店总店还是分店，资产管理的主要手段是编制资产负债表，如表7－2所示。

表7－2 ××分店资产负债表

资产		负债及股东权益	
项目	金额	项目	金额
现金 应收账款 存货 银行存款 设备及建筑物		银行借款 应付账款 预收账款 业主投资 保留盈余	
总计		总计	

财务管理人员应及时编制和查看资产负债表，以留意现金是否被闲置；存货及应收账款是否过高；在负债方面是否过多，致使盈余用来抵付利息而降低了商店利润。

2. 经营效率的核算

连锁超级市场经营效率的核算主要通过以下指标完成：

（1）劳动效率。指连锁超市各机构平均每人在一定时期内的劳动量。对各分店而言，劳动效率主要体现为平均每人的销售额。

（2）销售费用率。它反映单位销售额的费用的高低。

（3）利润率。利润率反映的是连锁超级市场的盈利状况。其计算公式为：

$$利润率=\frac{本期利润额}{本期销售额}\times 100\%$$

二、连锁超市门店业务

（一）门店职能及组织人员管理

1. 门店的职能

（1）从事销售与相关销售促进活动的执行。

（2）销售管理并定时或随机向总店订货。

（3）库存品的管理。

（4）商圈内竞争商店的营业情报提供与回输。

（5）卖场商品的陈列与管理。

（6）橱窗布置。

（7）各种营业报表的呈报。

2. 组织人员管理

门店店长是门店的最高负责人，店长的作业化管理将直接影响各个门店的营运。

门店店长的主要工作职责是：

（1）总部各项指令和规定的宣布与执行。

（2）完成总部下达的各项经营指标。

（3）门店职工考勤，仪容、仪表和服务规范执行情况的监督与管理。

（4）监督与改善门店各部门个别商品损耗管理。

（5）监督和审核超市门店的会计、收银等作业。

（6）掌握门店销售动态，向总部建议新商品的引进和滞销商品的淘汰。

（7）维护门店的清洁卫生与安全。

（8）职工人事考核、提升、降级和调动的建议。

（9）顾客投诉与意见处理。

（10）迅速处理门店各种突发的意外事件，如火灾、停电、盗窃、抢劫等。

门店店长的作业流程主要有：

（1）明确店长的作业时间。一般超级市场的营业时间为早上 8 点至晚上 10 点，因此规定店长的作业时间，除每星期必有一天实行全天工作制外，店长一般为早班出勤，即上班时间为早上 8 点至下午 6 点。

（2）规定店长在每日的工作时间中每个时段上的工作内容。

表 7－3 是日本的一家超市公司对店长作业流程的时段控制和工作内容。

表 7－3　　超市门店店长作业流程时段表

时段	作业项目	作业重点
8：00—9：00	1. 晨会。 2. 职工出勤状况确认。	1. 作业主要事项布置。 2. 出勤、休假、病事假、人员分配、仪容仪表及工作挂牌检查。
	3. 卖场、后场状况确认。	1. 商品陈列、补货、促销及清洁卫生状况检查。 2. 后场仓库检查（包括选货检收等）。 3. 收银员、找零金、备品及收银台和服务台的检查。
	4. 昨日营业状况确认。	1. 营业额。 2. 来客数。 3. 每客购物平均额。 4. 每客购物平均品项数。 5. 售出品种的商品平均单价。 6. 未完成销售预算的商品部门。
9：00—10：00	1. 开门营业状况检查。	1. 各部门人员、商品、促销等准备就绪。 2. 店门开启、地面清洁、灯光照明、购物车（篮）等准备就绪。
	2. 各部门作业计划重点确认。	1. 促销计划。 2. 商品计划。 3. 出勤计划。 4. 其他。
10：00—11：00	1. 营业问题点追踪。	1. 作业营业未达销售预算的原因分析与改善。 2. 电脑报表时段别商品销售状况分析，并指示有关商品部门限期改善。
	2. 买场商品态势追踪。	1. 缺品、欠品确认追踪。 2. 重点商品、季节商品、商品展示与陈列确认。 3. 各时段营业额确认。

续表

时段	作业项目	作业重点
11：00—12：30	1. 后场库存状况确认。	仓库、冷库、库存品种、数量及管理状况了解及指示。
	2. 营业高峰状况掌握。	1. 各部门商品表现及促销活动效果。 2. 后场人员调度支援收银。 3. 服务台加强促销活动广播。
12：30—13：30	午　　餐	交待指定代管负责卖场管理工作。
13：30—15：30	1. 竞争店调查。	同地段竞争店及与本店营业状况比较（来客数、收银台开机数、促销状况、重点商品等）。
	2. 部门会议。	1. 各部门协调事项。 2. 如何达到今日的营业目标。
	3. 教育训练。	1. 新进人员在职训练。 2. 定期在职训练。 3. 配合节庆的训练（如礼品包装等）。
	4. 文书作业及各种计划、报告撰写与准备。	1. 人员变化、请假、训练、顾客意见等。 2. 月、周计划，营业会议，竞争对策等。
15：30—16：30	1. 时段别、部门别营业额确认。	1. 各部门人员、商品、促销等准备就绪。 2. 店门开启、地面清洁、灯光照明、购物车（篮）等准备就绪。
	2. 全场态巡视、检核与指示。	卖场、后场人员、商品清洁卫生、促销等环境准备及改善指示。
16：30—18：30	营业问题点追踪。	1. 后勤人员调度支援卖场收银或促销活动。 2. 收银台开台数、找零金确保正常状况。 3. 商品齐全及量感化。 4. 服务台配合促销广播。 5. 人员交接班迅速且不影响对顾客的服务。
18：30 以后	指示代理负责人接班注意事项。	交代晚间营业注意事项及关店事宜。

门店店长作业化管理的重点是：

(1) 对人的管理。超市门店对人的管理主要是对本店职工和来店购买商品的顾客的管理。

①对职工的安排。合理配置好各作业部门工作人员，安排好出勤人数、休假人数，并严格考核职工的出勤状况。如果店长抓不好门店的出勤状况，就会直接影响超市进货、出货、补货陈列、服务水准等的正常运行，就无法维持较佳的营业状态。一般员工每周工作 40 小时，具体工作时间由店长安排。

②对顾客的管理。应了解顾客来自何处、顾客需要什么，还应处理好顾客投诉与意见。

(2) 对商品的管理。

① 对商品质量的管理。店长对商品质量的管理重点是对包装商品在货架上陈列期间的质量变化和保质期的控制，保证冷冻设备、冷藏设备的完好，做好收货、验货的质量把关，保证搬运方法与陈列方法的正确操作，保证商品质量统计的正确性，并将这些及时上报到总部的采购部。

② 对缺货的管理。零售业都把缺货称作是“营业的最大敌人”。因为商品缺货会使顾客

的需要无法得到满足，顾客量就会流失，导致销量下降。而顾客的需要在其他竞争店得以满足了的话，就等于将顾客推向了竞争对手，从而大大削弱了自己的竞争力。店长要时时刻刻统计商品的缺货率，及时与供应厂商联系，把缺货率降到最低水平。

③ 对商品的陈列管理。商品陈列是超级市场商品促销的利器，店长对其管理的要点是：商品是否做到了满陈列，只有满陈列才能最有效地利用卖场空间；商品陈列是否做到了关联性、活性化，关联性能使顾客增大购买量，活性化则能给顾客一种强刺激，促成购买；商品陈列是否做到了与促销活动相配合，虽然超级市场是以满足消费者的日常所需为其销售重点，但由于季节性和节庆假日往往成为超市销售的高潮，因此配合这些促销活动搞好商品的特殊陈列是大幅度增加超市销售额的重要环节；商品补充陈列是否做到了先进先出，商品在货架上陈列的先进先出是保持商品品质和提高商品周转率重要的控制手段，店长对此要尤为重视。

④ 对商品的损耗管理。店长对商品损耗管理的主要事项是：商品标价是否正确；销售处理是否得当；商品有效期的掌握；价格变动是否及时；商品盘点是否有误；商品进货是否不实，残货是否过多；职工是否擅自领取自用品；收银作业是否有错误操作从而引起的损耗；顾客、员工、厂商是否有偷窃行为引起损耗。

(3) 对现金的管理。店长对现金管理的重点就是收银管理。店长对收银台管理尤为重要，因为收银台是超市现金进出的集中点。实际上，店长对收银台的管理是对收银员的管理，因此对收银员的选聘就十分重要。收银员的选聘标准是：诚实、责任、快捷与友善。

除了对收银员管理外，收银管理中其他事项主要是：对伪币、退货不实、价格数输入错误、亲朋好友结账少输入、内外勾结盗货款、少找顾客钱、直接偷钱等的处理。

(4) 对信息资料的管理。店长要分析的信息资料有：

① 商品销售日报表。它可反映出日销售总额、商品部门识别的销售额和销售比重、来客总数、来客平均购买额、来客购买商品的品项数和每一个品项的平均单价，并能分析每个产品项目对利润的贡献，从而有助于确定增加或删除哪些产品项目。

② 商品销售排行表。商品销售排行表主要包括销售额排行、毛利率排行、销售比重、销售额和量的交叉比率排行等数据。这些数据使门店有能力追踪不同产品销售额的变化，分析产品受欢迎状况，调查广告和促销策略。

③ 促销效果表。促销效果表主要反映促销活动中销售额变化率、顾客增加率、来客平均购买变化率、毛利率变化、促销活动前后的差异比较等。

④ 费用明细表。该表主要反映出各项费用的金额和所占费用总额的比重方面的资料。

⑤ 盘点记录表。该表主要反映各部门商品存货额和周转率等。

⑥ 损益表。每月的损益表所包含的内容是：销售额、毛利额、损耗额、费用额等资料。

⑦ 顾客意见表。了解顾客意见的内容、意见的件数、意见所指的商品部门和服务项目、顾客满意的内容。

对门店营业人员的作业管理是连锁店日常管理的重要内容。

(1) 理货员作业管理。理货员的主要工作职责有：熟悉自己责任区商品的名称、规格、用途、产地、保质期限、使用方法等；遵守超市仓库管理和商品发货的有关规定，按作业流程进行该项工作；掌握商品标价的知识，正确标好价格；掌握商品陈列原则和方法，正确进行商品陈列，同时密切注视商品销售动态，及时补充商品；搞好货架与责任区的卫生，保证清洁；保证商品安全；对顾客的合理化建议要及时记录，并向门店店长汇报。

（2）收银员作业管理。收银员营业前的主要工作是：开门营业前打扫收银台和责任区域；认领备用金并清点确认；检验营业用的收银机，整理和补充其他备用品；了解当日的变价商品和特价商品；检查服饰仪容，佩戴好工号牌。

收银员营业中的主要工作是：欢迎顾客光临；登打收银机时读出每件商品的金额；登打结束报出商品金额总数；收顾客钱款要唱票——“收您多少数”；找零时也要唱票——“找您多少钱”；替顾客装袋服务时，应将生鲜商品、冷冻商品和其他商品分开装入包装袋，大且重的商品应先装入袋中。

收银员营业结束后的主要工作是：结清账款，填制清单；在其他人员的监督下把钱装入钱袋交值班长；引导顾客出店；整理收银作业区。

（二）门店进存货管理

进货与存货是销售的基础，这两项工作会直接影响超市的经营业绩。

1. 超市的进货管理

包括订货、进货、验收、退换货、调拨等项业务。

（1）订货业务。超市的订货业务是指在所确定的厂商及商品范围内，依据订货计划而进行的叫货、点菜或叫做添货的活动。订货业务应注意以下问题：

①订货要有计划。订货要注意适时与适量，各类别商品的订货周期、最小订货量等都必须有事前计划。这样，一方面可以提高工作效率，另一方面可确保货源供应正常。

②订货方式要规范化。订货方式可采用人工、电话、传真、电子订货系统等多种形式，发展的趋势是采用EOS订货系统。

（2）进货业务。进货是根据订货作业，由厂商或配送中心将所订货品送进店内的业务活动。进货业务对于厂商或配送中心来说就是“配送”。进货业务应注意以下事项：

①进货要遵守时间。进货时间的确定应考虑厂商作业时间、交通状况、营业需要及内部员工出勤时间。

②验收单、发票需齐备。

③商品整理分类要清楚，在指定区域进行验收。

④先退货再进货，以免退调商品占用店内仓位。

⑤验收后有些商品可直接进入卖场，有些商品则进内仓或进行再加工。

（3）验收业务。验收是超级市场根据进货的有关标准和要求，对厂商或配送中心所送货物进行检查、验收的业务活动。验收业务的内容包括：

①要核对发票与送货单的商品品名、规格、数量、金额是否相符。

②要核对发票与实物是否相符。具体的检查包括：商品数量、商品重量、商品成分、制造商情况及有关标签、制造日期及有效日期、商品品质、送货车辆的温度及卫生状况、送货人员等等。

③要对散箱、破箱进行拆包、开箱检查，核点实数。

④要对贵重商品拆箱、拆包，逐一验收。

⑤拒收无生产日期、无生产厂家、无地址、无保质期、商品标签不符合国家有关法规的商品。

⑥拒收变质、过保质期或已接近保质期的商品。

(4) 退换货业务。退换货是超市根据检查、验收的结果，对不符合进货标准和要求的商品采取退货或换货行动的业务活动。退换货业务可与进货业务相配合，利用进货回程顺便将换货带回。退换货业务应注意以下事项：

①确认厂家，即先查明待退换商品所属的厂家或送货单位。

②填写退货申请单，注明其数量、品名及退货原因。

③退换商品应注意保存。

④及时联络各厂商办理退换货。

⑤退货时应确认扣款方式、时间及金额。

2. 超市的存货管理

商品存货是流通的停滞和资金的占用，也是必不可少的环节。市场变化莫测，生产也需要一定的周期，为使超级市场不致出现缺货现象，离不开商品存货。由于库存要占用资金和场地，会给超级市场带来成本费用的增加，因此，科学的存货管理十分必要。

超市存货管理主要包括：存货数量管理、存货结构管理和存货时间管理。

(1) 存货数量管理。存货数量与商品流转相适应，是最佳效益点。存货量过大，会造成商品积压，浪费资金，影响效益；存货量过小，会造成商品不足，市场脱销，影响销售额。商品存货数量管理一般采用两种方法：一是保险存量，是商品储存的下限，低于此限，将会发生脱销；二是最高存量，是商品储存的上限，高于此限，将会导致积压。

(2) 存货结构管理。无论是仓库空间还是资金，都是有限的。如何使这些有限的空间和资金取得更大的效益，加强商品库存结构管理是非常重要的。

(3) 存货时间管理。加快商品周转就等于加快资金周转，自然会提高商业运作效率，这是超级市场能否获得利润的关键，所以应加强存货的时间管理。

(三) 门店销售服务管理

超级市场属于服务业，理应满足顾客的服务需求。近年来，由于消费者生活水平的提高以及各式零售业态的兴起，迫使超市经营者不断优化各种服务，以形成差异化经营，提高本店在消费者中的知名度和美誉度。因此，超市“重视服务，以服务为本”的观念更趋重要，得到了广大经营者的认同。超市所提供的服务种类大概分为五大类，如图 7－3 所示。

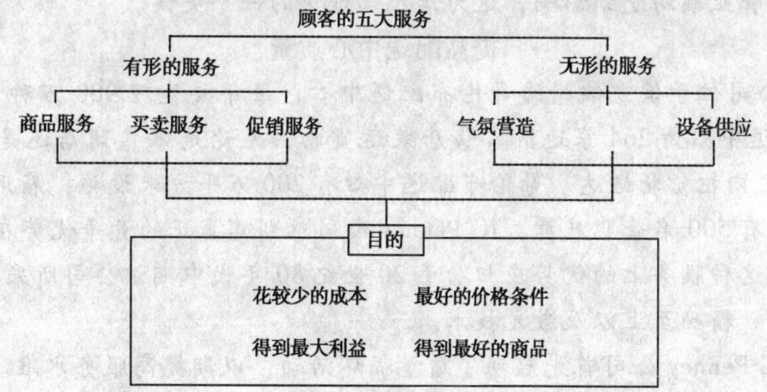

图 7－3　超市提供的服务种类

超市不断充实上述五大服务项目，可使顾客数愈来愈多，达到充分发挥经济效率、降低经营成本、获取最大利益的目标。对顾客而言，他们可以在购物时充分享受轻松愉快的气氛，并以最好的价格买到最好的商品，还可以享受到亲切的服务。这样，在兼顾买卖双方利益的情况下，超市才能不断发展，顾客的需求才能不断地获得满足。

【案例阅读】

合理安排员工，体现岗位效率

全国著名的某超市近年来在国内市场上发展得很快，这关键在于该连锁企业在借鉴国外成功连锁企业经验的同时，针对自己的目标顾客策划并形成了独特的经营风格。但最近一段时间该连锁超市有些门店存在着这样一种现象：在双休日、节假日或一天的营业高峰时段，在收银通道前排起了长长的队伍，虽然收银员忙得连上厕所的时间都没有，但顾客仍纷纷抱怨。因为这些门店的收银台并没有全开，然而并不是门店店长不愿开收银台，而是收银员不够。观察一下发现，这些门店在非营业高峰时，收银台却开得很多，收银员常常闲着没事干。究其主要原因，是店长限制了门店的正常运作。门店工作人员上班的出勤计划是由该门店店长制定的，如店长安排得不合理就会造成以上情况。店长应根据平日、双休日、节假日的顾客流量，以及一天各时间段工作忙闲规模来确定各类工作人员的工作量，按照工作量大小安排具体人员的调配。这样才能避免以上因人员安排不当造成的现象的发生。

因此，门店店长应具有控制门店运作的能力，尤其是处理好现场紧急事项的能力。不仅仅是针对收银员，其他出勤人员的工作性质也都应与顾客流量相配合，从而有效地发挥门店每一个员工的能量，提高了其劳动生产率，使每一个岗位达到效率化，充分体现严格科学的管理标准所带来的少投入、多产出的经济效益。

保持合理的距离

在上海普陀区长征乡方圆1公里的范围内，几乎同时开了三家大型综合超市，其中两家为中外合资企业，一家为国有企业。在开业的那一天，三家超市都达到了营业额的高峰，分别为310万元、160多万元、150多万元。以后营业额纷纷回落，按照超市经营理论，正常时期每天的营业额应为开业当天营业额的一半左右，即应分别为155万元、80万元、70万元。而该三家超市平时经营时，营业均比正常水平低30%以上，三家超市都没有达到营业额的正常水平。由本案例可以看出，三家超市同时选定一个区域开店，有效商圈范围相互重叠，导致彼此的营业额均受到影响，这为店铺选址中的一个失误。

提高配送中心质量

JC Penney公司位于俄亥俄州的哥伦布配送中心，每年要处理900万种订货，每天达到25000笔。该配送中心为264家地区零售店装运货物，无论是零售商店还是消费者的家中，均能在48小时之内把货物送达。哥伦布配送中心有200万平方米设施，雇用了1300名全日制员工，旺季时有500名兼职雇员。JC Penney公司感到其真正的竞争优势在于优质的服务。管理部门认为，这种服务上的优势应归功于20世纪80年代中期该公司所采取的三项创新活动，即质量循环、精确至上以及激光技术。

1982年，JC Penney公司首先启动了质量循环活动，以期提高服务水准。这是JC Penney公司的第一项创新活动。最初，管理部门曾担心，质量服务的想法会导致管理人员企图简单地花点钱来“解决问题”。然而，代替这些解决办法的是经慎重考虑后提出的一系列小改革。这些改革解决了工作场所中存在的一些主要问题，其中包括工人们建议创建的，用以提高工作效率和工具的可获得性的中央工具库。

第二项精确至上的创新活动，旨在排除收取、提取和装运活动中存在的缺陷，以提高服务的精确性。因此，提供精确的顾客信息和完成订货承诺被视为头等大事。显然，在该层次上讲求服务的精确性，意味着该公司随时可以说出某个产品项目是否有现货，并且当有电话订货时，便可能告知对方何时送货上门。该公司需要提高的另一个精确性与在卖主处提取产品有关。为了确保产品在质量和数量上的正确性，JC Penney 公司针对每次装运中对订货进行 100% 的检查，与此同时将对 2.5% 的装运进行审计。订货承诺的完成需要把主要精力放在提高精确性，为此该公司的配送经理罗杰·库克曼说道："我们曾一直在犯错误，想在商品交付给顾客之前就能够进行精确的检查。"但问题是，在质量循环中是否已找到了解决办法，或者能够对该过程实行自动化。对此，库克曼感觉到："只有依赖计算机，人们才有能力进行精确的检查。"于是，应该开始利用计算机系统进行协调，把订购商品转移到"转送提取"（Forward Pick）区域，以减少订货者的取货时间。

第三项创新活动是应用激光扫描技术，以 99.9% 的精确性来跟踪 230000 个存货单位（SKU）的存货。JC Penney 公司最初在密尔活基的配送中心是用手工来处理各种产品项目的储存和跟踪的，接着便开始用计算机键盘操作代替手工操作，这一举动使产品项目的精确性接近了 80%。而扫描技术则被看作是既提高记录精度，又提高记录速度的手段。但是，刚开始启动扫描技术时的结果并不理想，因为一系列的扫描过程需要精确地读取每一个包装盒子上的信息。然而，在某些情况下，往往需要扫描四次才能获得一次读取信息。看来，JC Penney 公司需要一种系统，能够按每秒三次的速度，从任何角度读取各种包装尺寸的产品信息。于是，公司内部的系统支持小组优化了硬件和软件来满足这一目的。其结果是，该配送中心的四个扫描站耗资 12000 美元，但也削减了每个扫描站所需的 16 个键盘操作人员的开支。

第三节 超市的定位与促销

一、超市的定位

（一）超市目标市场布局的定位

超市目标市场布局的定位，即超市店址的确定。超市的地址如何确定？繁华区是店铺的最佳位置，但对超市而言，并非理想之地。城郊及居民区商业不很发达，但超市却能生存和发展。为了衡量超市地点的优劣，需要先了解超市的立地条件。

1. 城市商业条件

选址首先应从大处着眼，把握城市商业条件，包括：

（1）城市类型。先看地形、气候等自然条件，继而调查行政、经济、历史、文化等社会条件，从而判断是工业城市还是商业城市？是中心城市还是卫星城市？是历史城市还是新兴城市？

（2）城市设施。学校、图书馆、医院、公园、体育馆、旅游设施、政府机关等公共设施能起到吸引消费者的作用。因此了解城市设施的种类、数目、规模、分布状况等，对选址是很有意义的。

（3）交通条件。在城市条件中，对店铺选址影响最直接的因素是交通条件，包括城市区域间的交通条件、区域内的交通条件等。

（4）城市规划。如街道开发计划、道路拓宽计划、高速公路建设计划、区域开发规划等，都会对未来商业产生巨大的影响，应该及时捕捉、准确把握其发展动态。

（5）消费者因素。包括人口、户数、收入、消费水平及消费习俗等。

（6）城市的商业属性。包括商店数、职工数、营业面积销售额等绝对值，以及由这些绝对数值除以人口所获得的数值，如人均零售额。

2. 店铺位置条件

店铺位置条件包括：

（1）商业性质。规定开店的主要区域以及哪些区域应避免开店。

（2）人口数及住户数。了解一定的商圈范围内消费人口及消费家庭的数量。

（3）竞争店数。了解一定的商圈范围内竞争店的数量。

（4）客流状况。调查估计通过店前的行人最少流量。

（5）道路状况。包括行人道、街道是否有区分，过往车辆的数量、类型及道路宽窄等。

（6）附近店的状况。包括经营品种、规模、外部装饰、格调等。

（7）场地条件。包括店铺面积、形状、地基、倾斜度、高低、方位、日照条件、道路衔接状况等。

（8）法律条件。在新建分店或改建旧店时要查明是否符合城市规划及建筑方面的法规，特别是了解各种限制性的规定。

（9）租金。

（10）必要的停车条件。顾客停车场地及厂商用进货空间。

（11）投资的最高限额。以预估的营业额或卖场面积为基准来规定。

（12）员工配置。以卖场面积等基准来规定，如每人服务面积不得低于20平方米。

3. 超市立地选择的基本原则

我国目前尚处于超市发展的初级阶段，针对超市的经营内容以食品和杂品为主的特点，超市店址选择的原则应是：

（1）超市的店址以选择在居民区为主。

（2）超市的目标顾客应以稳定的居民为主，以店址附近的企事业单位上下班职工为主。

（3）选择在交通枢纽开设超市，其经营内容必须视流动顾客的不同特点而定。

（4）选择在商业中心或老城区开设超市，其经营内容必须同商业街上其他业态的商店的经营内容有一个互衬作用。

4. 超市商圈设定

（1）商圈的种类。中小商圈约500—1500米，顾客以徒步或自行车可到达，以出售便利商品、生活必需品为主。大商圈的范围为5000米，大部分是以出售日常选购品为主。顾客来店以坐车较多，而且大多数以购买为目的。超大商圈，是指高速公路或捷运系统所形成的广大商圈，主要出售特殊器材。

（2）商圈的设定方法。在实际运作中，超市主要可以通过实施来店顾客问卷调查的方法设定商圈。顾客调查的主要项目：住址、来店频率（次/周，次/月）、大型店利用频度、竞争店利用频度。将约100—150份问卷所收集的住址在地图上标示画线，使商圈的范围自然展现。商圈确认后，利用住户资料算出户数。户数乘以每户每月生活费用支出（食品、饮料及日用百货），即为一家超市店铺营业额。商圈的范围一般可按销售额与市场占有率指标分为三个层次：第一商圈，市场占有率在30%以上，占本店销售额的75%；第二商圈，商场占有率在10%以上，占本店销售总额的25%；第三商圈，商场占有率在5%以上，占本店销售额的5%。

（3）超市商圈营业额的计算。超市营业额的估算应考虑商圈内常住居民的购买量、商圈范围企事业单位的购买量、流动顾客群的购买量、超市商圈范围内的市场占有率。

[例如] 假定商圈内常住居民食杂品的每月购买量，第一商圈为1000元×1000户=100万元，第二商圈为1000元×2000户=200万元，第三商圈为1000元×3000户=300万元。商圈内流动顾客群食品的购买量每月为180元。某超市的市场占有率分别为：第一商圈30%，第二商圈10%，第三商圈5%，企事业单位及流动顾客群各10%，可推算出超市销售额：

第一商圈：100万元×30%=30万元

第二商圈：200万元×10%=20万元

第三商圈：300万元×5%=15万元

企事业单位：180万元×10%=18万元

活动顾客群：120万元×10%=12万元

总销售额：30万元+20万元+15万元+18万元+12万元=95万元

（4）超市商圈的特征。

①从业态比较看，超市市场商圈偏小。超市奉行小商圈主义，地处社区或居民区，商圈人口7万—12万人；以经营食品为主的超市的商圈更小，商圈人口仅为3.5万—5万人。据对某地区的调查，人们对肉、鱼、蔬菜、水果的经常性购物距离不足2公里，而服装、化妆品、家具、耐用品为4—5公里。

② 从超市本身来看，商圈范围不同。超市所处位置不同，商圈范围不同。从一般情况看，位于市中心的超市商圈要大于位于城郊的商圈范围。

超市规模不同，商圈范围不同。从一般情况看，超市规模越大，商圈范围越大；反之则越小。

顾客购物出行方式不同，超市商圈范围不同。出行方式越现代化、机械化，商圈范围越大；反之则越小。参见表7-4法国超市规模与商圈范围。

表7-4　法国超市规模与商圈范围

规　模	面积（平方米）	商圈范围
小型超市	120—399	步行10分钟之内
中型超市	400—2499	步行10分钟或开车5分钟
大型超市	2500以上	驱车10分钟左右

顾客购物频率不同，超市范围不同。一般来说，顾客购买的频率越高，商圈范围越小；

反之则越大（如表7-5所示）。

表7-5　顾客购买频率与超市商圈范围

位　置	每天购买	每周3—4次	每周1次
都　市	300米	500米	700—800米
郊　外	500米	700—800米	1500米

（二）超市经营品种定位

1. 超级市场不同业态的商品定位

(1) 小便民超市的商品定位。便民店的基本经营宗旨是为消费者创造并提供便利。除时间上便利、地点上便利外，也包括经营商品的便利，主要经营食品、饮料、日用品，如方便面、饮料、香烟、杂志等。

(2) 标准食品超市的商品定位。标准食品超市也是以经营食品与日用杂品为主，食品占全部商品构成的70%左右。但它的业态特征十分鲜明，生鲜食品（生肉、鲜鱼、蔬菜、水果等）是它经营的重点商品，占全部食品构成的50%。

(3) 大型综合超市的商品定位。大型综合超市是在标准食品超市经营食品、日用品基础上，增加百货类商品（如服装、鞋帽、家电等）而形成的超市业态，食品类与非食品类各占商品构成的50%左右。大型综合超市经营品种繁多，可达二三万种，商品组合广度宽，目标顾客层广泛。它是能最大限度满足消费者对吃、穿、用等日常生活用品一次性购足需要。如图7-4超市商品综合体系。

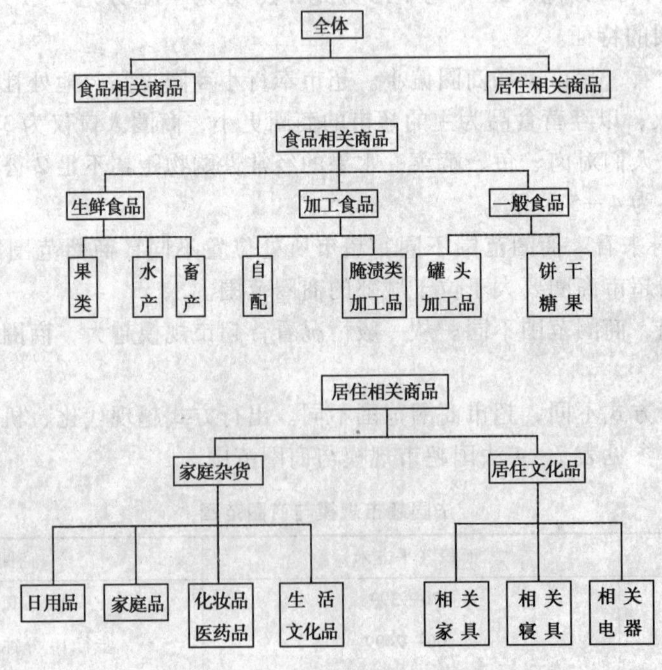

图7-4　超市商品综合体系

2. 超市经营品种定位应考虑的问题

（1）出售消费者“想要”且“需要”的商品。所谓“需要”是指消费者在日常生活中不可缺少的商品，不外乎是“吃”和“用”两类。吃的方面如蔬菜、水果、肉类、鱼类、饮料、糖果、饼干等，用的方面如洗衣粉、牙膏、牙刷、卫生纸、厨房清洁用品等，这些都是超市商品结构中不可或缺的商品。关于顾客所“想要”的商品，如夏天想吃一片冰凉西瓜，喝一罐饮料，冬天想吃一顿热气腾腾的火锅大餐，春节想买个礼物去拜访亲朋好友等。超市经营人员要认真仔细地体会消费者的心思，设身处地去想一想，把这些商品开发出来。

（2）建立商品的特色。随着收入与知识的增加，消费者的要求从“物”的满足，转换成“质”的提升，从“购买商品”转换成“购物的享受”，购物已经成为消费者休闲生活的一部分。如何建立商品的特色，是经营超市的重要课题。例如，超市的“配菜”是最具特色、与传统市场最有差别化的商品。再如，大型超市可自产特色面包，自产速冻水饺，家庭日常加工食品，如馒头、包子、家常饼、面条等各种面食食品，干净、口感好、快速，深受消费者欢迎，从而也吸引大量顾客天天光临超市。

（3）商品选择要符合确定的商品政策。每家超市的经营者都有自己的经营策略与商品政策。有些商店走的是高级路线，有些走的是大众化的路线；有些以生鲜食品取胜，有些则以日用商品取胜。

（三）销售价格定位

超市主要的经营原则是薄利多销，这就要求超市与其他商店相比售价要低。国外发达国家的超级市场之所以能成为零售业中的第一主力，正是因为它的价格优势在发挥主要作用。而且超市各业态之间的竞争，归根到底还是价格的竞争，谁的商品价格低，谁就会在竞争中占据优势。可以说，价格竞争是超级市场的永恒主题。但是这里所说的超级市场商品售价低，是指他的整体商品价格较之其他商店而言，不是件件商品价格都低。由此可见，采用何种定价策略，是超市成功与否的主要经营环节之一。

1. 超市定价必须体现商品“总体经营的原则”

一般来说，超市商品定价有一定的原则，这个原则必须与整体商品的经营策略相一致。不同企业在不同时期、不同市场环境中，可以有不同的经营目标，它可以以销售量、利润的增加为目标，也可以市场占有率的提高或市场竞争能力的增强为目标。究竟是何种目标，则视企业的情况而定。

（1）以销售量为目标，商品可采用较低的价格出售，通过销售量的增加来保证企业的利润，同时随着销售量的增加，进货量也增加，企业往往可以得到供货商提供的各种优惠条件，获得较低的进货价格。

（2）以一定的利润为目标，可以采用对不同的产品分别加成定价的方法。例如，在超市出售的商品中，27%左右的品种按进价出售，18%的品种在进价上加成5%毛利出售，27%左右的品种在进价上加成15%出售，剩下的27%的品种按进价加成20%出售。这样，所有商品的毛利率在9%左右。目前，国内超市以经营食品为主，食品的毛利率在15%—17%左右，可以按这一毛利率水平或更低的毛利率水平对各种商品分别加成定价。

（3）以提高市场占有率和竞争能力为目标，企业可以采用低于竞争对手的价格或附送赠品来促进商品的销售。

2. 超市几种常用定价方法

（1）品种别定价方法。所谓商品的品种别，就是把超市中的商品分成性质完全不同的两大类型：一类是为企业带来主要利润的商品；另一类是适应顾客“一次性完成购买”条件的形象商品。这里所说的反映企业形象的商品，就是反映超市专门提供给顾客价廉、省时、便利的商品。商品品种别定价方法就是将企业形象产品，如蔬菜水果、主副食品按较低的毛利率加成出售，对其中一些消费者使用量大，购买频率高、最受欢迎的商品按进价，甚至低于进价出售，这些商品称之为亏损拳头商品。而对于一些为企业带来主要利润的商品，如调味品、休闲食品等则加以比企业形象商品高的利润定价出售。在陈列上，以“亏本拳头商品”为核心，在它周围大量陈列能带来利润的商品，以拳头商品引来顾客、集中顾客，使顾客在购买“拳头商品”时，也带动其他商品的销售。

（2）高周转商品定价方法。对于那些周转率较高的商品可以采用低于竞争对手的价格。因为这些商品的利润不是体现在单个商品的价格优势上，而是体现在销售的数量上，销售的越多，利润越高。超市可利用这些低价商品吸引更多的人流，从而带动其他商品的销售。另外，商品的周转率提高，就会增加对供应商的进货次数与进货批量，增强企业对供应商的议价能力，获得更多的价格折扣。

（3）折扣商品定价方法。

①一次性折扣定价法。超级市场在一定的时间里对所有的商品定一个下浮比例的折扣，就称为一次性折扣定价。采用一次性折扣定价比较多的时间是在一些特殊时期，如店庆、节庆、季节拍卖、商品展销等。节庆日往往成为消费者购物的高潮，超级市场如抓住这种市场旺季，适时推出全面的一次性折扣价，定会取得很好的促销效果。

②累计折扣定价法。与一次性的定价方法相反，累计性的折扣定价是超市可常年持续推出的定价方法。一般来说，去超市购买商品的都是超市周围附近较稳定的顾客，采用累计的定价方法就可稳定住这些顾客，实施累计的折扣定价方法其做法有以下两种：

发票累计折扣法：超市在收银时都有金额发票，企业根据顾客的购买金额，确定出购买金额达到多少时，给顾客多少折扣。累计数量折扣定价法一般可采取用购物券换回顾客累计发票的办法，因为用现金换回顾客的累计发票，这一部分现金是有可能投向其他商店购买的。

优惠卡（会员卡）折扣法：消费者只需缴纳少量费用，或达到一定的购买量，即可持有会员卡，成为超市的会员。会员一般享有多种优惠：如价格上，会员在购物时可以享受比非会员更大的折扣；服务上，会员在购物时可享受保险及送货上门等服务；赊销上，会员持卡购买大宗昂贵物品时，可享受分期付款的优惠；年底分红或返还上，视会员在商店内的消费总额和企业的盈利情况，年底给予一定的分红或返还；获得商店的信息上，会员每两周或一周即可获得一份印刷精美的商店最新商品的信息，并享受电话订货和送货上门服务。

③季节折扣定价法。超市中有许多商品都有一个季节性的消费高潮，如夏季的清凉饮料等，为推进这些商品的消费高潮，也可采取折扣定价，进一步刺激这些商品的高销售。另外，对一些进入销售淡季的商品，采用季节折扣价也会促进销售。

④限时折扣定价法。通过在特定的营业时段提供优惠商品，来刺激消费者的购买欲望。如限定下午4—6时，某种生鲜食品五折优惠。此种方法要通过宣传单预告或利用卖场高峰时段，以广播方式刺激消费者购买特定优惠商品，而且价格优惠要比较大。

（4）促销商品定价方法。

① 特卖商品定价法。特卖商品是指该商品跌价幅度特别大，对顾客具有很强的吸引力。可以说，特卖商品也是超市的企业形象商品，它是价格促销的重要方法。一般特卖商品要比平时或竞争店的价格低20%以上，而且最好每周都推出一批，或每天推出一种商品，不过企业推出的特价商品必须有一个数量的控制。超市在举行展销活动时，也可对一些商品采用特价法，以此渲染展销活动的气氛。

② 销售赠品定价法。销售赠品的定价法就是消费者免费或购买达到一定金额时即可获得赠送礼品。一般有三种方式：一是免费赠送，只要进店就可免费获得一件小礼品，如气球、面纸、盘子、开罐器、玻璃杯、春联、鲜花等；二是买后才送，即购物满一定额度才能获得礼品，如酱油、色拉油、洗洁精、玩具等；三是随商品附送，如买咖啡送咖啡杯、买酒送酒杯、买生鲜食品送保鲜膜等等。

(5) 自有品牌商品定价。超市确立自有的品牌商品，是推进其连锁规模迅速扩张的主要动力之一。自有品牌的产品必须对同类商品具有30%以上的价格优势。因为连锁企业通过自有的销售渠道，无需支付高额的市场推广费和通道费。

(四) 服务观念定位

前面已说过，超市属于服务业，理应满足顾客的服务需求。超市可提供的服务方式有很多种：

(1) 超市订购服务：顾客通过电话、传真等通讯手段来订购商品。

(2) 超市加工服务：超市将食品加工成半成品方便顾客。

(3) 超市送货服务：如购买的商品数量众多，不便运送，超市可送货上门。

(4) 超市维修服务：超市设立维修服务点，对于从本超市购买的商品免费修理。

(5) 超市培训服务。

(6) 超市的咨询与信息服务。

二、超市促销策略

如何在充满竞争的态势中吸引顾客来店消费，确保经营优势及创造利润，是超市经营者的一大课题。超市作为零售经营中的一种重要的形式，它的业绩提升将同样有赖于促销活动的力度。通过促销达到与消费者的信息沟通，使顾客在来超市购物之前就产生对超市商品的偏爱，刺激顾客的购买欲望，从而达到扩大销售增加盈利的目的。

(一) 促销计划

1. 促销目标（以下为可供选定的目标）

(1) 在一定的时间内，扩大营业额并提升毛利额。

(2) 稳定既有顾客并吸引新顾客，以提高来客数。

(3) 及时清理店内存货，加速资金运行回转。

(4) 提升企业形象，提高超市知名度。

(5) 和竞争对手相抗衡，以降低其各项活动开展后对本超市经营的影响。

2. 拟定促销计划

根据欲达成的促销目标衡量经费、媒体、竞争店状况等因素，并综合各部门的意见，拟定促销计划。

3. 促销计划要素

顾客的购买行为会受天气、节令、事件、促销活动及竞争店的活动所影响，所以一个良好的促销计划应考虑月份、日期、天气、温度、节令、事件、商品、促销主题、促销方式、宣传媒体、预算、法令及预期效益等因素。现就几个重要因素分别说明如下：

（1）月份。因受到天气、假期、开学等因素影响，在我国，一般会形成3月、4月及11月的超市淡季。

（2）日期。一般而言，由于发薪、购买习惯的因素关系，月初的购买能力比月底强；而周末、周日的购买力又比平日强。

（3）天气。在天气差的时候，来客一般会减少，超市销售额往往会衰退5%—10%。故在天气不好时，如何提供价格合理、鲜度良好的商品及舒适的购物环境（准备伞套、伞架，实行外送服务，铺设防滑垫保持干爽的卖场、楼梯等），也是促销计划中应考虑的因素。

（4）节令。重要的节令往往是很好的促销卖点，所以也是促销计划要考虑因素。如果善于规划一年的节令，便能掌握商机，争取绩效。主要的节令可以分为以下三类：

法定假日：元旦、春节、妇女节、劳动节、教师节、国庆日、中秋节等。

非法定假日：情人节、母亲节、父亲节、圣诞节等。

民俗时令节：夏至、冬至、立冬、元宵节等。

（5）商品。顾客来卖场就是为了买商品，所以促销商品的品种、价格是否有吸引力，将影响促销活动的成效。应针对季节变化、商品销售排行榜、厂商配合度、竞争店状况等因素加以衡量，挑选最适合的商品。

（6）促销方式。促销活动琳琅满目、层出不穷，采取何种促销方式，在拟定促销计划前就先妥善考虑、精心设计。

（7）宣传媒体。超市促销活动因受预算、店数、商圈等因素限制，很少用电视、报纸等大众媒体，而常用宣传单、海报、店内广播等媒体。有时超市也根据需要安排特定媒体，并考虑制作数量、规格、方式、时间长短、使用时机等因素。

（8）预定效益。促销的目的就是为了提高来客数或提高客单价以增加营业额，所以应当先预测实施效果，作为日后评估的基准。

（二）促销方式与策略

1. 特价促销方式及策略

这种活动是指超市在某段时间内，让一种或几种商品的价格下降幅度特别大，给予消费者实实在在的优惠，造成对消费者很强的吸引力，以带动超市整体商品的销售。

（1）超市商品的特价原则。特价优惠至少要有10%—20%的折扣，才能吸引消费者来购买，此外新品使用特价的成交效果优于旧品，即可以用较少的特卖价获取较大的销售利润。然而，不论新旧品，通常减价愈多，销路愈快，效果愈好。

通常小数量大降价的效果比大数量小降价更能提高市场占有率，而当减价只有6%—7%时，不管任何品质，几乎不会有什么效果出现，它只会吸引某些顾客的注意。

（2）超市商品特价的标示方式。

①标签上的特价表示。即在特卖商品的正式标签上用锯形设计、旗形设计或其他创意，将特价优惠显著地告知消费者。

②特价商品的联结式包装运用。当几个商品包在一起做特价促销时，可以将减价金额标示在上面。这种方式在香皂、口香糖、糖果一类商品上采用最普遍。

③超市特价商品的桶式包装，即将若干种联合实行特价优惠的商品堆入容器中，以一个统一的特卖价格进行销售。陈列于出入口、端头或其他显眼的地方。这种方式能使顾客产生便宜感而促进销售。

（3）超市特价实施中要注意的几个问题。

①实行特卖的目的并不在于追求所有的顾客都能购买特价商品，而力求能把尽可能多的顾客吸引过来。要把顾客吸引过来，特卖商品的选择很重要，并不是所有的商品都能进行特卖。一般应选择男女老少皆宜，各种家庭都需要的通用商品作为特卖商品。

②特价品的供应数量要充足。

③特卖商品在时间的选择上通常为每周或每天推出一种特价品，从而使消费者时时感到有吸引。

④特卖商品的降价要经过精心策划。

⑤从空间上来看，特卖品都陈列在非常显著的位置，顾客一眼就能看到。

⑥特卖促销必须与广告媒体相配合。常用的广告媒体有：报纸、广告店头海报、宣传单、店内的 POP 广告和广播。

2. 折扣优惠促销方式及策略

顾客在购买商品时可享受到一定的折扣优惠。超市折扣券促销，这是超市普遍使用的一种促销方式。此促销的目的是为吸引消费者光临超市，而不是为了使顾客购买某一种特别品牌的商品。

（1）超市折扣券的主要种类。

①直接送予消费者的折扣券。通常是挨家挨户的递送，或由邮寄方式直接寄送到消费者手中。这种方式容易为消费者所接受。

②通过媒体发送的折扣券。如今，国内消费在报纸、杂志及其他印刷媒体上，常常可以看到超市企业各类折扣券的踪迹。由于传播媒体读者对象的不同，各种类别的折扣券也应选择对口的媒体。

③特殊渠道发送的折扣券。较常见的有：将折扣券印在收银机打出的超市小票背面、超市的购物袋上、冷冻食品包装袋上以及街头促销传单上等等。

（2）运用折扣券促销时应注意的问题。

①折扣券的设计力求简单。折扣券上应清楚地标明折扣的商品、折扣的金额、采用何种赠品、兑换地点、兑换期限等内容。

②折扣券实施期限通常为 3—7 天。

③宜选择周转率高的商品当折扣商品。

④要有较大的折扣率，否则回收率会很低。

⑤常采用报纸或宣传单附送折扣券。

3. 有奖促销方法及策略

超市的有奖促销，是超市根据自身的销售现状、商品的性能、消费者的情况，通过给予奖励的刺激来引起消费者的注意，促进其消费欲望，购买商品，达到扩大销售、增加效益的目的。超市有奖促销的形式主要有：

（1）填写抽奖形式。消费者可以从报刊、杂志或直接从超市店铺里得到抽奖活动的参加表，根据其要求将姓名、地址等内容填好后寄往指定的地点，然后在预定的时间和地点通过随机抽取的方式，从全部参加者中决定获奖者。

（2）购买抽奖形式。消费者凡是在超市购买商品或购买商品达到一定额度均有获奖的机会。具体实施办法有：

① 购买直接抽奖：对购买者登记号码，再随机抽奖。

② 购买兑奖抽奖：超市要先确定数字和标志，印刷在奖券上，一组奖派送完后或到指定日期，经由媒体告知购买者获奖号，获奖者即可到指定地兑奖。

③ 积点兑奖形式。消费者在超市购物后即获得购物的凭证，即购物小票。当消费者积攒购物小票达到某个数量时即可兑奖，由超市发给奖品。通过这种促销方式，可以培养长期的消费者，提高超市商品的销售量。

4. 售点陈列与商品示范表演促销方法及策略

售点陈列，是指将照明、色彩、形状及装置或一些装饰品、小道具等，都当作是陈列的器材加以运用，而创造出一个能够吸引顾客视线集中的地方，从而起到促销作用。

超市商品示范表演活动，是指在超市的售卖现场直接向消费者做商品演示，是近年来超市经常采用的一种促销方式。

超市商品现场演示的特点：一是可以促使消费者更好地接受商品。二是可以节省促销的费用开支。三是现场演示这种方式也存在着一定的不足与缺陷，如限制性大等，食品不宜采用此法。

超市现场演示活动应注意的问题：

（1）精心地选择演示的商品。所选的商品应具有诸如新型的使用功能、商品的使用效果能立即显现、技术含量较低、大众化的商品等特征，这样才能发挥最佳的促销效果。

（2）超市应设置合适的区域来开展演示活动。该区域在超市布局中应显眼醒目，以便能够吸引更多的消费者前来观看；要注意与该商品卖场位置的配合，应在其邻近或旁边开展；要考虑保持超市通道的顺畅，以使对演示活动无兴趣的消费者能顺利购物。

（3）认真地选择演示人员。演示人员要熟悉演示商品的性能、质量、使用方法等，并具备演示技巧和把握控制现场气氛的能力。

5. POP 广告促销方法及策略

POP 广告是英文“Point of Purchase”的缩写。它的意思是“在购买场地所有能促进销售的广告”，一般称之为“店头广告”。

（1）超市 POP 广告的主要作用。

①传递超市商品信息。POP 广告实际上是一种超市商品与消费者进行对话的工具，可传递给消费者商品价格、商品的品质及使用方法、超市的经营信息等内容。

②营造超市店内的购物气氛。POP 广告既能为消费者提供信息、介绍商品，又能美化购物环境、营造购物气氛，在满足顾客精神需要、刺激顾客采取购买行动方面有独特的功效。

③扩大超市经营商品制造厂商的知名度，增加其影响力，从而促进超市与厂商互利互惠。

④突出超市的形象，吸引更多的消费者来店实施购买行为。

（2）超市 POP 广告的主要种类。

①海报。其功能是向顾客告知促销活动的内容，贴于商店外的橱窗，或在商店外悬挂。

②店内悬挂物。其功能是配合季节或促销活动，以增强商店的气氛，一般是悬挂于天花

板上。必须注意的是，悬挂物的色彩一定要鲜艳，保持整洁卫生，并要控制悬挂物的数量，超市一般宜悬挂 40—50 张吊卡。

③定点广告宣传。其功能是宣传由厂商推荐的特定商品，由展示台、展示品及相应的店内海报、购物说明等组成。

④卖场指南。其功能是向顾客展示卖场的商品配置及商品区分。

⑤标示价格及说明商品的 POP 广告。其功能是激发顾客对特定商品的购买欲望，是最重要的 POP 广告。

⑥其他。

以上是超市主要促销方法。当然还有很多促销方法，如会员制促销方法、服务促销方法、开业庆典促销、竞争性促销、免费试用促销等等，在此不一一介绍。

【案例阅读】

敏感性商品价不能高

超级市场中的“拳头商品”主要指那些消费者比较熟悉，对其价格也比较了解的商品。“拳头商品”的定价低，将能够吸引消费者进店并带动其他商品的销售。上海某一超市在开业初期，将其生鲜区中的“盒装内脂豆腐”定价为 1.0 元/盒，原因是考虑到该商品为日配品，且放在冷柜中销售价格应稍高。事实上，上海一般的菜市场该类豆腐的定价为 0.8 元/盒。此类商品是消费者反应敏感的商品，价格稍高将使消费者感觉该店铺内所有商品价格均高，从而影响商品的销售。这是商品定价中的一个失误。

SAVEMORE 超市的促销困难

在 1999 年 5 月间，SAVEMORE 超市的营销经理 Lee 回顾了他为下半年所制定的促销计划。由于公司最重要的供应商之一 P&G 最近改变了加工策略，使 SAVEMORE 超市的经营受到了影响。

公司背景：截至 1999 年 4 月底，SAVEMORE 超市公司已经有了 100 家门店，主要位于俄亥俄州，所有的门店都由位于哥伦布的公司仓库来供货。SAVEMORE 的服务宗旨是，为顾客提供一个有吸引力的环境和具有竞争性的价格。与公司的竞争者相比，SAVEMORE 的门店比较大，所售货物的种类比较多。SAVEMORE 超市通常在中产家庭的住处附近。公司近期的财务数据表明，尽管公司财政年度的销售额上升了，但净利润却下降了。

P&G 的新促销计划：P&G 的新价格计划意在缩减高成本的促销费用，抑制零售商和消费者对折扣商品的集团购买，同时使生产商收益增加。Lee 以 Crest 牙膏为例，将新旧的价格作一下比较，发现促销计划降低了产品的平均价格，而这一举措给 SAVEMORE 超市的销售额和毛利带来的影响却是令人沮丧的。

SAVEMORE 的选择：Lee 发现几家连锁店卖出的 P&G 商品数量在缓慢下降，Lee 考虑是否应该终止经销某类 P&G 商品，用来自其他生产商的有较高收益的品牌取而代之。

另一种可能是，继续保持当前所有的 P&G 商品，但是降低每个品牌的货架装璜，把 P&G 商品安排到不很理想的货架位置。但是可能由此引起一些负效应，会失去那些忠于品牌的消费者，为了买到他们喜欢的 P&G 商品，他们将去其他商店购物。

SAVEMORE 超市也可以由主营杂货向其他高收益的事业形式转移，如电视租赁业，也可扩大化妆部的业务。但是，尽管化妆品能带来高收益，Lee 却不能保证一些大公司会把最受欢迎的品牌卖给 SAVEMORE。

也许 SAVEMORE 应该扩大私有商标业务。如果决定用 SAVEMORE 的品牌代替 P&G 的某些规格的 Grest 牙膏及 Tide 洗衣粉，则意味着 SAVEMORE 必须自己出资作广告，开展促销活动，而不能再依赖于 P&G，而且必须使消费者相信 SAVEMORE 的私有品牌商品与全国性品牌同样好。

思考与练习

1. 超市在商业范围定位时需要考虑哪些因素？
2. 超市定价常用哪几种方法？
3. 超市促销计划要素有哪些？
4. 超市的促销方式与策略是怎样的？
5. 什么是超级市场？什么是连锁经营？
6. 连锁超市有何特点？超市的发展方向是怎样的？
7. 连锁超市总部的职能有哪些？
8. 连锁超市总部如何对商品进行管理？
9. 连锁超市门店职能是什么？
10. 连锁超市门店店长的主要工作职责是什么？

第八章

网 络 经 营

学习目标

通过本章的学习，学生应了解网络经营的定义、网络经营的基本条件，掌握商业网站设计的原则和技巧，理解网络经营的特点、层次和策略。其中，网站设计的原则和技巧是本章学习的重点，商业网站的构件、网络经营的层次和策略是难点。

第一节 网络经营概述

一、网络经营的产生与发展

20 世纪，计算机和网络技术的发展带来了人类技术发展史上从未有过的高速度。Internet，即通常所说的国际互联网或网际网，是全球最大的、开放的、基于 TCP/IP 协议的、由众多网络相互连接而成的计算机网络。其前身是美国国防部于 1969 年建成的阿帕网，目的是把美国各大院校中互不兼容的电脑连接起来，用于军事研究。进入 80 年代后，阿帕网的性质逐渐从军事科研网转变为民用商业网，规模迅速扩大，应用领域迅速拓展，并很快发展成为全球最大的计算机网络系统。截至 1998 年 2 月，国际互联网已覆盖 170 多个国家和地区。国际互联网正迅速渗透到政治、经济、文化的各个领域，进入人们的日常生活，并带来社会经济、人们生活方式的重大变革。人类已经步入网络社会，愈来愈多的企业认识到国际互联网对企业经营发展的作用，纷纷抢占这一科技制高点，并将之视为未来赢得竞争优势的主要途径。20 世纪 90 年代以来，随着 Internet 的迅速发展，计算机网络技术得到了飞速发展，越来越多的商家开始利用 Internet 进行商务交往，实现了贸易活动电子化。他们从最初单纯的网上发布和传递信息到在网上建立商务信息中心，从传统的贸易方式下使用不成熟的电子化交易手段到能够在网上建立虚拟市场完成供产销全部业务流程的电子商务。这种以 Internet 为依托的商务活动，是一种崭新的商务运作方式。网络蕴涵着无限商机，网络经营将成为 21 世纪经营的主流。

二、网络经营的涵义

互联网为人类创造了一个全新的信息空间。企业在计算机网络上开设自己的主页，在主页上设立“虚拟商店”，用以陈列宣传其商品；客户通过任何一部网络计算机便可进入“虚拟商店”，完成一系列商务活动。这便是网络经营，一种全新的、互动的、便捷的、具有发展潜力的经营方式，是企业经营实践与现代信息通讯技术、计算机网络技术相结合的产物，是企业以电子信息技术为基础，以计算机网络为媒介和手段而进行的各种经营活动（包括网络调研、网络新产品开发、网络促销、网络分销、网络服务等）的总称。网络经营根据其实现的方式有广义和狭义之分。广义的网络经营，是指企业利用一切计算机网络（企业内部网、行业系统专线网及国际互联网）进行的经营活动。狭义的网络经营专指国际互联网络经营。本章所讲的属于后者。

三、网络经营的实质

网络经营不单纯是网络技术，而是一种新型的市场经营方式；网络经营不单纯是网上销售，而是企业现有经营体系的有利补充和完善。网络经营首先是用互联网替代了报刊、邮件、电话、电视等中介媒体，其实质是利用互联网对产品的售前、售中、售后各环节进行跟踪服务。它自始至终贯穿于企业经营全过程，包括寻找新客户、服务老客户，是企业以现代经营理论为基础，利用互联网技术和功能，最大限度地满足客户要求，以达到开拓市场，增加盈利为目标的经营过程。

网络经营只是电子商务的基础。电子商务是利用互联网进行的各种商务活动的总和。全程性的电子商务必须解决与电子支付相关的技术、安全和法律问题，同时也要有高效、低成本的配送系统的支撑。目前在中国，这些问题是阻碍电子商务发展的瓶颈问题。在具备这些条件之前，可以率先开展网络经营，并给企业带来效益。国际上有许多实施网络经营成功的范例，一些知名的企业都建有自己的网站，这些网站以各具特色的站点结构和功能设置、鲜明的主体立意和网页创意，开展网络经营活动，给这些企业带来了巨大的财富。

网络经营是借助于国际互联网完成一系列经营环节，达到经营目标的过程。网络具有快速、高效、低成本的特点。在互联网上信息资源共享，进入障碍为零。作为一种新的媒体，网络具有一对一的互动特性，这是传统媒体面对大量“受众”特征的实破。从经营的角度讲，网络上生产者和消费者一对一地互动沟通，生产者了解了顾客的要求、愿望及改进意见，将工业时代大规模生产、大规模经营改进为小群体甚至一对一经营，为消费者提供了极大的满足，迎合了现代经营观念的宗旨。同时，它的革命性在于减少了整个经营的中间环节，降低了交易成本，节约了社会资源。网络技术克服了横在生产者和消费者之间的时间、空间障碍，弱化了存在于两者之间的各种中间环节的渠道。

四、网络经营的特点

（一）与传统的经营手段相比，网络经营具有许多明显的优势

1\. 决策的便利性

人们生活在信息充斥的社会中，无论是报纸、杂志、广告还是电视，无不充满着广告，人们不得不被动地接受各种信息。在这种情况下，广告的到达率和记忆率之低也就可想而知

了。于是，商家感慨广告难做，消费者则抱怨广告泛滥。网络经营则全然不同，人们不必面对广告的轰炸，而只需要根据自己的喜欢或需要去选择相应的信息，如厂家、产品等，然后加以比较，作出购买的决定。只需操作鼠标，就可不受时间、地点的限制，来浏览国内外任何网上的信息，而不必在各家商场跑来跑去比较质量和价格等。这种快捷与方便，是商场购物所无法比拟的，尤其受到许多工作繁忙或不喜欢逛商场的人群喜爱。

2. 较强的互动性

网络经营具有较强的互动性，是实现全程经营的理想工具。传统的经营管理强调 4P（产品、价格、渠道和促销）组合，现代经营管理追求 4C（顾客、成本、方便和沟通）。然而无论那一种观念都必须基于这样一个前提：企业必须实行全程经营，即必须由产品的设计阶段开始就充分考虑顾客的需求。在网络环境下，即使是中小企业也可以通过电子布告栏、线上论坛和电子邮件等方式，以较低成本在经营的全过程中对顾客进行即时的信息搜索，顾客则有机会对产品从设计到定价和服务等一系列问题发表意见。这种双向互动的沟通方式能使企业的经营决策更加有的放矢，从根本上提高顾客的满意程度。

3. 成本优势

在网上发布信息，费用较低。同时，将产品直接向消费者推销，可减少分销环节，发布的信息直接向消费者推销，可拓宽市场覆盖面。前来访问的大多是对此类产品感兴趣的顾客，信息受众准确，避免了许多无用的信息传递，还可根据订货情况来调整库存量，降低相应费用。例如网上书店，其书目可按通常的分类分为社科类、文字类、外文类、计算机类、电子类等，也可按出版社、作者、国别等来进行索引，以方便读者的查找，还可以辟出专栏介绍新书及内容简介等，这样可以以较低的费用提供更多更新的图书和服务来争取顾客。

4. 优化服务

网络经营的网上服务可以是 24 小时的服务，而且更加方便快捷。例如，有个客户购买的惠普公司的打印机经常出问题，通过咨询得知是打印程序出了问题，他于是通过网络找到惠普公司，也因此节约了一笔费用。

5. 多媒体效果

网络广告既具有平面媒体的信息承载量大的特点，又具有电波媒体的视、听觉效果，可谓图文并茂、声像俱全。而且，广告发布不需印刷，不受时间、版面等限制，顾客只要需要就可以随时索取。

6. 有利于取得未来的竞争优势

许多家庭为了孩子的学习而购买电脑，以使他们能跟上时代的脚步，而好奇心极强的孩子们大都对电脑甚为着迷。如果能抓住他们的心理，当他们长大成人时，早先为他们所熟知的产品无疑会成为他们的首选。也就是说，抓住了现在的孩子，也就抓住了未来的市场主力，也就能顺利地占领未来的市场。从长远来看，网络经营能带给商家长期的利益，在不知不觉中培养一批忠实的顾客。

此外，作为一种新的经营方式，网络经营与传统的经营方式相比，在经营组合策略方面也具有很大的优势：

1. 产品方面

由于有互联网将顾客和企业联系起来，彼此之间的信息传递更加迅速，而且关于产品的花色品种等方面的信息可以即时实现在两者之间的沟通，特别是企业可以及时得到消费者的要求，实现有针对性地定制生产，实现产品的设计和生产与市场的紧密结合。因而网络经营既可以极大地提高对顾客需求的满足程度，又可以减少企业决策的盲目性，及时与市场节拍相吻合，提高经济效益。

2. 价格方面

网络经营的价格对于互联网的用户而言完全是公开的，价格的制定将受到同行业、同类产品的价格的约束。因为互联网为顾客提供了一个广泛比较的空间，制约了企业通过价格获得高额垄断利润的可能，经过一段时间后，互联网的商品价格得到了顾客的认可和信任。

3. 渠道方面

实际上，互联网本身就是一种最快捷的销售渠道，它使得购买过程中买卖双方的决策信息传递所耗费的时间较短，货款的结算也快。

4. 促销方面

网上经营的优势是信息的即时双向沟通，即可以通过网上聊天和消费热点的讨论促进企业产品的销售，而且这种促销的效果会由于充分的理智因素而使得效果更加稳定。

（二）网络经营的不足

1. 缺乏信任感

人们仍然信奉眼见为实的观念，买东西要亲眼见到、亲手摸到才放心。网上购物，人们见不到实物，没有质感，心中存有“万一上当怎么办”的想法。因此，要发展网上购物，保证商品质量和诚信经营是一个很重要的问题。

2. 安全性问题

网络的安全性仍然令人担忧，利用网络进行经济犯罪的案件接连不断。如果通过电子银行或信用卡付款，一旦密码被人截获，顾客损失将会很大，这也是网络经营发展所必须解决的问题。

3. 价格问题

网上信息充分，使顾客不必再走东奔西比较价格，只需浏览一下商家的站点即可货比三家。而对商家而言，则易引发价格战，导致两败俱伤。对一些价格存在一定灵活性的产品，如有批量折扣的，在网上不便于讨价还价，还可能贻误商机。

4. 缺乏生活情趣

网上购物，面对的是冷冰冰、没有感情的机器，它没有商场里优雅舒适的环境氛围和售货员热情周到的服务，缺乏三五成群逛街的乐趣。有时候，逛街的目的不一定是非得购物，它可以是一种休闲和娱乐。网上购物还存在着试用的弊端，实物总是比图像来得真实和生动。所以，对许多人来说，网上购物仍缺乏足够的吸引力。

5. 被动性

网上的信息只有等待顾客上门索取，不能主动出击，实现的只是点对点的传播，而且它不具有强制收视的效果，主动权掌握在顾客手中，人们可以选择看与不看，商家无异于在守株待兔。作为一种全新的经营和沟通的方式，网络经营还有待于完善和发展。相信随着网络技术的发展，网络必将成为除报纸、杂志、广播、电视四大媒体之外的第五大媒体。

（三）网络经营与传统经营的整合

网络经营作为新的经营理念和策略，凭借互联网特性对传统经营方式产生了巨大的影响，但并不等于说网络经营将完全取代传统经营，网络经营与传统经营是一个整合的过程。

首先，互联网作为新兴的虚拟市场，它覆盖的群体只是整个市场中某一部分群体。许多群体由于各种原因还不能或者不愿意使用互联网，如老人和落后国家、地区的人群等，而传统的经营策略和手段则可以覆盖这部分群体。

其次，互联网作为一种有效的渠道有着自己的特点和优势。但对于许多消费者来说，由于个人生活方式不同而不愿意接受或使用新的沟通方式和经营渠道，如许多消费者不愿意在网上购物，而习惯在商场里一边购物一边休闲。

第三，互联网作为一种有效沟通方式，方便企业与用户直接双向沟通，但也会有一部分消费者有着自己个人偏好和习惯，愿意选择传统方式进行沟通。如报纸上在网上加载电子版后，并没有影响原来的纸张印刷出版业务，相反起到相互促进的作用。

最后，互联网只是一种工具，而经营面对的是有灵性的人。因此，传统的以人为主的经营策略所具有的独特亲和力是网络经营无法替代的。随着技术的发展，互联网将逐步克服上述不足，在很长一段时间内，网络经营与传统经营必将形成相互影响、共同存在和相互促进的局面。企业在进行经营时应根据其经营目标和细分市场，整合网络经营和传统经营策略，以最低成本达到最佳的经营目标。网络经营与传统经营的整合，就是利用整合经营策略实现以消费者为中心的传播统一、双向沟通，实现企业的经营目标。

互联网络对市场经营的作用，可以通过对4P（产品/服务、价格、分销、促销）结合发挥重要作用。利用互联网络，传统的4P经营组合可以更好地与以顾客为中心的 4C（顾客、成本、方便、沟通）相结合。

1. 产品和服务以顾客为中心

由于互联网络具有很好的互动性和引导性，用户通过互联网络在企业的引导下对产品或服务进行选择或提出具体要求，企业可以根据顾客的选择和要求及时进行生产并提供及时服务，使得顾客跨时空得到所要求的产品和服务。另一方面，企业还可以及时了解顾客需求，并根据顾客要求及时组织生产和销售，提高企业的生产效益和销售效率。如美国 PC 销售公司戴尔公司在 1995 年还是亏损的，但 1996 年，它们通过互联网络销售电脑，业绩增长 100%。由于顾客可以通过互联网络在公司设计的主页上进行选择和组合电脑，公司的生产部门马上根据要求组织生产，并通过邮政公司寄送。因此，公司可以实现零库存生产，特别是在电脑部件价格急剧下降的年代，零库存不但可以降低库存成本，还可以避免因高价进货带来的损失。

2. 以顾客能接受的成本定价

传统的以生产成本为基准的定价在市场为导向的经营中是必须摒弃的。新型的价格应是以顾客能接受的成本来定价，并依据该成本来组织生产和销售。企业以顾客为中心定价，必须测定市场中顾客的需求以及对价格认同的标准，这些在互联网络上是很容易实现的。顾客可以通过互联网络提出接受的成本，企业根据顾客的成本提供柔性的产品设计和生产方案供用户选择，直到顾客认同确认后再组织生产和销售。所有这一切都是顾客在公司的服务器程序的导引下完成的，并不需要专门的服务人员，因此成本也极其低廉。

3. 产品的分销以方便顾客为主

网络经营是一对一的分销渠道，是跨时空进行销售的，顾客可以随时随地利用互联网络订货和购买产品。以法国钢铁制造商犹齐诺—洛林公司为例，该公司因为采用了电子邮件和世界范围的订货系统，从而把加工时间从 15 天缩短到 24 小时。该公司通过内部网与汽车制造商建立联系，从而能在对方提出需求后及时把钢材送到对方的生产线上。

4. 紧迫式促销转向加强与顾客沟通和联系

传统的促销是以企业为主体，通过一定的媒体或工具对顾客进行紧迫式的狂轰滥炸，顾客是被动接受的，企业缺乏与顾客的沟通与联系，同时公司的促销成本也很高。互联网络上的促销是一对一和交互式的，顾客可以参与到公司的经营活动中来。因此，互联网络更能加强与顾客的沟通与联系，更能了解顾客的需求，更易引起顾客的认同。美国的新型明星公司雅虎公司开发一种能在互联网络上对信息分类检索的工具，由于该产品具有很强的交互性，用户可以将自己认为重要的分类信息提供给雅虎公司，雅虎公司马上将该分类信息加入产品中供其他用户使用，因此不用作宣传其产品就广为人知。在短短两年之内公司的股票市场价值达几十亿美元，增长几百倍之多。

第二节　网络经营业务

一、网络经营的基本条件

网络经营是现代信息技术在企业商务活动中的应用，是企业电子化经营的基础。而开展网络经营又需要一定的支持条件，包括企业外部的基本环境和内部的基本条件。

（一）网络经营的外部环境

广义地讲，网络经营的外部环境包括网络基础平台以及相关的法律、政治环境、一定数量的上网企业和上网人口、必要的互联网信息资源等等。这里只介绍开展网络经营必须具备的物理条件。

人们通常把网络经营称为电子市场经营或者虚拟市场经营。但这个“虚拟”的市场是建立在网络技术，特别是互联网应用的客观基础之上，信息流是以一种电子化的状态存在并进行交流。因此，网络经营仍然是一种客观现实，这种现实就是所谓的网络经营平台。

网络经营平台一般是建立在Web平台之上，通过相关的应用软件支持，充分利用互联网的信息资源，来实现网络经营的目的。互联网可提供的基本服务很多，如信息浏览、电子邮件、文件传输、新闻组、远程登录等。与企业开展网络经营密切相关的问题实质上是如何接入互联网的问题，对于其他的基础设施如网络带宽问题，虽然对企业网站的速度和信息浏览速度有直接影响，但不是由一个企业可以决定和改变的。因此，在现有条件下，选择一家“好”的网络接入服务商（ISP），对增强网络经营的效果具有重要作用。选择ISP一般应该考虑的问题有：费用问题、网络连接速度、ISP提供的服务种类、ISP服务的连续性及设备的稳定性等。

企业网站接入互联网一般有三种方式：专线上网、主机托管和虚拟主机。采用不同的形式，从功能、费用等方面有所不同。但是，从理论上讲，无论采取哪种方式，只要具备了入网的基本条件，就具备了企业开展网络经营的基本条件。

（二）企业内部的基本条件

可以说，企业开展网络经营的外部环境已比较成熟。但这只是企业上网的外因，外因只有通过内因才能发挥作用。企业的上网决策最终取决于内部的基本条件。

一般来说，需要对下列四方面进行调研：

1. 产品特性

是否需要在网上开展经营活动，在很大程度上取决于行业的特点和产品的特性。网络经营是为顺应经营手段的发展而不是为了赶时髦。如果一个行业的特点决定了利用传统方法更加有效，那么大可不必考虑网络经营。不过，现在的实际情况是，大多数行业都在轰轰烈烈地开展网络经营。建一个网站，雇几个操作人员，对于许多企业来说，也许不算什么。但是对中小企业尤其是效益不佳的企业，如果网络经营不能在短期内带来切实的收益，还是应该量力而行，根据本企业的特点慎重决定。

2. 行业竞争状况

互联网的发展为行业竞争状况分析提供了方便，同行业的企业由于生产类似的产品或服务，往往被收录在搜索引擎或分类目录的相同类别，要了解竞争者或其他同行是否上网，只需到一些相关网站查询一下，并对竞争者的网站进行一番分析，对行业的竞争状况就会有大致的了解。如果竞争者，尤其实力比较接近的竞争者已经开始了网络经营，甚至已经取得了明显效益，这时，企业就需要认真考虑自己的网络经营战略了。

3. 财务状况

用于网络经营的支出不是消费，而是一项投资，而且是长期投资，有时还需要不断地投入资金。网络经营不一定能取得立竿见影的成效。决策人员应该根据企业的财务状况制定适合自身条件的网络经营战略，如企业内部网的建立、Web 网站建设方式、网络经营组织结构、推广力度等等。

4. 人力资源

与传统经营相比，网络经营有其自身的特殊性，如互联网本身的互动性、信息发布的即时性以及网络经营的基本手段——网站建设和推广等。这就要求网络经营人员既有经营方面的知识，又有一定的互联网技术基础，这种复合型人才目前比较短缺，工资水平自然也比较高。企业是否拥有高水平的网络经营人才，对网络经营的效果有直接影响。

总之，企业的网络经营活动不同于一般的网站，靠一个创意、一个计划，只要有人愿意投入一笔资金就可以风风火火地开张，甚至有可能取得短暂的辉煌。但是，这种经营方式并不适合于一般企业，没有经过对企业外部环境和内部条件的认真分析，盲目开展“电子化经营”，结果往往事与愿违。

二、网络经营的层次

根据企业对互联网络作用的认识及应用能力的划分，商业企业网上经营可以划分为五个层次。以下分别论述各层次的特征。

（一）企业上网宣传

这是网上经营最基本的应用方式，它是在把互联网作为一种新的信息传播媒体的认识基础上开展的经营活动。建立企业网络是企业上网宣传的前提，互联网是让企业拥有一个属于自己的平台而又面向广大网上受众的媒体。而且这一媒体的形成是高效率、低成本的，这是其超越传统媒体的一个特点；企业网站信息由企业定制，没有传统媒体的时间、版面等限制，也可伴随企业的进步发展不断实时更新；企业网站可应用虚拟现实等多媒体手段吸引受众并与访问者双向交流，及时有效地传递并获取有关信息，这些都是吸引企业上网宣传，使其由内部或区域宣传转向外部和国际信息交流的重要因素。然而，上网并非一上了事，建立网站并不断更新、增添信息，网站才会有生命力。否则，像在传统媒体宣传广告中那样一种陈年老面孔，只会成为被上网者遗忘的角落。

（二）网上市场调研

调研市场信息，从中发现消费者需求动向，从而为企业细分市场提供依据，是企业开展市场经营的重要内容。网络是一个信息市场，它为企业开展网上市场调研提供了便利场所。软件业对此已经进行了较为充分的利用，如各种软件测试版、共享版在网上发布，供上网者下载使用；通过留言簿、E－mail 等手段收集软件使用信息，从而为确定软件性能、市场对象等提供强有力的依据。这一无形的调研过程是高效而低成本的，同时还能起到扩大网站和企业知名度的作用。一般企业开展网上市场调研活动有两种方式：一是借助 ISP 或专业网络市场研究公司的网站进行调研；二是企业在自己的网站进行市场调研。网上市场调研作为一种新的市场调查方式已经受到一些国内企业的重视，一些网络服务企业开展了一系列网上调研，但如何在大量信息的包围中吸引上网者参加调研并积极配合，仍需进行更多的探索。

（三）网络分销联系

尽管电子商务在迅猛发展，相对于传统经营渠道而言，其份额仍然是很小的。企业传统的分销渠道仍然是企业的宝贵资源，但互联网络所具有的高效及时的双向沟通功能，的确为加强企业与其分销商的联系提供了有力的平台。企业通过互联网络构筑虚拟专用网络，将分销渠道的内部网融入其中，可以及时了解分销过程的商品流程和最终销售状况，这将为企业及时调整产品结构、补充脱销产品，以至分析市场特征、实时调整市场策略等提供帮助，从而为企业降低库存、采用实时生产方式创造了条件。而对于商业分销渠道而言，网络分销也开辟了及时获取畅销商品信息、处理滞销商品的巨大空间，从而加速了销售周转。从某种意义上看，通过互联网络加强制造企业与分销渠道的紧密联系，已经使分销成为企业活动的自然延伸。这是加强双方市场竞争力的一股重要力量，这种联系方式已经成为美国企业生存的必然选择，并迅速向国际化发展。中国的制造企业和商业企业必须抓住这个机会，或许我们在建造大型豪华商厦的同时，更应注意建立加强沟通的网络。否则，豪华的商厦只能是一件增加经营成本的外衣，利用互联网络构筑商家与供货商的新型实时联系框架，是企业提高市场竞争力的最佳路径。

（四）网上直接销售

互联网络是企业和个人相互面对的乐园，是直接联系分散在广阔空间中数量众多的消费者的最短渠道。网上直接销售不仅是面向上网者个体的消费方式，也包含企业间的网上直接交易，它是一种高效率、低成本的市场交易方式，代表了一种新的经营模式，国外有人称这类公司为“漩涡式公司”。它的意思是，一旦某个网站通过提供有用的产品信息吸引到大批买主，卖主们便会蜂拥而上，他们的产品就会以一种快速循环的方式吸引更多的顾客。由于网上直接销售合并了全部中间销售环节，并提供更为详细的商品信息，买主能更快更容易地比较商品特性及价格，从而在消费选择上居于主动地位，而且与众多销售商的联系更为便利；对于卖方而言，这种模式几乎不需销售成本，而且即时完成交易，好处也是显而易见的。

（五）网上销售集成

互联网络是一种新的市场环境，这一环境不只是对企业的某一环节和过程，还将在企业组织、运作及管理观念上产生重大影响。一些企业已经迅速融入这一环境，依靠网络与原料商、制造商、消费者建立密切联系，并通过网络收集传递信息，从而根据消费需求，充分利用网络伙伴的生产能力，实现产品设计、制造及销售服务的全过程。这种模式即为网上经营集成。应用这一模式的代表有 Cisco、Dell 等公司。网上经营集成是对互联网络的综合应用，是互联网络对传统商业关系的整合，它使企业真正确立了市场经营的核心地位。企业的使命不是制造产品，而是根据消费者的需求组合现有的外部资源，高效地输出一种满足这种需求的品牌产品，并提供服务保障。在这种模式下，各种类型的企业通过网络紧密联系、相互融合，并充分发挥各自优势，形成共同进行市场竞争的伙伴关系。互联网络是信息时代的一次新的革命，电脑不只是计算的机器，还成为一个商业环境中的商务代理。网络经营的层次划分反映了一种从初级到高级、从简单到复杂的应用渐进过程。根据我国目前互联网络应用状况，国内企业可先期在前三个层次上开展工作，尤其是第三个层次网络分销联系，它将为企业间加强商业联系，改造传统商务模式，建立网络伙伴关系，进而深化 Internet 应用，为开展网上经营奠定基础。

三、好的网络商店必须具备的条件

（一）地点好

所谓“地点好”，并不是像普通商店一样，请个风水师，拿着罗盘看看风水，而是要将网络商店放置在哪个地方。您可以使用虚拟主机，租用网页空间，或是自己架设 Web 站点，甚至是使用免费的网页空间。

（二）服务好

服务好，不仅是一般门市的基本要求，就连在网络上开店，也必须要有很好的服务。如何在网络上达到“服务好”的境界？您可以利用“访客留言”、“问卷调查”的方式来倾听顾客心声，或是随时修正公司经营方针，也可以利用 ICQ 或 CICQ 的传递方式，达到商店与顾客之间的互动。利用“互动”就可以达到“服务好”的基本需求了，但是不管是使用表单、电子邮件、ICQ 等任何方式来“服务客户”，都要谨记一个原则，那就是“互动”。目前在网络上有很多的网站，都设有一个服务信箱（就是利用电子邮件方式来达到互动），但某些网站，在顾客写一封电子邮件过去后，就石沉大海，没有达到“互动”的效果。顾客在等商店的回音，一等再等，还是没有消息。这样的网络商店，这样的服务，会赚钱吗？

（三）产品好

除了要慎选产品种类外，还要有适当的可信度。因为将产品放在网络上，难免会自吹自擂，说这个产品的许多优点。顾客买回去后就开始后悔，先不论他会不会退货，或是在网络上散播、批评，但是不会再光顾，不会介绍亲朋好友购买，这是可以预见的。

（四）名字好

名字好，就是取个易记、好记而且响亮的网域名称（Domain Name）。如果您要申请如：www. 名字 . com. cn，就必须通过“中国互联网络信息中心”（CNNIC），或是委托他人代办申请（有些网站或 ISP 提供这样的服务）。

（五）宣传好

一个好的商店，如果没有打广告，那么也无法很快将产品推销出去。通常在网络上，利用登录在搜索引擎内增加曝光率，是大家最常使用的方法。您也可以制作宽88像素、高31像素的LOGO图，放在许多个人网页上，因为很多的个人网页为了增加自己的知名度，会有一个交换广告的网页，以互相交流。

除了广告以外，定期在网络上举办促销，或是利用会员加入的方式，提供给会员更多的折扣，也可以达到宣传的效果。

（六）内容好

网页的内容好坏决定顾客愿不愿意时常参观您的网站。如果您的网页除了卖产品外，其他什么都没有，那么顾客也不会时常浏览您的网页，“买气”自然也就降低了。所以，您可以在网页上加入许多信息，或是跟产品有关的许多资讯。例如，您卖的是锅子，就可以增加一个“家事小偏方”；如果您卖的是化妆品，就可以增加个“美白新知”、“如何保养肌肤”的网页。这些网页内容并不是以“卖”为目的，而是让消费者时常参观您的网站，参观您的店，就会有机会买你的产品了。

第三节 网络经营网站的创建与管理

一、商业网站的构件

（一）商业网站的内容构件

电子商务网站的内容构件在做完一些准备工作之后，可根据商家的需求为其设计基本的栏目。一般来说，一个完整的商业网站应该包括如下构件：

1. 主页

主页也称企业网站的形象页。企业网站与新闻网站不同，它比较讲究形象，因为一个高雅美观的形象可能是在Internet空间体现企业实力的唯一方法。因此，尽管精美图片可能会由于下载时间过长引起用户的反感，但是很多企业仍不惜在主页上尽力渲染。

2. 服务和产品清单

企业必须将自己的服务、报价、合同范本放在网站上，供客户随时查询、下载，这部分内容往往是浏览者最希望得到的信息。

3. 要闻快讯

对外公布企业最新的信息、企业的重大举措，往往还要有能够查询到以往发表的要闻的链接，供客户进行历史查寻。

4. 活动日程表的宣传效果

这部分介绍企业将要组织的各种活动，并对活动进行详细的说明。

5. 岗位招聘

将招聘条件和有关的表格放在网上。

6. 新产品发布

新产品发布的同时要提供反馈意见表，用以收集需求信息。

7. 主要客户一览表

将主要的客户列出，可以显示企业的市场占有率和对自身产品质量的信心。

8. 调查、FAQ 反馈意见表

对某一产品的客户满意度进行调查，FAQ 用来回答客户。

9. 相关站点链接

作用有两个方面：一方面，与其他站点的相互链接，可以为网站吸引客户。另一方面，可以为内部使用人员过滤大量的信息，使内部人员可以立刻找到自己需要的信息。

10. 文件海量存储

通过授权访问，使网站成为各地员工获得公司最新文件的海量存储器，向员工和客户推荐一些好的文章。

（二）商业网站形象构件

网站内容构件需要形象构件设计的支持，否则一个制造粗糙、技术低下的网站是无论如何也引不起浏览者兴致的。一般来说网站包括如下形象构件：

1. 主题图片和子图片

一个好的网站要有一个 Logo（即标志）和一套配合不同栏目内容的 banner。每一个图片的属性必须填入相应的文字，保证用户在图片出现之前知道图片代表的大致内容。

2. 字体

在字体的使用中，应注意以下几点：一张网页上不超过两种字体；文章的标题与主题应有一定的对比度，在英文字体中 Arial 和 Roman 可实现这个目标，所有品牌的浏览器都支持这种字体。中文浏览器支持的字体较少，比较保险的方法只选用宋体字，特别需要时可用图形实现不同的字体，但应控制在 2K 以内。

3. 对齐、留白、行距

专业的平面设计和出版物非常注意对齐、留白、行距，网页的文字在这三个方面处理得考究，可取得良好的视觉效果，同时体现出网站设计者的专业素养。

4. 导航按钮

一个好的网站要有必要的导航功能，用按钮的图案有相同的效果。

5. 网页的长度

一般来讲，短的网页比长的网页更奏效。

6. 下载时间

一般网页应该在 15 秒以内下载完毕。

7. 背景和图形

一个好的背景应该能够和 Logo 相配应，可读性强。可用加大对比、降低背景的饱和度来实现图形颜色选择，应与商家的其他宣传材料的颜色相一致。

二、网站设计技巧

现代企业形象的树立是企业宣传中的一项重要内容，一个精美科学的网站对公司的形象起着至关重要的作用。本着“假如我是客户”的原则，运用最新的网站设计技巧，对访问速度、不同版本的兼容性、不同显示效果的兼容性、语法、图片清晰度、导航性等多种项目进行全方位测试，力求使网站设计达到最科学的安排和最佳的视觉效果。

（一）网页计划

设计主页其实并不是很艰难。但这一工作与编制传统的宣传品一样，都需要谨慎处理和筹划。在开始设计网站之前，高明的做法是，必须首先确定自己需要传达的主要信息，拿出笔和纸准确地勾画出每个部分和页面的相互搭配，然后细意斟酌，把所有意念合情合理地组织起来。也可以看一看提供类似服务的网站，有助于考虑哪些行得通哪些行不通，最后是设计一个页面式样，试用于有代表性的用户，接着重复修订，务求尽善尽美。

（二）尽量精简

主页的作用好比一本书的封面，是为了吸引用户浏览自己的网址内容。因此，主页的设计应以醒目为主，令人一目了然。在制作过程中切勿堆砌太多不必要的细节，或使画面过于复杂。在主页上清楚列出三项要点，例如机构名称、提供的产品或服务以及主页内容（即其他页面还载有什么资料）。应切记，页面给人的第一观感最为重要。在网上到处浏览的人很多，如果主页没有吸引力，很难令他们深入观赏。

（三）尽量简朴

现今大部分用户一般都是用调制解调器连接万维网，所以要花很多时间等待主页传送到自己的系统。主页上的图形应力求简朴，避免耽搁用户的时间。图像愈大、颜色愈深，传送页面的时间愈长。这并不是说要完全略去图像不用，只是提醒要注意使用图像所起的效果。主页上的颜色最好不超过 64 种，主页图像最好保持在大约 10KB（千字节）以下，应考虑只用三两幅短小精悍的图像。主页整体上要能够迅速传送。如果载入的时间超过 10—15 秒，很多用户就会等得不耐烦。如果情况许可，最好先测试一下您的主页在稍差的条件下的传送速率，14.4 千波特的调制解调器或透过 nroaigy 等网上服务接驳万维网等。此外，还须注意配合最低档的设备，例如标准的小型显示器，不要假设人人都用高解像度的大银幕。运用先进浏览软件所提供的一些尖端功能是可以的，但应确保自己的主页在次一级的浏览软件上（例如某些网上服务所提供的专用浏览软件）仍可顺畅地显现。

（四）善用图像

用户在网上四处漫游，必须设法吸引他们对自己的主页的注意力。万维网的一个最重要资源是其多媒体能力，所以无论如何要善加利用。主页上最好有醒目的图像、新颖的画面、美观的样式以及特别的动画效果，使其别具特色，令人过目不忘。图像的内容应有一定的实际作用，切忌虚饰浮夸。最佳的图像集美观与传讯于一身。注意图画可以弥补文字之不足，但并不能够完全取代文字。很多用户把浏览软件设定为略去图像，以求节省时间。因此，制作主页时必须注意将图像所载的重要信息或连接其他页面的指示用文字重复表达一次。用“纯文本”模式测试已制成的主页，确保其传达到所有信息。

（五）使主页易于漫游

主页的其中一个主要功能是作为漫游工具，指引用户查阅自己存储在网址或其他地点的信息。尽量使漫游过程不费吹灰之力。基于清晰明确和速度的考虑，主页上的连接项目应只限于几个高级的类别，例如公司、产品、服务、支援等，用 6—8 个连接项目最为理想。此外，提供的信息不应埋藏在重重叠叠的页面之下。因此，必须在广度和深度之间求取平衡。如果网页上有太多信息，可能要编制较长的页面或使用更多连接项目，甚至可能要建立多个主页，使每个主页载有不同的信息。如果能够让用户在主页上以关键字或词语查找所需的信息，肯定受用户欢迎。假若有充足的资源，应找一位专家来评估自己设计的主页是否方便易用。

(六) 提纲挈领

主页一般须载有以下事项：

标题：此标题须清楚无误地标示自己的网站。标题可以是名称、标语徽号或图像。

电子邮件地址（例如 Webmaster）：以便用户有问题时，可以通知自己。

版权资料：这是适用于主页内容的版权规定。可以在主页上标示一句简短的版权声明，连接方法带出另一个载有详细使用条款的页面。这样可以避免主页显得乱糟糟。

联络资料：列出通讯地址、公关或营业部门的电话号码等。

(七) 循环利用现有信息

制作主页（或其他主页）时，通常都毋须从头做起，因为有许多现成的文字、图画可供使用，例如宣传小册、公关文件、技术手册、资料库等。很多情况下，只要用少许功夫就可把这些材料转到网页上使用。

(八) 保持新鲜感

万维网上不断有新事物出现，每天都有新花样。如果主页没有变化，用户很快会厌倦。主页上预告即将有新资料推出，可吸引用户再来浏览。不妨在页头以大字标题宣布新消息。可以定期改变主页上的图像或更改主页的式样。趣味性的事项可以持续或自动更新，例如列出浏览您的网站的人次。同样，为保持新鲜感，应时刻确保主页提供的是最新信息。将更新主页信息的工作纳入既定的公关及资料编制计划内，亦即当使用传统方法（例如新闻稿）传递新信息时出现在自己的主页上。确保连接项目运作顺畅，以免用户在银幕上收到“无法查阅所需档案”的信息而大感无趣。

(九) 遵守诺言

做不到的事情，千万不要轻易承诺，切勿随便叫用户作出回应行动。例如要求用货表格，除非已制定好处理这些订单的方法和交货程序。如果在网上列出联络电话，就要确保自己能够迅速解决来电者的问题。

(十) 吸引用户

既然绞尽脑汁把主页弄得美观实用，没有人来欣赏就太可惜了。为吸引所有网中人来浏览，必须使主页易于寻找。通知其他网站（例如题材相关的网站），他们可能想联通您的主页，安排将自己的网址列在所有相关的网址目录、索引、查找程序和What's new 页面上。尽量将网址传播开去，使之出现在 Internet 和所有传统媒体上，例如书刊广告、公关文件、宣传品等。在网站上，在每个页面设置 Home 按键，方便用户随时返回主页。

三、商业网站设计的主要原则

网站是企业向用户和网民提供信息（包括产品和服务）的一种方式，是企业开展电子商务的基础设施和信息平台，离开网站（或者只是利用第三方网站）去谈网络经营是不可能的。企业的网址被称为“网络商标”，也是企业无形资产的组成部分，而网站是 Internet 上宣传和反映企业形象和文化的重要窗口。企业网站设计显得极为重要，下面是一些网站设计中应注意的原则。

(一) 明确建立网站的目标和用户需求

Web 站点的设计是展现企业形象、介绍产品和服务、体现企业发展战略的重要途径。

因此必须明确设计站点的目的和用户需求，从而作出切实可行的设计计划。要根据消费者的需求、市场的状况、企业自身的情况等进行综合分析，牢记以“消费者”为中心，而不是以“美术”为中心进行设计规划。在设计规划之初同样需考虑：建设网站的目的是什么？为谁提供服务和产品？企业能提供什么样的产品和服务？消费者的目的和特点是什么？企业产品和服务适合什么样的表现方式（风格）？

（二）总体设计方案主题鲜明

在目标明确的基础上，完成网站的构思创意，即总体设计方案。对网站的整体风格和特色作出定位，规划网站的组织结构。Web站点应针对所服务对象（机构或人）的不同而具有不同的形式。有些站点只提供简洁文本信息，有些则采用多媒体表现手法，提供华丽的图像、闪烁的灯光、复杂的页面布置，甚至可以下载声音和录像片段。好的Web站点把图形表现手法和有效的组织与通信结合起来。

要做到主题鲜明突出、要点明确，以简单明确的语言和画面体现站点的主题。调动一切方法充分表现网站的个性和情趣，办出网站的特点。Web站点主页应具备的基本元素包括：

页头：准确无误地标识自己的站点和企业标志。

E-mail地址：用来接收用户垂询。

联系信息：如普通邮件地址或电话。

版权信息：声明版权所有者等。

注意重复利用已有信息，如客户手册、公共关系文档、技术手册和数据库等，可以轻而易举地用到企业的Wed站点中。

（三）优化网站的版本

网页设计作为一种视觉语言，要讲究编排和布局，虽然主页的设计不等同于平面设计，但它们有许多相近之处，应充分加以利用和借鉴。版式设计通过文字图形的空间组合，表达出和谐与美。一个优秀的网页设计者也应该知道哪一段文字图形该落于何处，才能使整个网页生辉。

多页面站点页面的编排设计要求把页面之间的有机联系反映出来，特别要处理好页面之间和页面内的秩序与内容的关系。为了达到最佳的视觉表现效果，应讲究整体布局的合理性，使浏览者有一个流畅的视觉体验。

（四）恰当运用色彩

色彩是艺术表现的要素之一。在网页设计中，根据和谐、均衡和重点突出的原则，将不同的色彩进行组合搭配来构成美丽的页面。根据色彩对人们心理的影响，合理地加以运用。按照色彩的记忆性原则，暖色一般较冷色的记忆性强。色彩还具有联想与象征的物质，如红色象征血、太阳，蓝色象征大海、天空和水面等。所以设计出售冷食的虚拟店面，应使用淡雅而沉静的颜色，使人心理上感觉凉爽一些。网页的颜色应用并没有数量的限制，但不能毫无节制地运用多种颜色。一般情况下，先根据总体风格的要求定出一至二种主色调，有CIS（企业形象识别系统）的更应该按照其中的VI进行色彩运用。

在色彩的运用过程中，还应注意的一个问题是，由于国家、种族、宗教和信仰、生活地理位置的不同，以及文化修养的差异等，不同的人群对色彩的喜好程度有着很大的差异。如儿童喜欢对比强烈、个性鲜明的纯颜色；生活在草原上的人喜欢红色；生活在闹市中的人喜欢淡雅的颜色；生活在“沙漠”中的人喜欢绿色。在设计中要考虑主要读者群的背景和构成。

（五）网页形式与内容相统一

要将丰富的意义和多样的形式组织成统一的页面结构，形式语言必须符合页面的内容，体现内容的丰富含义。运用对比与调和、对称与平衡、节奏与韵律以及留白等手段，通过空间、文字、图形之间的相互关系建立整体的均衡状态，产生和谐的美感。如在页面设计中，对称原则有时会使页面显得呆板，但如果加入一些富有动感的文字、图案，或采用夸张的手法来表现内容，往往会收到比较好的效果。点、线、面作为视觉语言中的基本元素，要使用点、线、面互相穿插、互相衬托、互相补充，构成最佳的页面效果。网页设计中点、线、面的运用并不是孤立的，很多时候都需要将它们结合起来，表达完美的设计意境。

（六）三维空间的构成和虚拟现实

网络上的三维空间是一个假想空间，这种空间关系需借助动静变化、图像的比例关系等空间因素表现出来。在页面中，图片、文字位置前后叠压，或页面位置变化所产生的视觉效果都各不相同。图片、文字前后叠压所构成的空间层次目前还不多见，网上更多的是一些设计比较规范、简明的页面，这种叠压排列能产生强节奏的空间层次，视觉效果强烈。

网页上常见的是页面上、下、左、右、中位置所产生的空间关系，以及疏密的位置关系所产生的空间层次，这两种位置关系使产生的空间层次富有弹性，同时也让人产生轻松或紧迫的心理感受。现在，人们已不满足于 HTML 语言编制的二维 Web 页面，三维世界的诱惑开始吸引更多的人，虚拟现实要在 Web 网上展示其迷人的风采，于是 VRML 语言出现了。VRML 是一种面向对象的语言，它类似 Web 超级链接所使用的 HTML 语言，也是一种基于文本的语言，并可以运行在多种平台之上，只不过能够更多地为虚拟现实环境服务。

（七）多媒体功能的利用

网络资源的优势之一是多媒体功能。要吸引浏览者的注意力，页面的内容可以用三维动画、Flash 等来表现。但要注意，由于网络带宽的限制，在使用多媒体的形式表现网页的内容时应考虑客户端的传输速度。

（八）网站测试和改进

测试实际上是模拟用户询问网站的过程，用以发现问题并改进设计。要注意，也应让用户参与网站测试。

（九）内容更新与沟通

企业 Web 站点建立后，要不断更新内容。站点信息的不断更新，让浏览者了解企业的发展动态和网上职务等，同时也会帮助企业建立良好的形象。在企业的 Web 站点上，要认真回复用户的电子邮件和传统的联系方式，如信件、电话垂询和传真，做到有问必答。最好将用户的用意进行分类，如售前一般了解、售后服务等，由相关部门处理，使网站访问者感受到企业的真实存在并由此产生信任感。注意不要许诺自己实现不了的东西，在真正有能力处理回复之前，不要恳求用户输入信息或罗列一大堆自己不能及时答复的电话号码。如果要求访问者自愿提供其个人信息，应公布并认真履行保护个人隐私的承诺。

（十）合理运用新技术

新的网页制作技术几乎每天都会出现，如果不是介绍网络技术的专业站点，一定要合理地运用网页制作的新技术，切忌将网站变为一个制作网页的技术展台，永远记住让用户方便快捷地得到所需要的信息才是最重要的。对于网站设计者来说，必须学习跟踪掌握网页设计的新技术，如 Java、DHTML、XML 等，根据网站的内容和形式的需要合理地应用到设计中。

四、网站设计的禁忌

（一）忌滥用图像

也许还有人记得，最初的浏览器是不支持图像的。在一定程度上甚至可以说，支持图像的浏览器的出现才带来了 Internet 今天如此迅猛的发展。好的图像在增加吸引力的同时能带来更多更直观的信息。

虽说图像功不可没，但是由于所占空间大，增加了网页的下载时间，如果用得过多过滥，只会适得其反。除非符合以下几种情况，否则在页面上慎用图像。

图像是公司或单位的徽标、地图，或是重要的指示性标志；图像是人家花钱作的广告或重要的友情链接；网站的某些内容必须以图像方式表现（如网站本身是个展示美术、摄影作品的艺术类站点）；即使对于必须保留的图像，有经验的网页设计者还是要对它们进一步优化。

尽量用 JPEG 格式，如果用 GIF，那么尽量压缩颜色数，慎用动画。GIF 动画常常是同等大小静止图像的几倍、几十倍大，而且动画容易分散访客的注意力。把一页中的动画数削减到三个以下。

巧妙重复运用同一幅图像。如果访客在某页中显示了一幅图像，它就已被下载到缓存中了，后面再用到时，可直接从缓存中调用，这能大大节约时间。

当确实要显示一幅尺寸较大的图像时，在页面上用一幅尺寸较小的缩略图或文字链接指向它，或把它分割为几幅间距为 0 的小图。没有什么比一幅千呼万唤不出来的大图更让人心焦的了。

（二）忌用 Java Applet，或滥用各种 Script

尽量不用 Java Applet，Java Applet 每次都要重新下载和启动。对于 Script，应尽量采用 Netscmp 和 IE 都支持的 Javascript。由于 VBScript 只有 IE 才支持，应慎用，即使对于 Javascript，NC 和 IE 的标准也有一定差别。应注意：在对 Javascript 的选择上，只选那些真正实用、有助浏览的，如一个可通过单击折叠、展开的列表，不选那些哗众取宠、分散注意力的，如一些动画效果。

如果真有一些很酷的 Java Applet 或 Script 想展示给大家，那么单辟一个演示区。

（三）忌一页过长

长篇大论的文字读起来是很费眼睛的，很少有人有耐心把它一次读完。不如把它分开放在几个网页中，并在每页中提供指向其他各页的链接，这样更灵活些，查找起来也方便。

如果一定要用一页显示，那么放个提纲在网页顶部，再把提纲和相关内容用书签链接，使读者可以方便地跳转。

有些人更愿意把长文章打印出来以后再慢慢读，为他们提供一个 Word 格式或文本格式的下载包。

（四）忌滥用 frame

屏幕的分割一般不要超过三块。

主次要分明，要确保至少有一个主框占有 60% 以上的浏览窗口面积。

对于次框的大小尽量用点数而不用百分比来设置，这样在高分辨率下可以给主框留出更多的空间。

最好保证即使在640×480的分辨率下，也只有主框才被自动加上一侧的滚动条。试想，分出三个框，每个框的内容又必须通过操纵滚动条左右、上下移动才能看全，那是很别扭的——既不美观，又造成了空间的浪费和使用上的不便。

（五）忌页面风格不统一

保持整个网站页面风格的一致性是件重要的事。整体风格统一的网站给人以严谨、清晰、有条理和专业化的感觉。网站设计新手们常犯的毛病是：喜欢在同一网站中尝试不同的页面配色方案，结果是把网站变成了配色方案演示会。其实大多数访客并不会对此感兴趣，过多的变化只会使他们晕头转向。选定一套觉得最好的配色方案，并把它运用到网站的每个页面中去，这才是明智之举。可以通过串接样式表来实现这一点：只需编辑好一个CSS文件，并在其他页面中调用它，就可使所有调用它的页面具有统一的风格。要改变风格时，只需修改此文件即可。

（六）忌层次过深，导航措施不得力

通常网站上各栏目的设置都是采用树状层次结构。如果设置得当，会使网站的结构清晰、脉络分明，有助于访问者查找信息。但是，如果层次超过了三层，再加上导航措施不得力，很容易使人产生混乱的感觉甚至“迷路”。只有设身处地从使用者的角度出发设计的网站才是最受欢迎的。栏目层次不要超过三层，尽量让导航条和回到主页的标志始终可见，航条上的栏目名称要简单明了，不要不知所云或存在意义上的交叉重叠，如有条件，添加网站内容列表和网站内容搜索等措施。

（七）忌开发时只针对一种浏览器和屏幕分辨率

不知试过没有——用不同的浏览器在不同的分辨率下浏览自己的网站，也许会大吃一惊——在Netscape下看起来很好的页面，在IE下全是乱码。在1024×768分辨率下布局优美的页面，在640×480下只能看到个大标题，不得不上下、左右来回拖动滚动条，即使这样，还是不能看清某幅大图的全貌。

开发一个网站，千万别忘了在不同浏览器、不同版本、不同屏幕分辨率下进行测试，确保自己的网页在任何情况下都能应付自如，至少能把内容显示完整。

开发时要尽量面向低分辨率，如640×480。如果使用frame，尽量把各子frame的滚动条属性设为“自动”，除非能确保子frame的全部元素即使在640×480分辨率下也都可见。

如果用表格布置页面，那么让表格居中，且按百分比来设置表格宽度。虽说浏览器解读百分比表格比固定点数表格要慢，但这换来的是在不同分辨率下都对称、均匀的美观布局。

（八）忌内容空洞无特色

内容是网站的生命，一个网站如果没有引人入胜的内容，不能给访客提供有价值的信息资料，那么即使页面做得再漂亮，采用的技术再高超，也不会有回头客。有一些网站，乍一看内容似乎很丰富，但仔细一瞧，多是一些人云亦云的东西，没有自己的特色。既然您这里的东西人家那里都有，而且比您多，比您专，为什么还要到您这里来看呢？所以，网站内容的丰富性固然重要，但“特色”才是关键。网站要明确自己的定位和固定访客群，有自己的特色栏目或独门秘诀，才会在互联网的海洋中脱颖而出。

另一个重要经验是，第一印象很重要。虽说网站的内容可以以后慢慢补充，但最好一开始就把它做好。试想，网上站点那么多，访客进入自己网站的机率已是微乎其微，如果第一面没把他吸引并被收入他的收藏夹，那您恐怕连以后的机会也都失去了。

（九）忌内容长期不更新

有些优秀的大型网站，内容几乎一天一更新，虽不必更新得如此频繁，至少也该每月给网站增添点新的内容，这才能使自己的网站青春永驻。

如果能做到定期更新，把最后更新的日期写在主页上，并把网站内的最新变化也写在主页，最好旁边再加上一些明显的标志。有些网站设有一个“What's new?”栏目，如果您的网站不是很大，把“What's new?”放在主页上即可。

给旧的资料提供一个查询入口，旧资料也许仍然很有价值，可能有人还没看过，有人还想重温。

（十）忌闭门造车

这里的忌闭门造车有两层意思：

一是网站建设者要主动了解外部情况，虚心听取访客的意见和需求。此外，要多与访客沟通，虚心听取他们的意见和建议，让他们帮助自已建好这个网站。

所以一个好的网站一定要提供一个与访客接触的窗口，比如留言本或意见反馈表，至少也要留个 E-mail 地址。另外，对于访客的问题和要求，也要尽量给予答复，让访客感觉到对他的重视。只有广泛听取群众意见，才能客观地评价自己的网站，有目的、有重点地不断改进。

二是要主动让外界了解自己的情况，扩大知名度。首先，要在 YAHOO、SOHOO 等国内外知名搜索引擎上注册，注册时填写好网站简介是关键；其次，多与同类网站作友情链接；再次，在主页的“Tile”部分（之间）填入网站简介或关键词，以便于网页搜索、引擎搜索和显示。

当然，也不排除在网上的公告板、讨论组上打广告，或用传统方式在报纸杂志上宣传，但不如前三种方法收效大。

五、商业网站的项目管理

电子商务网站的建设是一个复杂的过程，需从项目管理的高度来协调制作过程中的各项工作。一般来讲，同样需要经过需求分析、系统设计、系统实现、测试和维护等几个阶段，每一个阶段都需要有一定的文档和工作规范的支持。下面我们简单列出一些关键的工作步骤，仅供参考。

（一）需求分析——制定网站的目标

在网站规划书中，必须清晰定义下述问题：建设网站的目的是什么？网站希望吸引的观众是什么人？网站长期与短期的目标是什么？网站建设者能为网站付出的是什么？

定义这些有关问题后，我们再执行以下步骤。

（二）制定优先级

制定工作的步骤往往取决于栏目开发的优先级，必须保证运用核心资源最先实现重要的栏目。

（三）文件组织图

通过层次图（组织结构图）表现出网络文件的组织结构，并设计其间的链接关系。文件的组织结构图对于栏目编辑和网页制作人员非常重要，它相当于在程序设计中，开发人员之间对全局变量的约定。

（四）确定信息源

确定每个栏目的信息来源和更新周期，必要时可召开信息采编小组会，确定各个方面的信息源。只有在这一步工作结束后才能准确估计网站日后的维护量。

（五）内容管理

确定网站上主题内容与商业内容的比例。一般网站上80%的内容应直接与增值服务相关，20%的内容与广告直接相关。在增值服务内容中提供“旁门”（side doors），将浏览者导航到相关的网上社区，如BBS等，来提供刊登广告的机会。

（六）制作规范

制定网页制作规范，包括文件名、页面宽、图形的插入位置、Alt项、行距、间距、修改的程序、上传的规定等。

（七）测试

反复测试网站中的链接关系，并用IE和Netscape两种浏览器查看，因为浏览效果上略有不同，必须保证页网的HTML代码符合两种浏览器。

第四节 网络经营策略

一、网络经营成功的要素

网络经营成功的要素包括下面几点：通过确定合理的目标，明确网络经营的任务；广泛听取各部门的意见；确定经营预算；分配经营任务；依据经营任务规划经营活动的内容；创建友好、信息丰富的网页，企业的网页应能全面反映经营活动的内容；与万维网连接；改进、提高企业网页水平；网上经营的测试与网页修改；使网上经营和企业的管理融为一体。

确定网络经营任务时，首先要根据本企业的自身特点和所处行业的特点，选择合理的网络经营管理模型，明确本企业引入网络经营管理会带来的主要效益和费用，并设定出这些效益和费用的明确数量指标。这样经营管理的目标才算是明确确定，相应地，网络经营部门的任务也就清晰地界定了。网络经营对传统经营的每个步骤几乎都有一定的影响。下面详细地阐述引入网络会对经营管理的各个步骤产生的影响。在设定网络经营的目标、任务时应考虑这些影响：

1. 对公司的整体影响

（1）面向国际市场。不论处于哪个国家和地区，网上企业都可以和他们建立商务关系。

（2）网络上的潜在顾客的收入相对高，受教育程度相对高。

（3）顾客可以对网上商品进行广泛的比较。网络经营须以彻底的“以消费者为导向”的经营哲学为指导。

（4）较低的进入壁垒。万维网是迄今最为廉价的经营工具，而且厂家拥有几乎无限的空间，可对公司的全部产品作详尽的描述，这是任何其他媒体都不能做到的。

2. 网上企业的竞争优势

（1）网上企业拥有较明显的成本优势。网上企业每个月向网络服务商缴纳的服务费200元，网上企业能实现完全意义上的全天候服务。而在商业街上开一个店面，每个月的租赁、维护、保险费用可能高达千元。

网络经营几乎不需要推销人员，既减少管理费用，又可避免一些鲁莽的推销人员惹怒顾客的现象。

网络经营可设置预先备有答案的自动应答器，对顾客的一些常规问题进行解答，不需要销售人员重复回答这些问题。这既节省了经营人员的时间，也降低了经营的费用。

厂家可在接到顾客付款后直接从供应商处向顾客付货，不需要仓库储存商品，降低库存费用和装运费用。因为这个原因，Emusic 在网上销售的 CD 比零售店出售的价格要低。

减少中间销售环节，降低成本，提高利润，增加消费者价值。

（2）网上企业虽然没有专门储备商品的仓库，但它却能比真实企业提供范围更广的商品种类。网上书籍销售商 Amazon 宣称自己是世界上拥有书目最多的书籍销售商。

（3）与大企业站在同一起跑线上。人们很难判断网上企业的规模和历史，消费者关心的只是产品和价格信息。

3. 增加竞争调研的透明度

（1）了解竞争者状况。可通过直接访问竞争者网页，了解它的新产品、价格、服务等信息；也可通过阅读与竞争者有关的新闻组、通信组上的内容，了解消费者对竞争者产品、服务的评价，同时还能及时了解到消费者对本企业的评价或与竞争者的对比情况。

（2）了解本行业的发展。通过网上新闻服务商提供的信息及专题新闻组、通信组中讨论的内容，敏感的企业能够捕捉到本行业的发展趋势。

（3）实现与其他企业的联合。网上企业的信息可能会引起世界各地零售商、分销商、代理商的兴趣，通过市场分析，可能会认为自己的产品有市场前景，因而他们会主动跟自己联系，想成为自己的分销商等。这样就和世界各地区的企业建立了联系，类似的其他合作关系也可通过网络建立起来。

4. 市场拓展

（1）了解潜在顾客。可通过在企业网页上设计问卷调查潜在顾客的情况。

（2）通过其他媒介（如杂志、电视、广播）支持网络经营。潜在顾客在其他媒介上看到企业的网址，可能会增强印象，在网上会留意该网址的内容。

（3）邀请潜在顾客参加研讨班和产品展示会。

5. 销售

（1）向新市场销售新产品。

（2）向新市场销售老产品，如 Ketchum Kitehen（WWW. RECIPE. COM）网上目标市场设定为年轻的成年人（young adults），尤其是男性，这在其他媒介中无法实现。

（3）向新的国际市场销售老产品。

（4）销售在分销渠道流通不畅的商品。

（5）销售不适合普通商品目录的产品。公司产品繁多时，无法在商品目录中详细描述产品性能，而网络则能实现这一点。

（6）迅速便捷地发送即时的价格调整信息、减价信息、新产品信息。E-mail 的费用近乎零，所以网上企业可以以极低的成本与潜在顾客及时联系。

（7）产品和价格测试。网上信息可实现及时而便宜的更新，企业几乎可测试所有的经营变量。

（8）根据顾客或季节变化相应改变产品展示。服装商可在不同的网页上根据顾客的分类设计不同的内容：第一页可以是面向豆蔻少女；第二页可以是面向母亲；第三页面向父亲等。

（9）网络上的销售可以是网上直接销售（主要是可直接下载的计算机软件等），也可以通过网络经营将顾客引到各地的分销商店，如 Kodak 就不在网上直接销售。

（10）在网页上提供可下载打印的优惠券，潜在顾客可通过访问网页获得此优惠券，凭此优惠券到当地商店购买时可获得优惠。此法一举两得，第一，可增加网址访问人数，让更多的消费者了解本企业；第二，可促进销售。

（11）利用网络促进企业间的交易。

（12）利用网络提供的背景知识让顾客自我学习，培养他们成为企业产品的专家。

（13）利用多媒体技术动态地展示产品。

（14）对商品目录进行更有效的管理。因为引入了有效的网络经营，公司可以减少印刷大量的商品目录，减少大量的管理人员。

6. 公共关系

（1）与记者建立友好的关系。通过网络可根据记者的需要和提问迅速地给予详细的答复。

（2）向新闻记者和雇员及消费者即时发布公司的政策变化。

（3）消除误导信息。通过专门设置的网络信息监督员的监视，可以及时纠正新闻组或邮件清单中关于企业的不准确的信息，避免引起消费者的误解。

（4）在网上举行新闻发布会。那些不能出席发布会的人可以通过网络了解新闻发布会的内容。

7. 顾客服务

（1）通过顾客反馈信息了解顾客对公司产品的满意程度、消费偏好以及对新产品的反应等。

（2）准确了解消费者的消费心理及决策过程。

（3）通过 E－mail 与顾客建立起“一对一”的亲密关系。

（4）对目标市场进行精确细分，根据这种细分将专门服务与这类顾客的信息或广告发送给他们。

（5）通过回复顾客的问题，及时向顾客传送公司新产品信息、升级服务信息等，保持与顾客的长期友好关系。

（6）及时发现不满意的顾客，了解顾客不满意的原因，及时处理。

（7）建立忠诚顾客数据库。可吸收对公司产品非常了解的忠诚顾客介入公司的网络经营。他们能帮助公司解决消费者的问题，回答一些技术上的问题。同时他还会提醒公司哪些消费者在网上发布对公司不利的信息。

8. 网上广告

（1）测试网上广告效果。网上的所有活动均是可追踪的，所以公司可以精确地研究消费者购买行为的决策过程，测试广告的促销作用。

（2）结合其他媒体增加网上广告效果。

9. 增强品牌形象

（1）扩展品牌形象。忠诚于某一品牌的顾客，会在网上寻找这个品牌的详细信息。

（2）具备名牌产品的企业应引入网络经营，不要让网上新兴的虚拟企业抢占有利地位。

二、网络经营策略

网络经营不仅是信息技术推动的商务变革，更是赢得未来商战的武器。而且随着网络的飞速发展，网络经营将会彻底改变人们的消费习惯。开展网络经营具体的策略如下：

1. 以顾客为中心，无论什么时候企业提供的应该是顾客切实感兴趣的信息，尽量节约顾客的时间，提供更多的方便。

2. 顾客是产品和服务的最终使用者，而不是经销商，了解顾客的信息，建立个人档案并根据他们的需要设计网络经营。

3. 企业对顾客的需求必须尽快回复。

4. 分析经营效果，了解顾客的需求变化，企业要及时地统计进入网站的顾客数量、停留时间，并与客户档案联系起来。

5. 从客户角度设计业务流程，在考虑网络经营时千万别从传统的企业骨架考虑，而应该从顾客的角度出发。

6. 下工夫提高顾客忠诚度。网上经营有一个很大的优势就是不必花费很多的钱就可以提高顾客的忠诚度，通过网络来分析顾客的购买行为，找出最具潜力的顾客。

7. 建立一个网络化的公司，利用网络来提高企业在网络上的知名度，将公司的内部管理和外部联系都围绕网络展开，成为一个真正意义上的网络化公司。

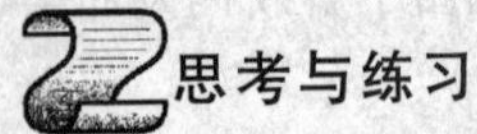

思考与练习

一、思考题

1. 网络经营的定义及其实质是什么？
2. 与传统经营相比，网络经营有何优势？
3. 网络经营的基本条件包括哪两个方面？
4. 网络经营的五个层次特征是什么？
5. 好的网络商店必须具备的条件是什么？
6. 商业网站的构件包括哪两个方面？
7. 商业网站设计的原则有哪些？
8. 网络经营成功的要素有哪些？
9. 开展网络经营具体的策略有哪些？

二、实训题

选择某家商业网站，分析其设计的技巧。

第九章

特许专卖与代理经营

学习目标

了解特许专卖经营和代理经营的概念、特点、类型、作用和简要的产生发展过程；掌握特许专卖和代理经营的基本技能，包括特许专卖经营中的特许专卖店的权利和义务，特许专卖店的人员培训，特许专卖店的选址，特许专卖店的进货，代理权的取得，代理合同的订立，代理业务的日常管理等。

第一节　特许专卖经营

特许专卖经营是一种销售商品或服务的方法，而非一个行业。在过去几十年中，特许专卖经营这种现代商业销售形式取得了长足的发展，无论是发达国家还是发展中国家的实践都表明：特许专卖经营是一种行之有效的分销商品与服务的方法。

一、特许专卖经营的概念与作用

（一）特许专卖经营的概念

特许与专卖两者在概念上有细微的差异，在实践中往往两者合二为一，或简称专卖。

特许经营一词译自英文 Franchising，是指特许经营权拥有者以合同约定的形式，允许被特许经营者有偿使用其名称、标志、专有技术、产品及运作管理经验等方面从事经营活动的商业经营模式。也可把特许经营理解为，一种服务或一种使用特定商标的产品的所有者，将当地分销和销售专用权赋予某一个商人，该商人向所有者支付费用或专利权使用费，并以达到一定的质量标准作为回报。

所谓的专卖店其实就是专营店，是拥有某个品牌商品特许专营权的经销店。特许经营与专卖店有细微的差别，前者多指投资者就是加盟者，需付给授予商特许权费；而有些后者有可能不是加盟者，可由特许权拥有者直接投资经营管理，也可由特许权拥有者的代理来投资经营。

授予他人权利的个人或企业称为特许人，被赋予经营权并根据选择的方法生产、销售或服务的个人或企业称为受许人。

要准确把握特许专卖的概念，必须理解以下几点：

一是特许专卖经营的产品一般都是独一无二的产品，或是以一种经营方式、一种商标、一项知识产权作为经营特点的。

二是特许专卖经营权的取得是有偿的。特许人的收费通常包括开张费、特许权使用费、设备出租费和利润分成。

三是特许专卖是一种经营形式，而非一个行业。

四是特许专卖权的所有者，通常是享誉盛名、市场广阔、有强烈市场吸引力的著名企业及其产品。如美国的麦当劳汉堡包、肯德基炸鸡，我国的李宁牌运动服等。

五是特许专卖店比专业店更细分、更专业。往往一个特许经营专卖店就是经营某一品牌的产品系列。

特许经营实质构成要件更重要的是三个部分：商标和标志、营销计划的产品或服务的使用、加盟费与特许专卖权使用费。无论是汽车销售、传统食品、快餐业、清洁服务行业、服装、球队纪念品，还是汽油零售行业，这三部分都是构成通常意义上特许专卖经营的实质要件。

（二）特许专卖经营的作用

我们可以分别从特许人和受许人的角度来看特许专卖经营的作用。

从特许人总公司角度来看，主要表现在：

（1）企业节省了大量资金、人力、物力，却能获得迅速扩展的机会，扩大了销售网络，提高了市场占有率。

（2）通过特许权的转让，收取特许权转让费，获得了大量收益，把无形资产转化为有形收益，大大提高了企业形象、商标、商号、其他知识产权等无形资产的使用效果。

（3）通过特许专卖经营，有利于增强对其产品售中和售后的控制，有利于维护企业及产品的品牌形象。

从受许人角度看，主要表现在：

（1）受许人能够利用已被证明是行之有效的经营方法、规模经济、有影响力的广告、已被大众认知的品牌或商标和持续管理与技术性支持，取得经营上的优势，获得较好的经营业绩。

（2）由于统一配供货，经营成本低，有较大的价格竞争优势。

（3）即使没有经验的经销商也能在最短的时间内成功地经营与发展商店，同时供货形式一般以代销为主，大大减少了经营的风险。

无论从哪个角度出发，特许专卖经营都是极具吸引力的。特许专卖经营受许人允许特许人通过其分销体系不断扩展销售网络。同时，特许人又为受许人提供知识产权、经营模式、竞争经验和广告效应，使其有机会成为成功的小企业主。特许专卖经营协议允许特许人和受许人在商业安排中发挥各自不同的优势，达到特许人和受许人双赢的目的。

（三）特许专卖经营的种类

特许专卖经营的种类可从三个角度进行分类：

1. 按特许专卖权的内容划分

（1）产品商标等知识产权型特许专卖经营，又称产品分销特许专卖，是指特许人向受许人转让某一特定品牌产品的制造权和经销权。特许人向受许人提供技术、专利和商标等知识产权以及在规定范围内的使用权，对受许人所从事的生产经营活动并不作严格的规定。

在产品商标等知识产权型特许专卖经营中，受许人以专有或半专有的形式经营特许人的产品，不像供销关系中他能经营几种产品甚至是竞争性产品。

（2）经营模式型特许专卖经营，又称第二特许专卖经营，是关于商业机会方式主要要素的特许专卖经营。它不仅要求加盟受许人经营总店的产品和服务，遵从总店的经营标准和经营方针，而且还要缴纳加盟费和后续不断的特许权使用费，这些经费使特许人能够为受许人提供培训、广告、研究开发和后续支持。经营模式型特许专卖经营，包括受许人向客户提供特许人的产品或服务时运用的模式和方法。

（3）转变型特许专卖经营。这并不是真正的另一类特许专卖经营，但它是标准特许专卖经营的变型。在这类特许专卖经营中，受许人只接受特许专卖体系中的服务或商标、广告计划、购买关系、培训和严格的客户服务标准以及广告应用等，而不愿意特许专卖体系中所要求的全部变化或转变。

2. 按特许专卖经营特许双方构成划分

（1）制造商和批发商。制造商将特许专卖权出售给批发商，按制造商的要求分销产品。一般适用于软饮料、体育纪念品等产品。可口可乐是最典型的例子。

（2）制造商和零售商。制造商将特许专卖权出售给零售商，制造商指定分销商。采用这种形式的主要有汽车、名牌服装等产品。

（3）批发商与零售商。这种业务主要包括计算机商店、药店、超级市场和汽车维修业务。

（4）零售商与零售商。这种类型是典型的经营模式特许专卖，代表性企业是快餐店、传统食品店等。

3. 按特许专卖经营授予特许权的方式划分

（1）单体特许专卖。是指特许人赋予受许人在某个地点开设一家加盟店的权利。特许人与加盟者直接签订特许合同，受许人亲自参与店铺运营，这类加盟者的经济实力普遍较弱，相当一部分是在原有网点基础上加盟。单体特许专卖运用于在较小的市场空间区域内发展特许专卖网点。

（2）区域开发特许专卖。是指特许人在规定区域、规定时间开设规定数量加盟网点的权利。由区域开发商投资建立、拥有和经营加盟网点，该加盟网点不得再行转让特许权。该种特许专卖方式运用得最为普遍。

（3）二级特许。是指特许人赋予受许人在指定区域销售特许专卖权的权利。在该区域内，二级特许人扮演着特许人的角色并对特许人有相当的影响力。特许人与二级特许人签订授权合同，二级特许人与加盟商签订特许合同。它是开展跨国特许专卖的主要方式之一。

（4）代理特许。是指特许专卖商经特许人授权为特许人招募加盟商。特许专卖代理商作为特许人的一个服务机构，代表特许人招募加盟者，为加盟者提供指导、培训、咨询、监督和支持。特许人与特许专卖代理商签订代理合同，特许人与加盟商签订特许合同。代理商不构成特许合同主体。它是开展跨国特许专卖的主要方式之一。

二、专卖经营的特点

（一）特许专卖经营的核心是知识产权的转让

特许专卖经营是利用自己的专有技术与他人的资本相结合来扩张经营规模的一种商业发展模式。它是技术和品牌价值的扩张，而不是资本的扩张，其核心是包括商标、商业名称、专利、商业秘密、技术诀窍、经营模式、历史传统在内的知识产权的转让，加盟店有维护知识产权的义务。

（二）特许专卖经营以经营管理权控制所有权

受许人投资特许专卖加盟店并对其拥有所有权，但该店铺的最终管理权仍由特许人掌握，统一标识、管理制度、促销推广计划、服务规范等由特许人制定。

（三）加盟双方的关系通过特许专卖合同形成

特许专卖合同明确了双方的权利和义务，具有法律效力。合同基本条款由总部制定，申请加盟者几乎没有修改的权利，须完全服从约定。

（四）特许人提供技术指导

特许人对加盟商的长期指导和帮助，目的在于使他们吸收和“克隆”特殊技巧和经营模式、走向正轨以及保持特许人知识产权在市场上的一致性。同时，也是为了向受许人传授特殊技术。所谓特殊技术，是指有关产品服务及其生产、商业化、管理和财务办法等实践知识的总和。这种技术手段是特许人通过长期实践的经验总结，它可以传授，难以被公众立即掌握，但不受知识产权保护。特殊技术是特许专卖经营不可分割的一部分。在合同有效期内，特许人还会对受许人提供持续的、不间断的技术指导。

（五）经营身份的独立性

受许人以独立的身份进行投资，对加盟店拥有所有权，加盟店与总店之间相互独立。

（六）经营活动的自主性

受许人对加盟店的日常经营活动拥有自主权。特许专卖经营中的特许人和受许人之间不存在有形资产关系，而是相互独立的法律主体，有各自独立对外的法律责任。

（七）经营模式的统一性

受许人按照特许专卖经营合同规定的经营模式进行经营，即总店与所有加盟店的经营模式都是统一的。为了保证经营模式的统一性，总店都要求其加盟者必须学习该公司的管理制度和方法，在购买原料、制作和销售、服务规范等方面遵从总店的规定。

（八）外在形象的一致性

虽然加盟店与总店在所有权上相互独立，但对外要形成统一资本经营的一致形象，包括商品外观、店堂设计、产品包装、服务规范、店名店牌、招贴画张贴、经营理念，乃至营业员的服装、服务用语等。

三、特许专卖经营的产生与发展

特许专卖经营的产生可以追溯到中世纪的惯例法。当时在英国有这样一种做法：地方政府发给重要人物许可证，赋予他们维持治安、决定和征收税收以及其他专门的核定税款额的权利。被许可人为了得到军事或其他形式的保护，向许可人支付一定数额的税收收入，君主通过税收收入、提供保护来控制领地。

特许专卖经营作为一种特殊商业经营方式，于19世纪在美国得到实际运用。南北战争之后，铁路迅速发展，在全国建立了发达的铁路运输网，促使美国国内市场统一，商业达到了空前繁荣，市场的发展为制造商和零售商提供了更多的商业机会，同时也对零售业态提出了更高的要求。在此情况下，为了使商业的贸易方式能够紧跟上商业产品的生产，经营模式和零售业态发生了巨大的变化，即连锁商业系统的形成。

随着商业的进一步繁荣和连锁商业系统形成的改革，现代特许专卖经营的鼻祖——美国胜家缝纫机公司于1865年成立，它标志着特许专卖经营方式的正式确定。当时，美国胜家缝纫机公司生产的产品尚属国内领先新产品，但由于国内市场上消费者对其性能及产品本身认识不足，消费者无法从感情上接受，使胜家公司在推销新产品的过程中遇到了不少的困难。为了解决此问题，胜家公司大胆尝试，即采用特许专卖经营的方式在美国各地建立销售网络。结果产品销售额连年大幅度上升，很快占领了国内市场，获得了巨大的成功。胜家的成功，使特许专卖经营虽并不成熟但魅力十足，为广大美国企业所看好并纷纷效仿。

随着胜家特许专卖经营的成功，特许专卖经营在美国进入了一个全面发展的时期。在随后的几十年中，许多著名企业高速发展和扩张，特许专卖经营受到了全美企业的高度关注，并在许多领域涌现出特许专卖经营成功的典型。如汽车制造业的福特汽车公司；软饮料业的可口可乐公司和百事可乐公司；在餐饮业中典型的如麦当劳和肯德基。到了1959年，为了进一步推动特许专卖事业的发展，美国10多家实行特许专卖经营的企业联合成立了国际特许经营协会（International Franchising Association，简称IFA）。到目前为止，IFA已成为世界上一个非常有影响力的国际性商业协会，为会员和有志从事特许专卖经营的商人服务和提供各种资料、咨询，并且制定特许专卖经营中的道德规范和营运标准，为会员提供各种交流经验、传授专业知识和管理建议的机会，且适时进行培训。

随着特许专卖经营在美国的迅速发展，这种非常积极有效的模式也传向世界各地。欧洲在1972年成立了欧洲特许权联合会，日本也早在1963年成立了第一家实行特许专卖经营的“不二家”西式糕点咖啡店。到了70年代以后，日本的特许专卖经营迅速进入了一个全面发展的时期，吉野家、“7-11”便利店等纷纷实行特许专卖经营的模式，都取得了较大的成功。

当然，特许专卖经营的发展并不是一帆风顺的。在20世纪60—70年代，随着特许专卖经营的迅速发展，它的不成熟性就逐步体现了出来。当时特许专卖经营在各国，尤其是美国，缺乏法律约束，导致了许多投机行为。在这样混乱的情况下，许多骗局的上演导致了一些特许专卖经营的失败，给特许专卖经营的发展带来了极其不利的影响。到了70年代以后，美国出台了特许专卖经营的有关法规，逐步约束了特许专卖经营领域的投机不法行为，才使特许专卖经营趋于稳定和发展。

进入90年代，特许专卖经营步入发展的高峰期。特许专卖经营在各国发展速度大大加快，涉及的行业也有较大的突破，不断地向新的行业领域渗透和发展。但就目前而言，特许专卖经营发展最为迅速的还是服务业，服务业的特许专卖经营是当前运用最广泛的。

20世纪80年代中期，特许专卖经营传入我国。1986年，一些知名的中国餐馆开始以合作及商标和技术转让等方式建立分店，作为最初的特许专卖经营的尝试。如天津的“狗不理”包子、上海的“荣华鸡”快餐等。1987年，肯德基进入我国，在北京开设肯德基专卖店，这是最早进入中国的国际特许经营组织。随后，麦当劳、甘迪安娜糖果屋等知名企业也纷纷进入我国，并迅速扩展其组织网络。但这一时期实际上是国外大公司试探性进入中国市场，积累经验，为以后开展特许专卖经营做准备。

1993 年至 1996 年，特许专卖经营在我国得到了较快的发展。国内企业开始有计划、有步骤地开展特许专卖经营，如北京“全聚德”烤鸭集团、广东“天美意”等。这一阶段，国外特许专卖组织进入中国市场并迅速扩张，从事的行业主要有餐饮、时装、服务业。其中比较著名的有香港华润集团、日本的“7－11”便利店、富士彩色胶卷特许专卖店等。

1997 年之后，我国的特许专卖经营得到了很快发展，并逐步走向规范。国务院各部委相继发布了与特许专卖经营有关的政策性法规，如 1997 年 3 月和 11 月原国内贸易部发布的《连锁店经营管理规范意见》、《商业特许经营管理办法（试行）》；1997 年 5 月国家工商行政管理局和国内贸易部联合发布的《关于连锁登记管理有关问题的通知》；1997 年 9 月财政部发布的《企业连锁经营有关财务管理问题的暂行规定》；1997 年 11 月财政部、国家税务总局联合发布的《关于连锁经营企业增值税纳税地点问题的通知》；1997 年 6 月国家经贸委、国内贸易部、文化部、邮电部、国家新闻出版署、国家工商行政管理局、国家烟草专卖局联合发出的《关于连锁店经营专营商品有关问题的通知》；1997 年 8 月国家工商行政管理局颁布的《商标使用许可合同备案方法》等，都为稳定特许专卖经营市场，使特许专卖经营步入系统化、规范化起到了重要作用。

目前，我国特许专卖经营的水平还比较低，经营形式主要是特许专卖连锁，经营的领域主要局限在快餐业、传统风味食品业、部分服务业和体育产品（主要是足球俱乐部纪念品）产业。特许专卖经营的法规也不够健全，经营过程中存在的问题也很多。

随着我国成为 WTO 正式成员，可以预计国际特许组织的成员会大量进入我国市场，同时我国的许多企业也会采用特许专卖经营的形式参与国际市场竞争，这必将推动我国特许专卖经营的发展。

四、特许专卖业务

（一）特许专卖店的基本权利和义务

1. 特许专卖店的基本权利

（1）有使用特许人的商标、服务标志、经营理念、生产加工技术、管理技术、特殊技术的权利。

（2）有要求特许人连续不断的技术指导和业务培训的权利。

（3）有要求特许人提供广告策划和促销服务的权利。

（4）有要求特许人及时提供专卖产品的权利。

2. 特许专卖店的基本义务

（1）有支付加盟费的义务。

（2）有维护特许人企业形象和声誉，按特许人的营业标准经营的义务。包括确保特许专卖体系的统一性和服务质量的一致性，向特许人披露相关信息，接受特许人广告，从统一的供应渠道进货，接受特许人员工培训方案等。

（3）有接受特许人按要求对经营场所进行选择，按特许人规定统一的营业时间营业，接受特许人不定期的业务检查的义务。

(4) 有遵守特许人提出的按特许人要求布置店堂、陈列商品、规范服务、价格政策、销售限额条件的义务。

(二) 特许人应具备的基本条件和较适合特许专卖经营的产品

1. 特许人应当具备的基本条件

(1) 拥有一个有良好信誉的注册商标、品牌和商号，或者拥有专利、独有的产品技术和经营模式及特殊技术的经营资源。

(2) 有成功的单店管理经验，并容易扩展、复制和推广。

(3) 由于第 (1) 项的原因，使特许专卖产品有广阔的市场及良好的获利能力。

(4) 有稳定的、品质保证的商品供应系统。

(5) 有确保特许专卖经营正常运转的管理及支持体系。

2. 较适合特许专卖经营的产品

(1) 大多数的饭店，尤其是快餐业和传统的风味食品及著名的饭店较适合特许专卖经营。

(2) 名牌产品和名牌服务。

(3) 有较高顾客接受度的公司的产品。

(4) 有较大盈利空间的产品。

(5) 知识产权含量高、独家生产的产品。

(6) 有独特经营模式、经营风格的产品。

(7) 易于操控的商品。

(三) 特许专卖经营培训

培训是任何成功特许专卖企业的核心所在，是特许人发展计划的重要部分。在某种意义上，特许专卖经营可视为在其他场所复制成功的运营模式，这依赖于经营特色和技能的有效传播，对受许专卖店的有效培训是最主要的途径。受许专卖店大多数运营问题都可以通过适当的培训加以解决。

几乎所有特许专卖人都在组织内部建有专门负责培训的部门，对分布各地的特许专卖店进行培训和指导。培训可分为开业前培训、开业培训和开业后培训。

1. 开业前培训

开业前培训涉及的问题包括：

(1) 向受许人灌输特许专卖经营理念，传授特许专卖经营的有关现状、法规及注意事项和一般性特许专卖知识等。

(2) 协助选址、建造、内外部设计、设备规划。

(3) 帮助特许专卖店管理人员编制特许专卖操作手册。

(4) 指导如何陈列商品、促销商品。

(5) 为开张时的营销及公共关系的处理提供信息。

(6) 指导雇员如何招聘员工。

(7) 协助组织业点开张活动。

开业前培训的对象是特许专卖店的主管和部门经理，一般需一周左右的时间。

2. 开业培训

大多数特许专卖人在新加盟的特许专卖店开业时，派出培训人员对特许专卖店员工进行培训。培训的重点是特许专卖店的员工，主要内容是岗位培训，地点一般在特许专卖店的现场，培训时间大约需持续1—3周。培训的依据是开业前会同特许专卖店管理人员共同编制的《操作手册》，操作手册内容见表9－1。

表9－1　特许专卖操作手册内容

一、简介 ·本店简介 ·经营理念 ·行业信息 ·特许人信息 ·特许专卖合同、许可证 二、营销 ·目标 ·客户集团 ·广告、促销 ·开业前活动 ·开业、开业后活动 ·销售、客户关系 ·产品/服务定义描述 三、运营 ·店堂布置 ·专卖经营形象 ·客户服务礼节、规范 ·定价 ·进货方式及渠道 ·存货管理 ·货款结算 ·成本核算 ·票据传递	·维修管理 ·现金管理 ·接受订单 ·销售方法 ·顾客异议处理 ·质量控制 ·维持费用 ·促销方法 ·特许专卖商标等知识产权的保护 四、管理和人事 ·岗位职责及操作规范 ——总经理职责 ——部门经理职责 ——商品采购、储存、财务、后勤人员职责 ——营业操作规范 ——收银员操作规范 ·人员招聘 ·培训计划 ·工作日志 ·劳动工资 ·晋升 ·劳动法规

3. 开业后培训

在特许专卖店经营过程中，期望从总部得到更多的后续支持服务。

（1）更新操作手续。

（2）后续的、高级的及替代培训。

（3）服务系统的升级。

（4）现场支持。

（5）管理人员及新员工的培养。

开业后培训一般由特许人的地区代表承担。

特许专卖经营培训形式多种多样，往往是手把手进行，并利用高新技术运作，从派出支持人员帮助受许人经营到录像、电子信息、网络、互动式光盘和卫星广播等。培训中心可设在任何地方，一般是特许专卖人开始成长的地方或是样板店。培训中心也可分区域设立。

（四）特许专卖店的店址选择

店址位置的选择对特许专卖店是极其重要的。与具体店址有关的因素不但影响许多特许专卖店的启动成本和效益，还影响企业的增长率。

1. 特许专卖店选址应考虑的因素

（1）人口密度。人口是构成营销市场的重要因素，包括人口的数量、年龄、信仰、家庭、人口增长率、购买力等。

（2）商业区经营状况。临近超级购物中心的地点对于特许专卖店是合适的地点。另外，在选址时还要考虑特许专卖店的竞争情况。

（3）交通状况。主要从顾客购买方便的角度考虑。

（4）市场饱和程度。调查市场的竞争程度，特许专卖店的产品或服务是否有生存空间。

（5）营业面积。营业点营业面积大小是否符合特许专卖店经营的要求。

（6）环境。包括特许专卖店周围的道路、景色、治安、标志、照明系统，周围从业者是否符合特许专卖经营的要求，是否与经营的产品要求一致，能否衬托经营产品的特色。

（7）隐性成本。要注意某些公共设施维护费、保险费、商会会费或强制性广告费用等隐性成本。

（8）店址的商业发展趋向。要充分注意店址的商业发展前景。

（9）特许专卖店的扩张。充分考虑到特许专卖店的发展问题，即该店址是否有利于特许专卖店的扩张。

（10）定位模型。即店址能否满足特许专卖店的市场定位和较顺利占领目标市场。

2. 特许专卖店的选址类型

特许专卖店可能会找到很多不同类型可供选择的地点。以下是可能遇到的各种类型的营业地点：

（1）购物商场。购物商场面对十分广大的顾客群体，可以吸引大量的顾客，但要考虑成本因素。

（2）购物区。一片商店比较集中的区域一般被称为购物区。“市中心”通常是很好的购物区。地理位置有优势，但人员较拥挤，租赁成本也较高。

（3）家中经营。适合服务性业务，如清洁、保养及维修行业，有经营方便及成本低的优势。

（4）非传统化的营业地点。现今越来越多的特许专卖店选择那些非传统化的地点营业以拓展其业务，如加油站、医院、机场、火车站、汽车站、大学、运动场馆等。这些场所被称为群聚地点。这些群聚地点的一大优势便是无需特许专卖店做宣传，都可以保证客流量，其劣势便是这些客流量取决于这些群聚地点的经营状况。

特许专卖店选好了特许人，也就等于选择了进货渠道。对店方来说，总是希望从供应商那里取得最优惠的价格、最好的产品，使用最有效的设备并享受最到位的服务。进货的方式有：

（1）从特许人处进货。

①直接从特许人处进货。当产品的原料或配方保密时，特许人通常会成为特许专卖店的唯一供应商。特许人会直接向专卖店提供产品或通过分销商向各专卖店提供。若产品并非专有，那么即使是特许人会向受许人提供产品，一般也不会是唯一的供应商。

②从指定供应商处进货。特许人通常会给特许专卖店一份供应商名单，以备特许专卖店从中做出选择。好的特许人会尽量帮助专卖店减少成本，增加盈利。

③购买特许人认可的产品。所有的特许人，无论规模大小，都会要求其品牌的产品一致。产品质量标准便是控制产品一致性的关键。特许人指定产品质量标准，这就意味着告知

专卖店应当购买何种产品，专卖店可以按照标准去自己寻找供应商。这种形式在小规模特许专卖店体系中较常见。

（2）从合作公司进货。一些特许专卖经营体系会通过合作公司来购买产品、进行营销、购买保险等。合作公司一般由若干专卖店发起成立或由某独立公司与若干专卖店共同经营。

加入合作公司可以享受到集中购买所带来的优惠价位，而且这种大批量的购买能够很容易进到新产品，当产品短缺时更能体现其优势。

（3）特许专卖店寻找自己的供应商。这种进货方式主要用于经营模式的特许经营。

（五）服装、体育纪念品、传统食品的特许专卖经营

在目前我国市场中，最负盛名、影响最大的是服装、体育纪念品和传统食品的特许专卖经营。

1. 服装的特许专卖经营

服装行业利用特许专卖经营，是为了创名牌或发挥名牌效应拓展市场。

第一家特许专卖店在中国服装工业总会的支持下在杭州开设。随后在全国各地开设了特许专卖店。该公司的发言人称，这些专卖店将“非常注意质量标准”，只有那些国内真正的名牌产品才能经过审查后登记在册。20 世纪 90 年代末，中国的服装年产量达到 100 亿件，出口量达一半，但是，大部分出口服装是用进口面料制成，且使用国外知名牌子。中国服装业要增强竞争力，必须创立自己的名牌。随着我国经济的发展，国内消费者越来越追求时尚，中国服装业如果生产不出自己高质量的名牌产品，国内高档服装市场可能会完全丧失。在创立中国的服装名牌的战略中，开设服装特许专卖店是其中的一个重要手段。

20 世纪 90 年代中期，上海服装集团实行战略调整后行动神速，以平均每 10 天开一家专卖店的速度抢占上海市场。到目前为止，上海服装集团已形成了三个层次的连锁专卖店销售网络：一是组成“名牌联合舰队”，在那里能买齐上海的服装名牌；二是以单个品牌为主开设的专卖店；三是加强了原有销售点。上海服装集团还把专卖店拓展到南京、开封、济南、锦州等全国各地。如“三枪”内衣，专卖店及专卖柜开至除我国台湾以外的全国各地，并延伸至马来西亚和日本等国。“三枪”内衣的品牌就是靠开设专卖店、专卖柜打造的，并通过专卖店、专卖柜拓展市场。

2. 体育纪念品的特许专卖经营

体育产品包含着很多有知识产权含义的无形资产。将体育作为一种产业发展，包括由体育引伸出来的各种商品销售，这在当今世界已成为一种潮流。美国 NBA 职业篮球商品专卖，年销售额达数亿美元。我国球迷众多，有很大的市场容量。“申花”专卖的成功就说明了这一点。

上海新世界商城 6 楼推出“申花专卖店”，从 1996 年 10 月初至 11 月的一个月时间里，这个营业面积仅 40 平方米的专卖厅，销售额达 60 余万元，最高一天为 6 万元。以一个职业球队的名称作为商品专卖，在国内尚属首次。开业当天，便出现火爆场面，人们争相购买印有申花足球队标志的球衣、球帽、钥匙圈等商品。商城与俱乐部联手推出“申花”专卖，其目的一是将“申花”无形资产转化为有形资产，推动上海足球事业的发展；二是利用申花及其著名球员的知名度，扩展商品市场。上海申花足球俱乐部是目前全国唯一有经营利润的足球俱乐部，其市场开发也是全国最好的，其中开设申花产品专卖店是其市场运作的重要内容之一。

3. 传统名特食品的专卖经营

传统名特食品也是目前特许专卖经营的重点。传统名特食品主要依靠独特的经营模式、商号及特殊技术支持特许专卖经营。

在“丰裕”生煎专卖店里，1.5 元 4 只生煎，2.5 元一碗油豆腐百叶汤，就这两个品种，一个月的销售额达 100 万元，其中生煎占 75%。人们在上海的“丰裕”生煎的 8 家专卖店看到，每家都有排队等候的顾客。

“丰裕”生煎的大本营在上海复兴路顺昌路口，原来以经营饭菜为主，叫“丰裕餐厅”，1995 年经营调整，实施了大众化点心创名牌工程，推出的“丰裕”生煎，个大、馅多、皮白、葱绿，咬一口鲜汤满口，结果一炮打响。餐厅干脆取消饭菜经营，全部经营生煎、油豆腐百叶汤，效益翻了两番。一年后，面粉、鲜肉价格有所调整，但价格不变，薄利多销。于是“丰裕”生煎从大本营出发，通过发展专卖扩展市场，在已开设的 8 家专卖店中，他们实施网络化、标准化、现代化管理，抓了七个统一：首先是统一配货。建立了馅心配送中心，做到进货、配方、工艺、加工统一，通过专车配送，确保各专卖店有统一的馅心质量。其次是统一发酵，现发现做。再次各专卖店布局和格局统一、招牌统一、专卖店员工服装统一、服务规范统一、产品质量统一。由总店派员巡回检查，指导各专卖店经营，并解决经营中遇到的问题。

“丰裕”生煎通过专卖闯出了大众化点心创名牌市场的新路，目前还有多家商店意欲加盟到“丰裕”专卖店的队伍中。

（六）目前特许专卖经营应解决的问题

就目前我国特许专卖经营的现状看，其中存在着不少亟待解决的问题。

1. 价格问题

走进专卖店可以发现，不论是从境外进来的洋名牌还是土生土长的国产名牌产品，价格要比一般大众化购物场所的同类普通产品价格高出许多倍。这固然由名牌商品自身的品牌价格和良好的产品质量等要素决定，但也与我们对专卖店价格应制定在何种水平上认识不清有关，从而限制了相当一部消费者的购买，使人产生特许专卖店就是为少数大款开办的错觉，不利于市场的扩展。

2. 商品与服务质量问题

特许专卖店的商品也存在良莠不齐的现象。如一位消费者在上海南京东路的某名牌专卖店花 289 元买了一双皮鞋，穿了不到一个小时鞋面上的线就脱开了。找到专卖店去修好后，刚穿上不到一小时，两只鞋全坏了。当这位消费者第二天再到该专卖店时，经理态度恶劣地说，质量问题是厂家的事，与我们商店无关。

3. 专卖店并不“专”

专卖店首先是专业店，且比专业店更专，就是说，专卖店经营的产品是某一产品的系列产品。从目前市场调查情况看，其状况不容乐观。如奔驰企业专修店、Gucci 专卖店、迅达电梯专卖店等，他们大多经营多种产品，而且是竞争性产品，店家只是经营和修理上述品牌的产品。还有的专卖店名称与销售品牌不符，店名标榜专卖店，但实际上什么都卖，如上海有家广东某品牌食品的专卖店，店内五花八门的品牌食品都在卖，在这里“专卖”成了“杂卖”。

4. 我国工商法规、条例与特许专卖经营的发展不相适应

20世纪90年代中后期，我国在特许专卖经营上相继出台了许多政策法规，对于特许专卖经营的规范和顺利发展起到了较好作用。但就总体来看，尚有许多问题没有解决，如商号许可使用问题、商号保护问题等。如根据我国《企业名称登记管理规定》中的有关条款，“企业只准使用一个名称，在登记主管机关辖区内不得与已登记的同行业企业名称相同或者相近”。就是说，如果总店要将自己的商号给加盟店使用，则自己就不能使用；如果加盟店是独立法人或独立承担民事法律责任的个体户，则必须使用自己注册登记的名称，而不能使用加盟总店的名称，否则违反上述法规。可见，一涉及工商登记的条款，企业在进行特许专卖经营时就无法操作。

第二节 代理经营

代理制是工商企业之间建立的产销合作关系，是一种国际通行，也是十分常见的贸易形式。它充分体现了社会分工、生产经营专业化的原则。实践证明，代理制使生产、流通企业相互扬长避短，对发挥各自优势起到了良好的作用。

一、代理经营的概念与作用

（一）代理经营的概念

代理经营，是指流通企业以合同契约形式与产品制造商订立代理协议，取得代理销售权或代理采购权，并从代理经营中获取佣金，从而形成长期稳定的产销合作关系的一种商品经营形式。要准确理解代理经营的概念，必须明确以下几点：

从委托人与代理人的相互关系来看：代理人是接受卖方的委托，推销指定的产品；代理人没有购买指定商品的义务，因此产品的所有权仍不转移；产品价格由委托人决定；代理人获取的报酬是佣金，而不是赚取差价；代理人对经营上的盈亏不负任何责任；代理人不能称卖方。因此，在代理关系中，由顾客向代理人提出订单，并经卖方委托人确认而订立货物买卖合同，买卖双方分别是顾客和委托方，各负不同的法律责任，与代理商无关。

从代理关系的建立看，一方面由委托人指定，另一方面是代理人接受。双方的权利和义务由所订立的代理协议确定。

代理具有较强的时间性和明确的地域性。委托人委托代理商推销其指定的商品，并享有收取佣金的权利，但这种权利要受代理时间和代理地域的制约。委托人指定代理商一般在合同中规定期限和地域，代理人不得将代理的商品跨地域进行推销，也不可超过合同规定的期限，以免打乱委托人的全盘推销计划，侵犯其他地区代理人的权利。

代理关系一经确定，双方的权利和义务也便明确。

（二）代理经营的作用

代理制作为国际上普遍采用的贸易形式，它的存在有其客观必然性。这种贸易形式与其他各种贸易方式相比，具有明显的作用。

就制造商而言，代理制有以下明显的作用：

（1）开拓新市场。随着信息业和运输业的发展，市场的范围越来越大，开拓市场已成为扩大生产的重要内容。制造商在开发新市场时一般要遇到两难：一是不熟悉市场，无法确知产品在当地的销售情况；二是建立新的营销渠道、分销网络，费用高、风险大。而代理商作为专业流通法人组织，已建成分销网络，拥有大量客户，并因熟悉市场情况、流通法规、贸易惯例等，容易打开销路。制造商的产品在当地市场是未知数，代理商不愿冒占压库存的风险，更情愿采用代理的方式。因此，在当今采用代理制形式开发新市场已成为成功的经验。

（2）增强竞争力。代理制使生产专业化的程度大大提高，制造商的许多商业职能由代理商承担，这样制造商就可以专心致志组织生产，着力于研制新产品、提高产品质量和评估生产成本，增强竞争优势。

（3）减小商业风险。商业风险通常由市场风险、仓储风险和结算风险三部分构成。代理制变传统的现金交易为信誉交易，尽管结算方式不尽相同，但能否及时还款是代理商能否继续取得代理权的一个重要条件，因而代理商对客户付款有较大的督促功能。因此，代理制对于解决商业信用差、企业间相互拖欠、三角债严重的问题有较大的作用，减少了制造商的商业风险。

（4）信息反馈及时，售后服务体系稳定。代理商能及时将商品供求情况和用户对商品质量的评价、意见等市场信息反馈给制造商，使制造商能及时调整产品结构，根据市场需求来组织生产。制造商的许多售后服务功能是通过代理商纳入其售后服务体系来完成的。实行代理制，制造商就可以通过代理商进行售后服务，维护了企业及产品的信誉，满足了客户的要求。

（5）降低了经营成本。制造商自行建立广泛的市场分销网络与利用代理商现有的分销网络经营相比，商业成本要高得多。因此，实行代理制可大大降低经营成本。

就代理商而言，代理经营有以下明显的作用：

（1）能获得稳定的经济收入。代理商是通过代理经营，收取一定比例的佣金获取经济利益的。通过代理业务本身，代理商即可获得较大的经济收入。同时，实行代理制，比较容易进行成本控制，锁定销售费用，有利于经济核算，使代理经营业务有较大且稳定的效益。

（2）提高了现有人员、设施、销售网络的利用率。大量的代理商也从事其他商业形式的经营或承接许多制造商的代理业务，因而已有稳定的营销员队伍、较大规模的经营设施和通畅的销售网络，代理经营业务的进一步扩展，仍可利用现有的人员、设施和销售网络。这大大提高了企业现有资源的利用率，降低了成本，提高了效益。

（3）规避了经营风险。由于大量代理业务属“佣金”代理，代理商在商品交换中不是卖方，无需及时筹集商品资金购进商品，也不对大量的经营上的盈亏负责。因此，实行代理经营，对于代理商来说，大大降低了市场经营风险。

（4）扩大了企业的经营规模。代理经营，代理商不需垫付商品资金，这样企业就可以把更多的资金投入到其他项目的经营上。从这个意义上来说，实行代理经营，扩大了企业的经营规模。

（5）拓展了获利渠道。产品的售后服务是由代理商来完成的。售后服务的好坏不仅直接决定能否吸引用户和抓住用户，继续取得代理权，而且还可以获得可观的经济效益。不少开展售后服务的企业从中获取的利润都大大超过出售商品的利润。

由此可见，代理制是一种先进的流通形式。这几年我国代理制的发展也说明了这一点。代理制确实能给制造商和中间商带来明显的好处。

（三）代理制的种类

国际通用的代理方式主要有两大类型：一个是“代理权”代理，另一个是“佣金”代理。

1.“代理权”代理

制造商给予中间商销售代理权（即特许经营权），中间商被生产企业选定为某个地区的产品销售代理商，双方商定每年一个大致的代理量，按代理商的要求分批发货，生产企业确定产品的出厂价格与市场销售的最高限价，买断经营。代理商须承担市场变化产生的价格风险。此类代理实际上接近于专卖。

按照代理商代理权限的大小，这类代理主要有三种具体的代理形式：一是“特许经营权专卖店”代理，协议规定该公司只能销售其代理公司产品，而且制造商在同一地区有若干代理公司；二是“一般代理”，即一个代理公司可以同时充当两个以上的同一类制造商的代理；三是“独家代理”，即在指定地区为某一制造商的唯一代理。

2.“佣金”代理

我们常说的“代理”即指“佣金代理”。中间商充当市场中介人，按照制造商指定的价格推销商品，根据销售额的多少提取佣金，产品在售出前所有权属于制造商，代理商不需进货，不占用资金，市场风险较小。

“佣金”代理有两种形式：一是代理某个制造商所有产品的销售，且作为在指定地区的全权代表，不仅有专营权，还可以代表委托人签订合同、处理货物等商务活动，有时还有权代表委托人从事一些非商业活动，在市场中称为“总代理”；二是在一个新产品尚未被市场广泛接受，或者产品供过于求、同一产品市场竞争激烈时，制造商为了让代理商放心经营和占有较多的市场份额，通常采用一般的佣金代理方式。

此外，根据代理商代理对象的不同，还可分为生产代理、销售代理、代购代理三种形式。生产代理指专门经营某一种产品或其互补产品的代理商。销售代理指根据合同销售某一生产企业的所有产品，销售代理商起到制造商销售部门的作用。采购代理指代理商与制造商有长期联系，代其进行采购、收货、验质、储备等业务，在很大程度上起到制造商材料供应部门的作用。

二、代理经营的特点

尽管代理经营在不同的市场环境下代理方式和具体操作不同，但它们有着许多共同的特点，概括起来主要有：

第一，从事代理经营的代理商都是具有法人资格的独立经营实体。代理商与制造商是平等的贸易伙伴关系，而不是附属关系，连结代理商和制造商关系的纽带是双方签订的具有法律效力的代理合同。

第二，代理经营重信誉。连结代理商和制造商关系的纽带除了代理合同外，长期良好的商业信誉也是保持两者之间稳定业务关系的重要因素，同时也是延续代理关系的基础。

第三，代理经营的销售区域内只能销售其代理的产品，不能再销售其他有竞争性的商品。如销售肥皂的代理公司不能再销售洗衣粉、洗洁剂等。但代理商仍可经营或代理与其代理的制造商没有竞争关系的其他产品。

第四，代理商品的价格由制造商统一制定，代理商不得随意变动。代理商严格执行制造商的定价是代理制的一项基本原则。

第五，代理经营的收益是佣金，而非商品环节差价。代理佣金的比例由双方约定，并载入代理合同中。

第六，代理商对其所代理的商品一般不具有法律上的所有权。

三、代理经营的产生与发展

代理又称委托，原是一种法律概念，是指代理人在代理权限内以被代理人的名义进行的民事活动，由此产生的权利和义务直接对被代理人产生效力。代理活动在社会其他领域早就存在，但完全进入商业领域并形成一种经营形式却是在19世纪初的美国。

商品经济的发展和社会化程度的提高是代理经营产生和发展的根本原因。18世纪中叶，欧洲发生了工业革命，社会生产力得到了迅猛的发展，使美国逐渐成为工业生产原料的主要供应地和纺织品的主要市场。这一新贸易趋势的到来，造成了企业生产专业化和商业活动的非个人化。到19世纪初，美国前所未有的棉花贸易，使其经营改由专业公司经营。由于国际性市场供需不平衡所造成的价格波动无法控制，正在走向专业化的商人便不愿冒用资金买进物品的风险，而宁愿收取更保险的佣金为纺织品制造商购进棉花。这些在多数情况下为佣金而从事棉花交易的新兴商人，就形成了代理商。随着美国经济的进一步发展，代理的商品逐步由棉花扩展到其他商品，形成大量的贸易代理人，同时也使代理制逐步发展和完善起来。以下的数据就说明了这个问题：1840年，在商业发达的路易斯安那州登记从事国际贸易的公司中，代理制公司有381家，而商业公司只有24家；在纽约，代理制公司有1044家，而商业公司只有469家。

从严格意义上讲，当时的代理只是简单的商务代理，只是一种简单的商品供销形式。经过100多年的发展，商务代理逐渐成熟，并形成代理制，成为商品流通的一个重要组织形式和国际贸易中一种比较通用的贸易方式。西方发达国家代理制十分活跃。在美国，其全社会商品批发额中80%多是通过经纪商进行的。韩国八大出口代理商占韩国出口总量的50%以上。

我国代理制在20世纪90年代刚刚起步。鉴于当时流通秩序混乱，物资转手倒卖现象严重，工商关系不顺，“三角债”问题十分严重，企业生产能力闲置、产品严重积压、推销员“满天飞”的情况，迫切需要寻找一条有效的途径，打破部门界线和行业干预在市场流通中造成的影响，从根本上解决工商之间如何形成一个良好高效运行机制的问题。为此，国务院有关领导、各经济管理部门都开始寻找有效的途径，并组织进行了国外调研、考察和可行性分析，最终形成一致意见，即借鉴国外经验实行代理制。并于党的十四届五中全会作出了发展和完善商品市场，积极发展代理制等现代流通组织形式的决定。随后由国家经贸委牵头，会同有关部委成立试点协调领导小组，先在钢材、汽车两个行业试点。

1995年12月，国家经贸委会同内贸部、冶金部、机械工业部及人民银行、财政部、国家税务总局等部委、局（行）先后下发了《关于鼓励和支持钢材、汽车代理制试点企业开展代理经营有关政策的通知》和《关于印发〈钢材、汽车代理制试点总体方案〉的通知》等文件，对代理制试点的目标内容、指导原则、实施步骤及相关政策等作了明确规定，为我国实行代理制奠定了政策基础。目前，通过前几年代理制的试点和发展，代理制已逐步发展成我国较有影响力的一种经营形式。

四、代理业务

（一）选择代理商

选择合适的代理商，是代理业务能否顺利、有效进行的关键。通常来讲，选择代理商要考察多方面的情况，如代理商的形象、信誉、经营能力、市场地位、经营项目、销售网络等。归纳起来，主要有以下几个方面：

1. 代理商的信誉

信誉是代理经营的基础。代理商的能力强，但信用不佳，如不尽力履行代理合同条款，搞商业欺诈，货款不及时交付，在经营过程中做出有损委托方及委托产品形象的行为等，都会给委托方带来损害，有碍代理关系的维持和发展。因此，在签订代理合同、确定代理关系之前，应进行多方了解查询，掌握该企业的信誉度。对于在信誉方面有历史劣迹的，要慎之又慎。总而言之，要充分了解代理商的信誉度，谨慎选择代理商，以免发生不必要的纷争。了解代理商信誉状况的途径主要有：直接向代理商的前业务关系户、向消费者、向政府部门了解；要求代理商出示由有关部门开具的信誉证明，如工商行政管理部门开具的近几年来无违法经营证明，金融机构开具的资信证明等；有条件的地区，可委托诸如咨询公司、商业调查公司等机构对代理商进行调查。

2. 代理商的市场形象

企业形象是企业经营的重要因素之一。构成企业形象的主要因素有企业的市场地位、社会影响力、经营实力、对消费者的态度、经营传统等。在公众心目中，形象不佳的代理商必然会对代理的商品形象带来损害。因而在选择代理商时，也要考虑到代理商的公众形象，并希望由于代理商良好的公众形象来提升企业的产品档次，塑造企业的产品形象。

3. 代理商的市场占有率

代理商的市场占有率是顺利开展销售代理的基础。市场占有率是代理商销售能力的综合体现。代理商自身条件最好，但却没有保持较高的市场占有率，本身就说明该代理商缺乏市场竞争能力。

4. 代理商的经营资源

要顺利完成代理业务，经营资源是物质保证。在这方面，主要考察代理商的企业大小、员工人数、机构设置、资本多少、网点布局、分销渠道、管理水平、企业文化、配套服务能力、售后服务能力等。

5. 代理商的经营项目

应以选择与厂家同行为佳，这样，可以利用代理商已有的销售网络和市场以及较为丰富的经营代理产品的经验，同时还可更多地为产品用户提供技术帮助。

6. 代理商效益情况

企业规模很大，财力基础也好，但没有有效利用，效益不佳，也不利于代理。

7. 代理商的营业地址

代理商的营业地址最好处于商业中心，这样可以以最低成本销售产品，而且产品影响面也大。

8. 代理商的传统经营特色

每个企业的经营都有其传统特色和特长。在选择代理商时，需充分了解代理商的传统经营特色，并分析这些经营特色是否在经营代理产品时有效、是否适合代理产品的推广。希望代理商的经营特色转化为代理产品的经营特色。

9. 本企业及本企业产品对代理商的吸引力

代理关系的确立是个双向选择的过程。在制造商选择代理商的同时，代理商也在选择制造商。最佳的组合是彼此都有很强的吸引力和诱惑力。解决这一问题，主要从以下几方面着手：本企业的产品是否是代理商的主营产品；本企业的产品是否是代理商的主要获利产品；本企业产品的经营能否发挥代理商的经营优势；代理商对本企业产品市场前景的预测；代理商对与本企业合作的前景展望。

（二）签订代理合同

1. 代理双方的权利和义务

委托人有以下权利：①自由选择权。委托人的自由选择权主要表现为两方面，即自由选择代理人和决定是否接受客户订货的选择权。②提出任务权。委托方可向代理商规定代理量和销售价格。③自我保护权。主要针对保护企业的商标、保护企业商业秘密、使用合同解除权等对代理商提出要求。④监督检查权。委托人有权检查代理商的销售业绩和销售过程，对代理商的不良销售行为作出纠正。

代理人有以下权利：①代理佣金权。代理人有根据合同向委托人提出支付佣金的权利。②代理查询权。代理人有权查阅委托人账册，确认代理及引介交易数额，以便提出佣金请求。③代理独立自主权。代理人作为独立经营企业，可根据代理合同由委托人授予的权限，独立自主地开展经营，包括谈判、拟订合同和签约。④解除合同权。如由于委托方严重违反法定事由，代理人有解除或终止代理合同的权利。

委托人有以下义务：①根据代理合同约定的比例及代理量及时支付佣金。②及时提供产品。③支付代理人垫付的费用。代理人在处理代理业务的过程中，可能发生原应由委托人承担的费用，如货物的仓租、利息、保险费等。

代理人有以下义务：①必须尽力推销代理产品，积极进行市场开发，努力提高销售业绩。②公开一切重要事实。主要包括来往客户、成交量、价格以及客户商誉和业务往来情况，接受委托人的监督。③不得从事任何危害委托人利益的活动。④不得泄密。无论在代理期还是代理行为终止后，不得向外公开在代理期间所得到的业务情报和技术资料。⑤定期向委托人报账，及时解缴代理货款。⑥遵守其他代理规则。

2. 代理合同的主要条款

代理合同是调整委托人与代理人关系的重要手段，也是保证代理关系正常运行的关键。因此，在确定代理关系时，制造商和代理商必须本着公正、公平和互惠互利、协商一致的原则，认真商讨代理合同每一条款，签订代理合同，明确双方的权利和义务。一般性的代理合同有以下条款：

（1）合同名称。包括该合同是哪一种代理合同。

（2）前言。在合同前部、合同名称之后，主要载明当事人全称、合同成立日期、订立地、合同签订原则、案由、约因等。

（3）代理商的义务。一般要求代理商必须全力推销商品、开发市场、保密及对委托人高度负责等。

（4）代理商品的名称。

（5）代理区域。即代理商代理商品的经营区域。

（6）代理时间。

（7）代理权限。本条款包括委托人对代理商代理产品经营的权力限制。如订约权、履约、索赔、代理产品分拆、广告宣传内容、促销手段采用等。

（8）代理商品价格。一般的做法是委托人确定一个产品指导价和产品价格浮动比例，代理商的销价以指导价为基准，根据浮动比例上下浮动，严禁以高出或低于最高价和最低价销售。

（9）最低代理销售额。规定代理商在代理期内的销量不得低于该数额。

（10）二级代理商的选定。在合同中应明确二级代理商与委托人或代理商的关系。

（11）佣金或报酬。确定佣金的计算、支付办法和售价高出约定价格的处理办法。

（12）费用支出的承担。包括推销、广告、仓储、运输、加工、商品陈列、商品损耗等费用。

（13）订单的处理。在规定的时间内，代理商把订单交委托人，委托人在规定的时间内作出答复。如规定委托人必须在接到订单后的几日内发货等。

（14）售后服务处理等。

（15）知识产权的保护。代理商对委托人的品牌、商标、专利权等保护的条款。如代理商不可将委托方的商标用于代理合同之外的商品，代理人有维护委托人品牌形象、保护专利的义务等。

（16）商情报告。代理商向委托人搜集、反馈市场信息等的要求。

（17）合同的期限。

（18）合同终止事宜。确立终止合同的情形、一方要求终止合同的责任等。

（19）违约责任。

（20）未尽事宜的解决方法。

（21）其他。

（三）代理业务管理

1. 代理产品的确定

一般说来，下列产品比较适宜于采用销售代理：

（1）订单较为零散的产品。订单较为零散，若制造商一家一户地搜集零散订单，必然要耗费大量人力物力，增加经营成本，不如委托销售代理商来搜集订单。如钢材、建筑材料等。

（2）市场开发困难的产品。有些产品有较大的市场，但对于制造商来说，开发起来又比较困难，这时就需要利用中间商的市场营销优势，实行代理经营。如药品、保健品经营等。

（3）需要完善的售后服务的产品。有些产品需制造商提供良好的、完善的售后服务，而制造商要及时地、优质地为遍及各地的客户提供售后服务，在时空上存在着很多的矛盾。实行代理制是解决这一矛盾很好的办法，由遍及各地的代理商为制造商承担售后服务的职能。如大型的机械由代理商提供技术指导，汽车由代理商承担维修和检测，家电由代理商提供安装、调试和维修，电脑由代理商进行网络设计、安装、调试和技术培训甚至软件开发。

（4）高档贵重产品。高档贵重商品需要良好的产品形象，代理商的广告与售后服务功能可以满足制造商的要求。

（5）名牌产品。名牌产品之所以选择代理经营，一是因为名牌产品更应注重品牌形象的保护，单靠制造商的力量，很难对产品的流通过程进行有效的控制，并且市场越分散，对产品流通过程控制越薄弱，因而往往会出现诸如假冒、宰客，以低档品充高档品，售后服务不充分等严重损害名牌形象的行为。实行代理经营，制造商与代理商根据代理协议，各司其职、各履其责，由制造商对代理商进行监控，代理商对代理市场进行监管，就可以解决这一问题，使名牌产品流通过程正常、健康有序。二是因为名牌产品有较高的市场占有率、广阔的市场前景和比非名牌产品更高的利润水平，对代理商有更大的吸引力。有些名牌产品的代理权代理，制造商可向代理商收取代理费，这样增加了制造商的经济收入。如一些名牌饮品、保健品等。

（6）分销渠道长的商品。由于分销渠道长，制造商自行建立分销网络需较大投入，一般利用代理商的分销渠道来经营，实现产品从生产领域向消费领域的顺利转移。

（7）进出口商品。大部分的进出口商品实现代理制。有销售渠道长、制造商对目标市场不熟悉的原因，也有制造商和经销商是否具有独立进出口权的原因。

（8）实行会员制经营和消费的商品。少量的商品实行会员制经营和消费，经营和消费在会员之间进行，制造商为了占领这部分市场，就必须委托具有会员资格的代理商经营。

2. 代理权的取得

企业代理权的取得有三种方式：一是制造商无偿授予。佣金代理一般都属于此类。具体是由制造商与代理商经过协商，明确双方的权利与义务，代理商愿意授予代理权，代理商愿意接受代理，双方签订代理合同，代理商即取得代理权。二是代理商购得。“代理权”代理一般属于此类。有些产品有广阔的市场前景和颇多的商业机会，制造商不愿无偿授予，而要有偿授予，此时代理商要取得代理权就必须有偿购买。三是代理商的转让和授权。二级代理商的代理权就是通过一级代理商授权的。

3. 代理产品价格的控制和货款的解缴

委托人根据市场一盘棋的思路，强制规定代理产品的价格，并在代理合同有关条款中载明。一般有两种情况：一是委托人统一价格，在所有市场中以统一价格出售，代理商必须按此价格销售。如浙江省武义县好来西服饰公司生产的灯芯绒西装，全国市场统一售价为600元。另一种是委托人确定一个基准价和浮动比例，代理商可以在比例内向下或向上浮动制定价格。如美国通用汽车公司根据市场供求情况，确定每批汽车的限价，代理商在这个幅度内销售，可以低于这个价，但下浮的比例不能超过15%。无论是哪种价格约定方式，代理商都必须遵守代理合同的价格条款，否则就会给委托人产品的市场价格秩序带来极大的冲击和破坏，这也是委托人不能答应的。代理制度传统的现金交易为信誉交易，代理商更应注重信誉，及时解付货款。同时合同条款也有约束措施。通用汽车公司的做法是，代理商每周提交订单，一般6周后交货，到货后45天内代理商向通用公司支付本金，45天后加收利息，而且通用公司的利息远高于银行贷款利息。

4. 代理业务的日常经营

（1）大的制造商一般要向有较大业务的代理机构派驻市场代表，对代理商的经营进行指导和监督，同时处理代理经营过程中出现的一些随机性事件。代理商要认真听取委托人的市场代表意见，接受市场代表的指导和监督，加强与市场代表的沟通和合作。

（2）尽心尽责地做好代理产品的市场推广。代理商要努力推广代理产品，做好各项代理产品的市场促销。代理商一般要定期举办较大型的、以代理产品为专题的促销活动。促销的方式主要采用广告宣传、人员推销和营业推广。广告宣传和大型的营业推广活动需经过严密的策划，突出代理产品和企业的特色，以提高效率。促销费用与委托人协商，争取委托人以津贴（商品宣传费和商品陈列费）的形式予以支持。

（3）不得随意改变代理产品的结构。在代理产品的市场经营过程中，代理商会经常根据市场情况涉及诸如分包、分等、分装、分类、配套销售，局部改变产品结构和性能等情况，这些都需与委托人协商，不能随意改变。

（4）加强售后服务管理，维护代理产品形象。售后服务好坏是构成制造商形象的一个重要方面，是制造商与客户联系的又一重要窗口。代理商要抱着对客户、对制造商高度负责的态度，主动、及时、负责任地为客户服务。加强售后服务队伍的建设，建立一支素质高、技术精、作风硬的售后服务队伍。具体可行的做法是：通过内部培训、外部招聘的办法，吸引有技术专长的人才；派出售后服务人员到制造公司参加技术培训；实行责任制，售后服务人员分片包干或挂牌服务，接受用户监督；填制售后服务反馈表，对售后服务人员进行考核。

（5）不得同时代理两种或两种以上相互竞争性的商品。代理商为了扩展业务，往往代理多个产品，这在代理经营中是允许的，但前提是代理产品之间没有明显的相互竞争性。如一家代理商代理了长虹彩电，就不能再代理康佳彩电。同时代理商也不能为了扩大市场，越区销售代理品，制造商也不能在同一代理区域选择第二家代理商。

（6）注意风险预测，善于规避风险。一般来说，代理商的风险是较小的，但并不意味着就没有风险，风险还是客观存在的。“代理权”代理在委托方发货后若干天内就要付款买断，这就造成了代理商的价格风险。规避的主要方法是订货间隔期要短，每次订货量小，即勤进快销。代理商在代理经营中的市场开发也需要费用投入，这些费用的相当部分是由代理商承担的，这也造成了代理过程中的风险。这就需要代理商注重市场预测、精打细算，提高费用使用效果。

思考与练习

一、思考题

1. 特许专卖经营的概念、类型、基本特点是什么？
2. 谈谈你对特许专卖经营作用的理解。
3. 特许专卖店有哪些权利与义务？
4. 特许专卖店从哪些方面培训员工？
5. 特许专卖店应如何选址？
6. 特许专卖店如何组织进货？
7. 代理经营的概念、基本特点是什么？
8. 你如何理解代理经营的作用？
9. 代理商有哪些权利和义务？
10. 代理商的代理权一般如何取得？
11. 代理经营时，代理商应注意哪些问题？

12. 代理合同一般包括哪些条款?

二、实训题

1. 选择一代理商，跟踪代理业务的整个过程。

2. 选定本地一家特许专卖店，分析其店堂布置、服务规范、进货方式、员工培训和经营特色，并总结出其成功的经验。